"口述乡村"丛书

编辑委员会主任

谢治菊

编辑委员会委员（以姓氏拼音为序）

陈　潭　郭　明　何瑞豪　蒋红军　李利文

李　强　刘向晖　吕建兴　王宏甲　吴晓萍

谢治菊　徐有威　杨　华　杨祥银　岳经纶

张开云　张　扬　张　勇　周海燕　周晓虹

本书为广州市社科联2023年"乡村振兴·青年行"项目资助成果之一，
同时是广州大学公共管理学院国家级一流专业行政管理专业的建设成果之一。

「口述乡村」丛书

主编 谢治菊

FROM "田间"
FIELD
TO 到"课堂"
CLASSROOM

TEACHING CASES FROM THE RURAL ENTREPRENEURIAL
INDIVIDUALS BASED ON THEIR PRACTICES

基于乡村致富带头人
创业实践的教学案例

谢治菊 林曼曼 编著

社会科学文献出版社
SOCIAL SCIENCES ACADEMIC PRESS (CHINA)

contents

目 录

周科学

茶企展新生：以古法烟茶创新致富模式

案例简介：周科学（1986～），男，湖南浏阳人，本科学历，汉族，民革党员，平江县烟茶研究院院长，湖南古茶文化发展有限公司创始人之一。2014年踏足烟茶行业，成立平江县溪里谷雨种植农民专业合作社，从事农业项目。2018年成立湖南古茶文化发展有限公司，2020年主导完成平江烟茶国家地理标志农产品申报并制定其国家质量技术控制规范。他所在企业成为湖南省重点扶贫项目实施单位，培训当地茶农380余人，为当地劳动力提供就业岗位350余个，带动淡江村等8个村庄村民增收，截至2020年，直接带动脱贫人口1140人次。他和团队一起，以烟茶高质量的基本成

2021年11月在上海虹桥国家会展中心参加第四届中国国际进口博览会时拍摄的照片

分与功效打开市场，并分析烟茶市场特性，包括产品的多样性、价格的模糊性、市场的波动性、品牌的可塑性和包装茶的获利性等，通过对烟茶文化价值的挖掘与提升，利用互联网等智能技术手段，千年烟茶得到传承和发展，焕发新的活力与生机。

一　案例背景

2013 年，在平江县尝试过不同类型的创业和试错后，在异乡闯荡多年的周科学和妻子决定一起回乡创业，把茶产业作为创业抓手。

其实，周科学很早以前就接触过茶叶，曾和父母一起从事烟茶事业。虽然从小对烟茶耳濡目染，但想要真正接手这一产业还需更深入、系统的学习。2014 年，茶行业总体保持稳步增长的态势，但出口同比下降 7.5%，此时周科学投入烟茶生产，面临一系列的挑战和机遇。2014 年与茶相关的事件层出不穷，比如互联网巨头相继进军茶行业生产领域、高档茶遇冷、茶叶稀土超标引国际争议、袋装茶成为世界茶业消费主流、川茶在电商平台销量猛增等，这些给平江县烟茶带来了发展机遇。虽然湖南平江县自古就是产茶大县，山区几乎家家户户都种茶树，但平江县人独爱当地一种特有的茶——烟茶。

据史料记载，烟茶已有上千年历史，但当时售价十分低廉。虽然当时不少农村家庭传承了手工制作烟茶的手艺，但这在其他地区乃至全国并未推广，仅作为平江县人必不可少的生活技能。近年来，居民消费升级，售价低廉的散装烟茶逐渐没落，加之烟茶手工工序极为烦琐，包括炒青、踩揉、香熏等十八道工序。乡村老一代手工艺人去世，越来越多的年轻人外出打工，平江县烟茶手艺濒临失传。周科学凭借在外打拼的工作经验回乡创业，坚定选择烟茶事业，不仅是出于成家立业的责任感，还有对烟茶逐渐淡出市场的不甘。在向父母学习制作烟茶手艺、结识刘强等合伙人的契机下，周科学在淡江村开启烟茶创业之路，将纯天然茶叶和传统手艺结合，提高了平江县烟茶文化内涵，不仅让烟茶获得市场认可，更让烟茶成为一份可解乡愁的佳礼。

周科学立志把鲜为人知的平江县烟茶打造成广为人知的地方性品牌，带动当地村民致富。2015 年至今，谷雨烟茶一直供不应求，有力带动当地茶叶种植、加工产业发展。在团队不断努力下，2017年，谷雨烟茶制作技艺更是被认定为岳阳市非物质文化遗产代表性项目，融入现代产品和设计理念的平江县烟茶不再是低价茶。周科学还联合其他烟茶企业抱团发展，联手培育"谷雨烟茶"公共品牌，研发出的十多个烟茶品类畅销市场。在企业逐步走上正轨后，周科学进入湖南理工学院继续学习，成为一名民革党员，为更好发展产业而不懈努力。如今，他所在的烟茶研究院计划推进制作手艺的传承、"新烟茶"制作的标准化建设，以期实现人员培训、基地种植、品质监控等资源整合。

二　致富过程

2005年，周科学高中毕业后就外出到珠海务工。最开始的时候是在珠海代工厂从事最基础的质量管理员工作。但他通过自己的努力，工作之余不断学习，成功考取了质量管理师资格证。随后转到世界500强企业富士康担任工程师，富士康高强度、高要求的工作为周科学系统学习管理经验、提升表达组织能力和发现问题能力奠定良好基础。

（一）创业之初的多次尝试

2013年，周科学决定返乡创业。他首先强调成功创业需要经验和实践积累，在外多年打拼积累下来的丰富经验与心态，使他有自信解决返乡创业遇到的困难。他开过淘宝网店、办过旅行社和开过面包店，虽然均以失败告终，但他并未被挫折打败，而是汲取前期创业失败的经验为后面再次创业做好准备。周科学深刻认识到确定创业方向需要做好前期市场调研，例如认真调查顾客的消费水平和周围商家的标售均价，以便设定合适的价格。其次，创业还需要稳定的资金资助。稳定的资金链条是创业初期的"加固器"。最后，创业前要考虑好收支平衡的问题，只有提高产品的竞争力才能扩大销量，从而达到收支平衡的状态。

经历多次创业方向试错调整后，周科学最终确定把茶叶作为创业方向，理由有三。一是创业失败的经历让他深刻了解到创业所需的基础。创业需要有稳定的客户基础和资金条件，个体户的单打独斗难以保证持续性创业，创业团队人数决定创业规模。二是周科学的个人家庭条件和当地资源环境具备做茶叶的优势。气候宜人的自然环境为产茶大县的形成奠定自然基础，为优质的茶叶生产提供优质的自然条件。而他本人的家庭是从事茶叶出售工作，因此拥有一定的客户资源和资金储备。三是找到志同道合的创业伙伴。茶叶产业属于农业大规模种植产业，相比其他行业，更需要一定的人手保持产量输出，从而保证达到正常的销售量。幸运的是，周科学创业期间，不仅有家庭的全力支持，后期更是找到了同乡合伙人刘强组建起"平江县溪里谷雨种植农民专业合作社"，把更多想要发展当地茶叶的人聚合起来，共享种茶经验，共同商讨如何扩大本土茶叶的影响力。

（二）创业过程比想象中复杂得多

创业道路千万条，合适自己的只有一条。有时候选择比努力重要，选择正确的方向，是集中精力逐一突破难题的捷径。而对于周科学来说，在创业期间遇到的最棘手的问题就是人际关系问题，一边要协调家庭和工作，一边要处理好与村民的合作关系。创业前期需要创业者投入大量的精力和时间，不可避免的就是需要占用大量原本可以陪伴家人的时间。周科学心里装满了对妻儿的愧疚，也一直努力寻找平衡工作和家庭的方法。作为中间的协调者，最关键的一点是展现真诚的态度，让家人和合作伙伴感受到尽心负责的态度。人与人相处是一个简单的过程，周科学得到工作伙伴的信任，自然工作伙伴也会理解他的家庭难题。空闲之余，他还经常邀请同事到家里吃饭，让双方对彼此处境有更加深刻的了解。简而言之，要想取得家人和工作伙伴的双重支持，需要处理好家庭与工作的关系以及处理好自己与合伙人的关系。

与处理家庭和工作之间的矛盾不同，与村民合作中产生的矛盾不可以慢慢调解。尤其是在双方核心利益发生冲突的情况下，合作关系容易破裂。要解决这种问题，周科学认为需要双方付出足够的耐心，必要时寻找公正的第三方进行直接调解，预留出双方缓冲的时间，降低合作对冲的风险。比如他与农民协商承包土地的种茶年限时，考虑到茶树生长周期和回本时限，他想要承包茶农的土地30年，但是农民觉得30年时间太长，会损害其土地的未来收益，认为承包10年即可。最后，周科学的父亲出面与农民进行协商，他的父亲耐心地和村民解释茶叶从生长到回本的基本年限以及种植茶叶给就业带来的种种好处，他的父亲也明白农民的顾虑，所以会劝解儿子调整土地承租年限。经过长期的协调沟通后，最终双方就承包年限达成共识，取得良好的合作效果。

（三）把烟茶打造成产业

处理好人际关系仅仅是发展茶叶产业的第一步，提高茶叶竞争力才是关键的一环。周科学基于多年在外打拼的经验，认为提升茶叶的竞争力可以从提高产品质量和加大宣传入手。产品质量的提升一定要靠创新。推陈出新是致富的重要法宝。面对烟茶传统手艺即将失传的现实，周科学率先向制茶师傅学习炮制烟茶的方法，选择烟茶作为企业重点扶持的茶种，在继承传统的基础上进行创新，在系统总结原有的制茶细节流程后将之转化成标准文本，既能提高传统手艺的生命力，又能将制茶技艺传播给每位茶农，从而提高茶叶生产效率。同时，创新种植技术也是提升品质的重要一环。把资金投入茶厂建设，将制茶标准化是进行茶叶精加工的突破口。要想提高销售价格，需要改变个体户收购茶叶的低效率模式。他把茶厂作为研发专利基地，申请了四项专利，已获"一种茶熏制过程中可以控制的排烟管道"专利一项。成果申请专利是制茶技术成熟的体现，既展现了周科学团队精益求精的目标追求，更重要的是提升了企业在烟茶行业技术标准方面的话语权。这些重要的改革措施大力促进了产品质量提升。

好的产品值得被所有人看到。周科学团队所研制的精品茶叶被当地政府认可。再加上前期的技术突破提升了烟茶品牌的影响力，烟茶被成功认定为国家农产品地理标志产品。团队依靠国家扶贫政策获得当地相关部门的大力支持，除了资金技术上的补助支持，还有当地政府经常给予的品牌推广机会，如被推荐参加展览会。此外，他们自身也利用网络直播等方式拓宽销售渠道。而他们认为最好的增加销量的方式是树立良好的企业形象，在参与扶贫致富的过程中，周科学团队无意间发现给予村民力所能及的帮助，不仅会收获村民真挚的认可，更能提升企业的影响力。他认为，致富是一个人与人之间互助互利互惠的过程，不是单纯某一方利益最大化的过程。

三 致富经验

茶烟一缕轻轻扬，搅动兰膏四座香。周科学的烟茶产业扬名四海，得益于天时地利人和，其成功经验包括以下几点。

第一，扎根烟茶传统，选准创业方向。周科学依托当地原有产业，充分利用资源禀赋，仔细分析选定项目的发展前景，做好规划，并在实施过程中及时总结致富项目的发展经验，探索实现产业高质量发展的可能性。同时，将当地特色资源品牌化和市场化，提高知名度和扩展销售空间，最终赚取相应的利润，增加村民们的个人收入。作为创业者，在创业之前必须要对所选择的方向进行可行性分析，借助当地的特色资源为未来的发展创造更多的可能。

第二，建立合作机制，形成利益联结。周科学加强与村民们的沟通，努力构建村民和产业之间的紧密联系，使他们充分认识到项目的发展与自身的利益具有相辅相成的关系，采用成立合作社或者股份合作制的方式，使用多种方式提升经济效益，如直接雇用村民劳作；聘请村民兼职；承包村民的土地，支付租金；帮助村民代销他们的农产品，打通销售渠道，解决滞销问题；传递就业信息，提供对外务工的机会，解决就业问题，使村民获得稳定收入。不断向村民科普产业的发展前景，成功凝聚人心，带动更多的村民参与其中，最终达到多方受益的效果。在创业过程中，仅仅依靠已有的创业团队或许稍显力量单薄，注重利益共享，形成多方合力，才能为创业不断注入新的活力。

第三，紧跟国家大势，注入科技赋能。周科学紧跟国家脱贫攻坚的大政策，积极寻找相关单位的帮助，合理利用扶贫资金，这为脱贫致富注入了活力。同时以"扶贫先扶志"为指导思想，多关注村民们的思想层面，真正让村民们从心底里"动起来"，使他们对自己的未来充满抱负。此外，注重运用现代科技产物，重视技术方面的挖掘，申请相关专利，明确工艺流程。最终反哺到村民身上，增加村民的个人收入，促进村民脱贫致富。

四 案例点评

实施乡村振兴战略，是以习近平同志为核心的党中央着眼党和国家事业全局，顺应亿万农民对美好生活期待而做出的重大战略部署，是决胜全面建成小康社会、全面建设社会主义现代化国家的重大历史任务，是新时代"三农"工作的总抓手。中共中央、国务院发布《关于做好 2023 年全面推进乡村振兴重点工作的意见》强调，"推动乡村产业高质量发展"，继续支持创建农业产业强镇、现代农业产业园、优势特色产业集群。[①] 农民凭借其具有的对农业劳动丰富的生产经验，高度的责任感、自觉性和灵活性，无疑成为实现乡村产业振兴的重要主体。

　　在周科学的烟茶案例中，我们能够鲜明地看到"以人为主，辅之以物"的产业有效发展的思路，在充分利用平江县环境及人力资源禀赋发展产业的同时，将发展成果反哺乡村。周科学团队看见了村民在烟茶产业中发挥的重要作用，从农民的切实利益出发，注重调动村民主动性。他们尊重村民在脱贫致富和乡村振兴中的主体作用，尊重村民们的知情权和参与权，耐心为村民科普致富产业发展前景，合理引导村民投身茶叶产业发展，与村民形成相辅相成的关系；在重视提升村民物质生活水平的同时，周科学团队积极关注广大村民的精神生活，坚持扶贫先扶志，和村民们协调沟通，让更多的村民认识到幸福是奋斗出来的，努力去除部分村民的"靠等要"思想。通过日复一日的努力，周科学实现了茶叶产业发展越来越好，村民们的钱包越来越鼓的"双赢"。此外，他们将产业发展成果反哺平江县，投入到教育文化等基础设施的完善中来，真正做到了成果共享。由此可知，有效的乡村治理可以激发村民公共参与的积极性、主动性和创造性，变"要我参与"为"我要参与"。这些做法都为乡村振兴注入了动力，也为平江县经济的发展及环境状况的改善开辟了一条崭新且符合当地实际的道路。

（撰写者：冯美萍　黄嘉仪　陈凌山　李晓君）

---

① 《中共中央　国务院关于做好 2023 年全面推进乡村振兴重点工作的意见》，中国政府网，2023 年 2 月 28 日，https://www.gov.cn/gongbao/contert/2023/content_5743582.htm。

李韦荣

茶叶助增收：城乡要素流动下的致富路

案例简介：李韦荣（1974～），赣州市兴国县枫边乡人，高中学历，汉族，江西省妇女第十三次代表大会代表，兴国县雾园茶叶种植专业合作社总经理，"方太妹"品牌创始人。2013年，她辞职回乡与丈夫一起创立茶叶品牌，从克服土壤板结的情况到解决茶叶品种单一的问题，再到最后创立使用农业肥的有机茶品牌"方太妹"。依托品牌多元的发展和独特的茶旅融合之道，她所创立的"方太妹"吸引众多品茶者和爱茶者，实现乡村农业致富。秉持着持之以恒的信心和感恩的心，她坚持做到茶叶来源可溯、去向可追，从而保证茶叶质量。产业要多链条、多方面发展，研发不同的茶品，满足不同消费者的产品需求，促进产业由线及面发展，提升产业竞争力，实现农业致富。

2020年3月李韦荣在生产线查看茶鲜叶

一　案例背景

李韦荣出生 6 个月便患上了脊髓灰质炎，爸爸妈妈并没有放弃她，坚持将她抚养长大。从小她的父亲便告诉她，她只是比别人走路慢一点，其他与常人无异，父亲的话深深根植在她的心里。学生时代，李韦荣与模仿她走路的同学发生摩擦，爸爸妈妈也未曾出面干涉，只是告诉她要学会用自己的方式妥善解决问题。正是这样的教育培养了她独立、坚强又开朗的性格。

在高中毕业后，腿部残疾的李韦荣一度陷入迷茫，不知何去何从。当时，热播剧《外来妹》给了她启发，她意识到广东是一个有商机、有发展机遇的地方。1992 年，当李韦荣提出"我要去广东打工"时，爸爸妈妈觉得不可思议。但她的爸爸妈妈从不过多地干涉其决定，于是李韦荣怀揣着梦想和父母给予的 400 块钱加入了南下打工的队伍。她在广东漂泊了 20 多天，应聘了十几家公司，终于有一家公司收留了她。成功入职后，李韦荣从车间普通生产线的基层员工做起，从上班的第一天起便仔细观察生产线上的每一道工序，分析每一个问题。她开始一步一步地往管理层走，比如成为车间主任、质检人员等，工厂的整个流程她都去尝试、锻炼。随后，她在一家企业成功应聘文员，她用心观察、认真工作，把每一件事当作自己的事来处理，很快获得了成长。经过十年的努力，李韦荣从普通工人到 HR，再到采购部经理，甚至到公司的总经理，从一个月工资 350 块钱的小文员成长为年薪几十万元的总经理。

2001 年，李韦荣丈夫所在的塑胶厂倒闭了。当时她的丈夫本可以去别的塑胶厂当注塑部经理或者主管，但他提出了创业的想法，他跟李韦荣讲："我们现在年轻，体力、精力和观念都能跟得上时代的脚步。如果有一天我们老了，我们可能就会被企业淘汰，现在回乡创业似乎是个不错的选择。"就这样他带着家里仅有的 6 万块钱回到家乡开始创业，李韦荣则先留在广东继续工作赚钱养家。

二　致富过程

在丈夫创业的初期，李韦荣一直起辅助作用，并且帮他培养了员工、助手。

2013 年，她辞职回乡和丈夫一起创业。在广东时，她每天工作十几个小时，经历了太多风风雨雨，提升了抗压能力和工作能力，这也为后期的创业奠定了基础。

（一）产品品质是创业持久的根基

两个人的创业最早是从茶庄开始的，因为茶叶品质不够稳定，俩人决定自己进行茶叶种植。夫妻俩一起去福建调研，留意到当地土壤板结的情况后，立刻向农业专家咨询，得知是因为长期使用了草甘膦，才会造成土地板结。于是他们决定打造使用农业肥的有机茶品牌，也就是后来的"方太妹"品牌。刚开始有机茶的投入成本很高，导致第一年他们的公司处于亏损状态。同样的铁观音，因为成本太高，别人卖一百块钱，李韦荣却必须要卖到两百多块。其他铁观音可以做出各种各样的味道，李韦荣却选择不加任何添加物，就只有一个味道，于是他们遇到了不懂茶的人觉得茶不好、懂茶的人又觉得茶太贵的困境，严重影响了公司的销量。后来凭借着坚持与客户们好口碑的积累，公司才慢慢有了利润。2012 年，铁观音重金属超标、农残超标事件被曝光，一夜之间铁观音跌下了神坛。因为当时两个人种的茶树品种只有铁观音，所以也受到了一定影响。这件事也给他们带来了一些启发，第一要扩大茶园面积，第二要再多种一些品种，第三要坚持严格按有机茶的标准来生产。

都说萝卜青菜各有所爱，其实茶叶也一样。创业过程中有很多人问李韦荣，你们家的茶和别人家的茶有什么不一样。李韦荣往往笑称："我们的茶有我们的独特之处，别家茶有别家茶的特质，并无绝对优势一说。区别从茶叶外表看不出来，得自己泡出来喝了以后，才能感觉到我们茶的特点，感受到味道和口感等跟其他茶叶的区别。"

（二）品牌多元满足不同消费者

方太妹旗下的产品涉及了六大茶系中的五个茶系。公司会针对不同的人群研发一些不同的茶品，例如男性茶、女性茶以及儿童饮用茶。在与客户交谈的过程中，李韦荣往往能准确抓住客户心理，他爱喝什么茶，给他推荐的就是他喜欢的茶，这也是为什么李韦荣能跟客户进行友好交流。通过公司不断引导和宣传，他们身边一些朋友爱上了喝茶，也会慢慢地把茶文化传播给身边的人。

李韦荣坦言，自己是带着情怀去卖茶的，比如公司产品包装设计采用了"梅兰竹菊"来做素材，映衬出的不仅是"四君子"本身的自然属性，而且呈现一种自然美，更重要的是把一种人格力、道德情操和文化内涵注入"四君子"之中，通过"四君子"寄托理想和展示高洁品格。

（三）解锁茶旅融合之路

"方太妹"品牌的未来规划是打造以人文情怀为主的茶旅融合产业。邀请一些爱茶人士来企业学习茶文化，教他们品茶、鉴茶、制茶，同时通过茶文化来宣传中国人"真善美"的思想。在做"茶旅融合"的同时加入禅学，请相关老师来给大家讲课。心中有佛，所见皆佛，有佛皆有善，人心向善，希望来学之人心里都能有一把尺，一心向善，做一个有思想、有觉悟、有上进心的人。同时，公司也会加大新产品的研发投入，以更好地满足年轻人变化的市场需求。由山苍子的提取物研发的驱蚊液、从茶叶中提取的茶酵素都将是"方太妹"品牌未来的产品重点。李韦荣在十几年的创业生活中经常告诫自己要记住别人对她的好，记住帮助她的人，在脑海里面多记住一些美好的东西，这样就会常存感恩之心，世界才会美好。艰辛的事情要选择性遗忘，越是困难的时候越要想着往前冲。

三　致富经验

李韦荣坚韧不拔，紧抓茶叶品质，积极打造独特品牌，其创业走向茶旅融合，实现了乡村农业致富。

第一，产业发展要把产品的质量放在首位。李韦荣的"方太妹"茶叶坚持按照有机标准规范化种植与生产，在每一件产品上贴有溯源码、绿色码或者有机码，可以追溯产品的每一个环节，做到来源可知、去向可追、责任可究；产品经得起各项标准检测，真正做到绿色、有机、纯天然。其企业为有机茶概念的先行企业，初心为做一款健康的茶叶。李韦荣不断摸索前行，在有经验后不断完善茶园设施。在不断的坚持中，客户慢慢发现其茶香气高、滋味鲜爽、回甘长，客户量渐增并逐步获利。可见，质量口碑是产业得以闻名并实现长远发展的前提。

第二，产业发展过程中要有持之以恒的信心。坚持不懈的意志和不断增强的能力是她的致富条件。从儿时残疾到在工厂中的每一步晋升，到返乡从零开始做茶人，她坚持用点滴努力击破生活的阻碍，并在这一过程中不断观察、不断学习、不断锻炼自我，以实现目标和理想。她知道，短时间内是不可能有利润的，但依然愿意投资，并不断尝试各种方法解决新茶园面对的各种问题，这种前瞻性格局令她具备不断突破困难的信心和韧性。

第三，产业发展过程中要常怀感恩的心。在几十年的人生道路上，李韦荣遇到了很多贵人，得到了很多帮助。在有能力的时候，她也想尽自己最大的能力去回馈社会，去帮助社会中一些有需要的人。她尽可能安排有劳动能力的残疾人或残疾人家属来基地务工，使他们获得就业机会，同时帮助她自己实现增收。责任和担当是支撑她不断向前的动力。作为一家企业的负责人，她认为既然创办了企业，就一定要带领团队、带领员工好好把这个企业做好，要有信心且负责任。要保证一起打拼的员工有饭吃、生活有奔头。做茶园也是一样，既然接下了担子便要担负应有的责任，对员工负责，对身边的人负责，对当地百姓负责。创业路上获贵人帮助，创业成功后李韦荣也努力回报社会，这体现了企业应有的担当和企业家精神。

第四，产业要多链条、多方向发展。"方太妹"品牌不是局限在一个方面发展，而是根据不同人的不同需要研发不同的茶品，产品多链条发展具有一定的长久性和稳定性。同时"方太妹"品牌打算推出茶旅融合，以更好满足多方面需求，持续推动多方面发展。创业过程中充分利用乡村资源禀赋，促进产业由线到面发展，更能提高产业竞争力。

四 案例点评

从"城乡统筹"到"城乡融合"，党的二十大报告强调，"坚持农业农村优先发展，坚持城乡融合发展，畅通城乡要素流动"。[①] 这蕴含着党中央对实

---

① 习近平：《高举中国特色社会主义伟大旗帜 为全面建设社会主义现代化国家而团结奋斗——在中国共产党第二十次全国代表大会上的报告》，北京：人民出版社，2022，第31页。

现城乡融合发展的新思维与新举措。要实现"城乡融合"，就应该正确认识乡村经济的发展价值。所谓"融合"，是指建立在城市与乡村价值等值、功能互补基础上的良性互动。目前，从城市到乡村的"新回乡运动"正在悄悄改变着中国城镇化发展模式，一个值得社会关注的城乡双向流动、双向驱动的新城镇化模式正在逐步浮出水面。在逆城镇化现象推动下，许多城市居民到郊区买房、到农村办农家乐、到山区办各种旅游项目。城市人口向乡村流动，也催生了有机农业、乡村旅游、古村落改造等领域的发展。案例中，李韦荣夫妇选择从东莞返乡创业正是城乡双向流动的具体表现，其先前的工作经验和资本积累为返乡创业奠定了基础，相对低廉的土地成本为夫妻二人实现自身人生理想提供了沃土。在城市资金与先进技术的注入下，贫困山区焕发新面貌，当地困难群众就业难、生活难的困境得到解决，这是城乡双向流动、双向驱动的成功典范。在李韦荣夫妇的案例中，我们看到城乡各自发挥不可替代的作用，在新型城乡融合关系下，城市对乡村不是纯粹的"输血式"反哺，而是在乡村环境改善的情况下，产生了要素流入农村的动力。乡村以其拥有的资源有效地汇集城市资金、知识、人力等要素，[①] 进而形成高质量双向流动的城乡互补共赢、共生发展的新模式。城乡要素双向流动，使乡村创业催生新业态，乡村产业得以兴旺，以此推进乡村经济社会全面发展，乡村振兴得以实现。

（撰写者：李泓霓　陈沛璃　李晓君　苏虹尹）

---

① 郭素芳：《城乡要素双向流动框架下乡村振兴的内在逻辑与保障机制》，《天津行政学院学报》2018 年第 3 期。

吴俊松

葛根来敲门：农科人才订单式农业探索

案例简介： 吴俊松（1992～），广东省揭阳市人，本科学历，汉族，中共党员，广州崧源农业科技有限公司总经理，"绿稻人""葛泰酩安"品牌创始人。2014年本科毕业后，他研究过多种农作物如灵芝、水稻、红薯等，合作农户近千户，帮助扶贫点销售优质农产品。2015年开始种植、加工葛根，创立广州崧源农业科技有限公司，解决了品种、技术、销售等难题，创业之初便获利700余万元。2021年，他投入1000万元科研经费与华南农业大学共建葛根研究院，当前葛根研究院有3名教授，30余名研究人员，专注于葛根精深加工品研发，形成全产业链葛根产业模式。秉持着"为耕者谋其利，为食者造其福"的理念，尽管创业过程一波三折，他仍坚守初心、持之以恒，带领团队化险途为坦途，走向大农业、科技农业发展之路。

2017年吴俊松在田地收获葛根

一　案例背景

吴俊松，"90 后"创业青年，读书时，家里的条件还算过得去，不说大富大贵但至少吃喝不愁。2009 年，吴俊松的父亲生了一场大病，在医院里抢救了两个多月，病情拖垮了整个家庭。为帮父亲治病，母亲把家里的房子和商铺都卖掉了，家里的积蓄也都搭进去了，最后连亲戚朋友的钱都借了个遍。就这样，吴俊松家从小康家庭变得负债累累，最困难的时候连吴俊松上大学的学费也交不起。因此吴俊松暗暗下定决心要用自己的知识尽早赚钱，一方面尽快还债减轻家里负担，另一方面作为长子，他不想让自己的弟弟妹妹再次经历像自己一样的窘境，于是他萌生了创业的想法。

2013 年，上大三的吴俊松从老师口中了解到"扶贫点"这个概念，这些扶贫点经济基础较为薄弱，但自然资源丰富，也享受到国家政策支持。作为大学生的吴俊松也想用自己的方式为这些地方做点什么，经过考量之后，他决定进入扶贫电商这一领域，当时扶贫电商比较少见，而且对于大学生创业者而言，创业门槛也比较低。吴俊松需要做的就是帮农民把当地特色农产品打包好，通过互联网把农产品发出去、卖出去，让更多人品尝到农村的优质作物，也让农民赚到钱。

但开始时事情并非吴俊松所想的那般顺利。早期吴俊松来到农村给农民做培训，二十几人挤在残旧的村委会办公室里，吴俊松在台上大谈农业电商未来的宏伟发展，农户在台下听得稀里糊涂。当吴俊松全部讲完，办公室里只剩下三四个人，最终愿意支持吴俊松工作的仅有一两个人。见此情景，吴俊松开始思考怎样去调整策略让农户们接受培训。农民往往是实用主义者，他们觉得电商这个东西不切实际，浪费这点时间去听还不如多下地干农活，他们更需要学习和运用农业技术来实现农作物丰收。于是吴俊松想到了寻求母校——华南农业大学的帮助，通过电商平台打通农产品销售的渠道，将这种电商扶贫的农业发展模式在扶贫点推广开来，让更多的农民切实享受到互联网的红利。基于此，吴俊松团队承接了华南农业大学的一些小项目，带着产业项目去指导农户种植，再帮农户卖出去。开始的前几个月，只偶尔有几单生意。吴俊松团队成员开始有所动摇，团队不断有人离开、有人加入，留下来的伙伴与吴俊松一起商量对策，新加入的伙伴则提供了许多新的思路。经过多年的不懈努力，吴俊松成功通过电商扶贫模式带动超 2000 户农户种植葛根。

二　致富过程

2014 年，吴俊松从华南农业大学生物工程专业毕业。在校期间，吴俊松发现乡村产业具有较大的发展潜力，就想用自己学到的专业知识创业。

（一）创业之初的多次尝试

起初，吴俊松尝试种植很多种农作物，如水稻、红薯等，但是当时遇到了一个很大的问题，即大众食品的受众面看起来广，但是竞争也非常激烈，而且利润较低，赚不到什么钱。于是吴俊松仔细琢磨，如果要继续农业创业，便要尝试种植药食同源的作物，便选择种植灵芝、铁皮石斛等。对于中华九大仙草吴俊松都研究过，让他印象最深刻的就是灵芝。但在深入调研之后，他发现灵芝种植的限制条件较多。在 2014 年之前，国家对灵芝产品尚未明确定性。作为刚入行的企业，如果产品无法注册商标，那么就是三无产品，也无法在后期竞争中脱颖而出。基于此，吴俊松从多个产品的市场规模、受众、资质等各个环节进行比较研究，直到 2015 年，才选定了葛根这种冷门的农作物作为种植对象。

（二）选中产业后的执着深入

葛根有一定的种植门槛，这种门槛不是气候、土地等因素。我们国家很多地方都能种植葛根，但吴俊松调研了广西、广东等葛根主产地之后发现，家家户户还是采用人工种植、人工收制的方式生产葛根。种植户在收割葛根时都是采用人工挖的方式，这就导致葛根的人工处理费用高昂。雇一个人在田地里挖一天葛根，卖的钱可能还没有雇一个工人的费用高，而这也是葛根种植量不多的原因之一。吴俊松查阅了很多资料，葛根作为百姓煲汤常见的原料，具有清痢解热和降血糖的功效，而且葛根里面含有的黄酮是治疗糖尿病药物的主要原材料。吴俊松看见了葛根蕴藏的商机。

吴俊松团队也知道要种好葛根，肯定是要解决人工收割葛根费用高的问题。吴俊松想到可以引入机器来提高收割效率、降低人工收割的费用。于是，他和一起创业的几个同学承包了三亩地试种葛根。由于对技术类工作不够熟悉，吴俊松和团队对于机器收割问题多次讨论无果。一次，吴俊松偶然路过农民的红薯地，看到了收割红薯的机器，灵机一动，葛根和红薯的形状大体相似，而且都长在地里，完全可以造一个类似的机器来收割葛根。经过半年多的设计和测试，吴俊松团队参照红薯收割机的原理，设计了一种加装在拖拉机后面专门挖葛根的机械。其操作是把葛根下面的土翻上来，令葛根自然从土里面露出，工人只需要跟着拖拉机将葛根捡出来就可以了。经过试验，团队发现该机器确实是高效可行的，机械挖葛根比人工挖快很多。仅仅花费 10 分钟，机器就挖了两排葛根，大概四五百斤，若是人工挖葛根，10 分钟 7 个人才挖了 10 个，只有 30 多斤。而且人的体力是有限的，如果一直干下去，速度只会变得更慢。这样一来，机器和人工之间的速度就相差几十倍，可见使用机器可以节省人力费用，提高收割效率。由于葛根的种植成本大幅降低，前期投入的资金都在短时间内被赚了回来。此外，吴俊松团队还研发了一种水肥一体化技术，采用纯天然肥料，将肥料和水按比例合理投放，把控光合作用。他们还改良了一些设备，比如洒水灌水设备等，慢慢开始掌握葛根的种植技巧。另外通过一些其他技术的补充，他们慢慢克服了种植难题。现在吴俊松团队的葛根种植技术全国领先，成功地将葛根出货的良品率提高到八成。吴俊松团队也变得小有名气，大家都知道吴俊松的葛根种得很好。

（三）葛根致富和农户加入

2016 年底，凭借机器和技术的优势以及国家的政策支持，吴俊松承接了很多脱贫攻坚村的扶贫产业项目。用吴俊松团队研究出的方法种葛根，利润高，农户都想跟着吴俊松一起种，吴俊松将葛根种植机器推广给农户们，使他们升级以往人工采收葛根的方式，用更高效的方式采收葛根；同时将技术传授给他们，包括怎么种葛根，怎么浇灌水肥，怎么才能提高出货率等。由此吴俊松团队的规模不断扩大，销售额不断提高，获得了更可观的利润。当时吴俊松总共接到了 30 个村子的订单，两个月时间就签订了 700 多万元的订单。

然而，吴俊松太过急于求成，沉浸在创业成功的喜悦里面，没想过这种成功背后也可能有陷阱。2017 年 10 月，葛根到了采收的季节，吴俊松下到农户的地里面一看，发现农户的订单太多，超出了团队消化的能力，团队对农户的指导跟不上，农户种出来的葛根不仅产量低，而且良品率不到三成。当时吴俊松跟很多农户都签订了保价回收的协议，即使他们的葛根良品率不高，吴俊松也得全部收回来，保证他们的收入。很快公司账上的钱就不够支付给农户了，当时吴俊松每天都要接几十个催债电话，连给一起创业的同伴们发工资的钱都拿不出来。

（四）葛根产业的深度发展

2018 年 10 月，为了尽快还债、弥补损失，吴俊松又到别的地方调研市场行情，发现了一个非常奇怪的现象：广东很多人喜欢用葛根煲汤，但是容易在市场和地摊上买到的葛根，在超市里几乎买不到。吴俊松对此总结出了两个原因。一个原因是农产品批发市场里的葛根批发商都不愿意给超市供货。因为批发商给超市供货需要建仓库，而葛根一旦进入仓库水分会蒸发一部分，降低重量，加之仓库的租金较高，所以批发商一般宁愿便宜卖也不考虑建仓。另一个原因是葛根产品规格不够规范，大小不一，参差不齐，超市很难会接收品相不佳的葛根。

葛根进入超市的前景广阔。吴俊松团队决定必须要把葛根卖进超市里去，跟很多超市达成了协议，要把葛根放到超市里面卖。可是，到超市卖之后又产生了一个意想不到的问题：精挑细选送去超市的良品葛根，在超市里根本卖不出去。因为一个粉葛是比较重的，按照广东人的习俗，五斤至八斤的就用来煲汤，而做菜的话一两斤的就够了。对于三口之家，或者四口之家而言，买个五六斤的葛根回去也要吃三四顿，时间一长吃不完的葛根就不新鲜了，而广东人非常注重食材的鲜度，因此他放到超市卖的葛根也滞销了。小的葛根大多淀粉不够，吃起来口感不好，大的葛根量过大，消费者都不愿意买，葛根销售遇到了难题。吴俊松偶然发现小贩都是把葛根分成几段再卖给消费者，而超市却没有提供这种服务。受此启发，吴俊松想出了一个办法，决定将一个葛根切成小块并用真空技术将它们保存起来，每袋重量控制在 350 克到 650 克，进行统一化、规范化包装储存。

进军超市成功之后，吴俊松想进一步扩大产业规模。农户们信任吴俊松，把葛根放在吴俊松这里卖，吴俊松有责任和义务把这个产品销售出去，带领更多的农户一起让生活变得好起来。吴俊松通过调研发现，农产品批发市场一天能够卖出一两万斤的葛根，销量比超市多很多。于是团队承包了 2000 多亩土地，全部由自己来种葛根，主打农产品批发市场销售。可是往批发市场卖葛根，说着容易，可真正做起来，就一个字——乱。收葛根的商贩不管良品率，只要数量不要质量。农户卖什么价格，他们就得跟着卖什么价格。虽然吴俊松想打开更大的葛根市场，可是也不想和农户在批发市场里被动地打价格战而两败俱伤。但方法总比困难多，吴俊松决定从技术方面着手。葛根通常在每年清明后播种，而吴俊松想研究出一种可以在 12 月播种的葛根。早熟葛根品种，能比别人提前上市，就可以打破在市场里被动打价格战的局面。经研究和开发，吴俊松研究出了一种可以在 10 ℃温度下种植的葛根。这种葛根可以在 12 月的湛江播种，进而比别人的早熟 3 个月。2019 年 7 月，吴俊松研发的葛根早熟品种成功上市，一下成为市场里的抢手货。葛根一般是 10 月才出来，而吴俊松的葛根在 7 月就已经种出来了。买方市场和卖方市场的地位便反转过来了，凭借早熟葛根这个产品，吴俊松打了一场漂亮的翻身仗。

在吴俊松的不断努力下，企业率先在揭阳、清远、云浮、阳江等地市落地扶贫项目，该项目也是这些城市在新一轮扶贫中的首个产业帮扶项目。将"技术、标准、销路"等服务打包带到更多农村是吴俊松的目标。2017 年，在揭阳市惠来县操盘的"紫醉金迷红薯"，更是创造了惠来当地的电商发货纪录，"35 天，万单，172 万元"每个数字都在创造惠来当地的电商历史。

2021 年，吴俊松投入 1000 万元科研经费与他的母校华南农业大学共建葛根研究院，该研究院专门做葛根全产业链的研究，目前已研发上市第一款葛根植物发酵饮品"葛泰酪安"，该研究成果也登上国际权威 SCI 论文，申请了发明专利，经过一年多上万用户精准反馈，该饮品解酒护肝效果显著。

三 致富经验

吴俊松创业成功是集个人努力、科技赋能与政策支持共同作用的结果，长风破浪会有时，直挂云帆济沧海。吴俊松的致富之路离不开以下几点。

第一，初心如磐，持之以恒。"打铁还需自身硬，我觉得成功不是一朝一夕造就的。"短短的这句话，彰显吴俊松坚持不懈的勇气与决心。从选择创业开始，"为耕者谋其利，为食者造其福"一直是吴俊松团队的初心与目标，哪怕前期在给农户普及电商时不断受挫，哪怕中途因操之过急损失了高达700万元，吴俊松也从未想过放弃。正是他可贵的坚持，使他最终获得了成功。创业是一场持久战，作为创业者随时有可能面临挫折与挑战，坚持不懈、砥砺前行，才是打开成功之门的密匙。

第二，脚踏实地，自主创新。采收率低就研发收割机器；良品率低就通过研发水肥一体技术、升级设备等手段改良种植方法；竞争激烈就自主研发可以低温种植的葛根，掌握优先上市权……吴俊松团队不断用实践佐证创新是引领发展的第一动力。在经济市场相对饱和的今天，创新就是企业发展的生命与灵魂，拥有自主创新能力的企业才会在市场中占据一席之地。

第三，和衷共济，齐创辉煌。即使在连员工工资都发不出的困难时刻，吴俊松的团队仍然众志成城，共同面对困境，群策群力，展现了强大的凝聚力。也正是有这样一个手拉手、肩并肩的集体，创业才能化险为夷，渡过难关。所谓"一根筷子容易弯，十根筷子折不断"。无数的案例表明，创业成功与否不仅在于创业者自身的优劣和所拥有资源的多寡，更在于团队能力发挥的好坏。一个同风雨、共进退的团队，就是创业制胜的法宝。

四 案例点评

为进一步推进乡村振兴、扶持弱势农户，国家已经连续20年（2004～

2023 年）在"中央一号文件"中聚焦"三农"问题并多次提及了"公司 + 农户"模式的农业发展思路，出台各项政策鼓励和支持龙头企业与农户联结。尤其在 2022 年"中央一号文件"中强调要不断强化龙头企业带动区域发展的作用，实现农业产业提档升级。① 本案例所采用的就是这种"公司 + 农户"的订单农业供应链模式。

所谓"公司 + 农户"模式指的是在农业生产之前，农户与龙头企业签订具有法律效力的产销合同，由此确立双方的权利和义务关系，农户根据合同安排组织生产，龙头企业按合同收购农产品的一种农业经营形式，也称之为订单农业。② 在这种模式下，吴俊松团队与农户达成协议，帮助农户科学生产葛根，提高了葛根的生产效率和良品率，进而再收购这些优质葛根进行销售，显著节约了重复交易成本，减少了交易的不确定性，有利于有效规避潜在风险。在企业面临较大市场风险，而公司自身实力又不是特别强的时候，这种模式格外具有优势。公司可通过此模式快速扩大规模，减少不必要的投资，实现既有资源的高效分配，利用农户的劳动力、土地和资金来组织生产，把资源用于技术研发、开拓市场等其他领域，从而显著降低市场风险。同时这种模式还可以帮助农户抵御批发市场上的价格风险，③ 可谓两全其美。

订单农业虽然已成为乡村振兴的有效路径，但在实际操作中也暴露出其与生俱来的问题。其中，比较突出的问题就是订单履约率低，农户、企业违约等事件不断发生。④ 另外，这种模式还存在一种天然的不对等性，公司相对于农户而言，在资金实力、人才聚集、市场垄断力、产品定价等方面都处于绝对的优势地位，而农户经营规模偏小、居住分散、资金技术力量薄弱，必然处于劣势地位，双方极易产生利益分歧，难以保障合约的稳定性。然而，吴俊松的葛根企业在应用这种模式时根据实际情况进行创新和调整，与农户连成利益共同体，有效规避了订单农业的不稳定性：一是充分利用农村当地资

---

① 《中共中央　国务院关于做好 2023 年全面推进乡村振兴重点工作的意见》，中国政府网，2023 年 2 月 28 日，https://www.gov.cn/gongbao/content/2023/content_5743582.htm。

② 李彬：《农民专业合作社视角下的订单农业契约风险管理》，《经济与管理评论》2012 年第 1 期，第 91～95 页。

③ 秦开大、李腾：《多不确定条件下的订单农业供应链研究》，《经济问题》2016 年第 2 期，第 111～116 页。

④ 叶飞、林强、李怡娜：《基于 CVaR 的"公司＋农户"型订单农业供应链协调契约机制》，《系统工程理论与实践》2011 年第 3 期，第 450～460 页。

源，发挥规模优势创造利润空间，保障农户利益；二是调动农户积极性，消除投机意愿，使其自觉自愿地提高产品质量，从而保证农业企业的组织效率。①

（撰写者：梁嘉仪　王菁菁　易练　李晓君　马嘉琪）

---

① 郭斌：《农业企业"公司＋农户"的生产经营模式创新》，《西北农林科技大学学报》（社会科学版）2014 年第 6 期，第 76～82 页。

聂德友
梨子助致富：农旅融合发展创新与实践

案例简介： 聂德友（1963～），贵州省盘江市人，汉族，中共党员，盘州市盘江天富种植农民专业合作社理事长。2013年3月，他放弃在外发展良好的事业，选择回乡创业。根据贾西村的气候条件决定种植刺梨，组建了盘州市盘江天富种植农民专业合作社和天富刺梨产业园区。在他的带领下，入股农户通过土地分红、红利分红以及打工的收入，每户均可增收5000元以上，能带动所覆盖村的贫困人口26户858人消除绝对贫困。秉承着"春赏刺梨花海，秋品刺梨果香"的美好愿望，他坚持不懈、持之以恒，带领村民们消除贫困，走上致富之路。

图1　聂德友在田间劳作

一　案例背景

聂德友是盘江镇①贾西村人，作为大口之家的老大，他小学未毕业就离开贾西村外出打工挣钱养家糊口。年轻时的他，不怕吃苦、敢闯敢拼，一开始是盘江矿务局老屋基矿的普通矿工，后来通过自己的努力到菲律宾投资开矿，当起了跨国公司的老板。"因身处异乡对地质矿情不熟悉而投资失败，亿万资产打了水漂。"虽然从富翁变成了"负"翁，但他并没有气馁，而是返回云南省昭通市，再次起步开铜矿和铁矿，几经拼搏才有了一定的身家。重获新生的他，想起父亲曾经当生产队长时带着群众一年忙到头，却连温饱都解决不了的情景，于是放弃在外发展良好的事业，于 2013 年 3 月选择回乡创业。

贾西村人均占有耕地少，村民以种植传统作物为主，广种薄收、增收困难。而当地气候条件适宜刺梨生长，野生刺梨遍布山岩上、沟坎边。聂德友认为，人工种植刺梨一定能够让大家脱贫致富。于是他便带着千万资产回乡创业。2013 年 5 月，他回乡牵头组建了盘州市盘江天富种植农民专业合作社和天富刺梨产业园区，出任理事长，以贾西村、海坝村为核心，先种植刺梨 1 万亩，用 3 年的时间，辐射带动周边 7 个村，发展刺梨产业 3.12 万亩。聂德友向盘江镇党政主要领导表达了要做刺梨产业带领群众致富的想法，以"三变"改革模式②，先付钱、后用地，有信心发展刺梨至万亩以上，请求政府部门出面帮助流转土地。

从 2014 年 10 月起，盘江镇专门抽调 7 名副科级领导带领 25 名干部，组成 7 个工作组进驻贾西、海坝两村，采取包组包片的方式，历时两个多月，进村入户搞宣传、深入地块搞丈量，帮助他解决了发展产业的用地问题，向开创万亩刺梨园区迈出了坚实的一步。聂德友获得土地使用权后，坚持"标准化种植、精细化管理、规模化发展、多元化经营"的思路。通过"公司 + 村级合作社 + 农户 + 村集体"的合作模式，构建"三变"利益联结机制，农户用土地

---

① 盘江镇隶属于贵州省六盘水市盘州市。2015 年，撤销盘江镇、断江镇，新设置的盘关镇辖原盘江镇、断江镇地域。本文统一用盘江镇。

② "三变"改革模式指资源变资产、资金变股金、股民变股东的模式。

入股有保底收益，就近务工有稳定收入，同时，培育乡村旅游元素，使贾西、海坝逐步成为可以观光、休闲、度假的乡村旅游景区。

二　致富过程

"春赏刺梨花海，秋品刺梨果香"，把农业产业基地和特色观光旅游有机结合起来，真正把产业做成生态，把生态做成产业，这是聂德友对天富刺梨产业园区的美好憧憬。

（一）富不忘本，时念家乡

聂德友是一个个子不高、体形敦实、皮肤黝黑、心直口快、憨厚善良的中年汉子，是土生土长的贾西村人。年轻时在盘江矿务局老屋基矿当过工人，后在兴义市、晴隆县等地开煤矿，赚钱后去东南亚考察了一圈，和朋友在菲律宾开过煤矿，当上跨国公司的董事长，后在云南开铜矿和铁矿，生意兴隆，事业有成，但他富不忘本，深知树大离不开根的道理，虽长期漂泊在外，却始终惦记着家乡的发展，一直想带领家乡群众致富。

2013 年 3 月，聂德友放弃了在外发展良好的事业，毅然选择回乡创业。在对家乡的整体情况做了大量调研后，他看到家乡产业仍以传统种植为主，这很难突破传统农业经济发展的瓶颈。本着为家乡父老做点事，让家乡老百姓富起来的愿望，他萌生了引领农业产业转型的念头。凭借几十年来对商业特有的敏感度及丰富的经验，聂德友敏锐发现贾西村常年气候温和，山野遍布野生刺梨，适合规模化种植发展刺梨产业，他分析："一亩地能种刺梨 110 株，亩产3000 斤，按两元一斤的价格，一亩地产后收入有 6000 元，而且刺梨的挂果期长达四五十年，今后每年除了除草施肥基本上无需什么大的投入，可以说半辈子守着'摇钱树'。"聂德友给大家算起了一笔账："老百姓以前种苞谷，一亩地产 600 斤，每斤 1 元，一亩地的产品卖 600 元，种苞谷、收苞谷的人工费，再加上买化肥的钱，基本上是自己的劳力卖给自己，一年到头挣不了几个钱。"因此，他不顾家人的反对，不顾农业发展见效缓慢、未来投资风险大而回报低的现实，毅然选择发展刺梨产业。

（二）深入研究，吸引农户

本着把产业做成生态、把生态做成产业的理念，聂德友一方面自购刺梨苗发给农户，由农户自行种植管理，承诺刺梨挂果后按保底价 1.5 元/斤收购，鼓励农户发展刺梨产业；另一方面与农户协商，在按耕地 400 元/亩的单价流转的农户土地上进行规模化种植。此外，聂德友还与镇政府协商，租用闲置的校舍作为办公地点；请贵州大学的农业专家实地踏勘，规划刺梨核心区产业基地，规划面积 1 万亩，既种刺梨又育苗，打造亮点基地。2014 年 7 月，贵定县政府批文同意建设天富刺梨产业园区。2014 年 10 月，聂德友在摸清全市市场刺梨育苗匮乏的情况后，抢抓商机，培育了 850 万株刺梨种苗，种苗成活率达97% ，创造近 800 万元的经济收益。

聂德友做事一直秉持诚信守法的原则。例如，为了给支持土地流转的农户以信心、减少刺梨连片种植的阻力，在 2015 年春节前，他在产业园区办公场地举行了土地流转租金集中兑现仪式，将 160 余万元流转租金兑现给农户，其中还包括一些还未丈量土地但同意流转的农户，他现场拍板，承诺预支 2000 元到5000 元不等的资金允许农户先用后租，这大大增加了农户对他的信任，也赢得了更多农户对刺梨产业的支持。

（三）持之以恒，成效显著

经过多年的努力，截至 2022 年，园区总投资已达 5000 万元，以贾西村为核心的天富刺梨产业园区的刺梨种植面积也从原来的 6226 亩增加到 5.6 万亩，覆盖农户 3498 户，共计 9446 人。截至 2017 年 3 月，盘江天富刺梨产业园区实现 3.12 万亩土地、林地、荒地和 8100 万元帮扶资金的有效整合。如今已经兑现农户的保底分红金 560 多万元，农户的务工工资 520 多万元，从 2015 年 7 月开始，每月平均支付工人工资 20 多万元，每天上工的工人达百人。现刺梨长势喜人，产业已初具规模。

园区 2015 年育刺梨苗 150 亩，销售额达 500 万元；2018 年育刺梨苗 400亩，可产刺梨苗 44 万株，销售额达 1400 万元，预计产刺梨 20 吨，销售额可达 8 万元。2018 年产刺梨达 1000 吨，年纯利润突破 500 万元，参与入股农户可获二次收益分红 50 万元以上，所覆盖的村集体总体上可分红 25 万元以上。入股农户通过土地分红、红利分红以及打工的收入，每户均可增收 5000 元以上，刺梨产业能带动所覆盖村的贫困人口 26 户 858 人消除绝对贫困。

为丰硕刺梨种植产业的成果，聂德友向村民广泛宣传种植刺梨能致富的经验，并于 2013 年 8 月，成立了盘州市盘江天富种植农民专业合作社，召开多次群众大会，动员村民参与刺梨种植工作，得到了大多数群众的响应。但是有少数农户对农业产业转型不予理解，他们认为这是损坏了老祖宗的基业，将来不但不能致富，还有可能饿肚子，而且还串联少数农户阻碍刺梨种植土地流转工作，并扬言宁可把土地抛荒，也不把土地流转。2013 年 10 月，聂德友想要通过合作社，采取经济赔偿或置换土地的方式征用三四户村民的两亩土地来修建刺梨园区机耕道，但无论怎么劝说这几户村民都不同意。于是聂德友和合作社工作人员到农户家逐户反复做工作，在其耐心解释下，终于得到了"反对户"的支持和理解，并同意及时流转土地，刺梨种植工作逐步理顺。

（四）创业稳健，未来可期

无论是在工作中还是在生活上，只要员工遇到困难，聂德友都及时去帮助解决，员工或附近老乡家有婚丧嫁娶，只要他知道他必定到场。在工作中他任劳任怨，从不当"甩手掌柜"，做事亲力亲为，以身作则，向苦、脏、累工作倾斜，尽最大可能改善劳动条件，积极营造和谐的工作环境。回乡创业荆棘与光明同在，机遇和挑战共存，但聂德友用他坚定的精神意志和不懈的努力，将刺梨园区一步步做大做强。

对于远景发展规划，聂德友打算把刺梨基地与旅游结合起来，把基础设施建设好，把路面硬化好，依托水盘高速把游客吸引过来，再把农家乐搞起来，形成游、玩、吃、住一条龙服务产业，预计两到三年开创"春赏刺梨花海，秋品刺梨果香"的局面。聂德友说，做这一切是想为家乡做点事，既然做了就要做好，要彻底改变家乡贫困的面貌。

三　致富经验

在盘江镇贾西村人心中，聂德友是一个愿意放弃千万买卖回到家乡创业、

图 2   2020 年 7 月聂德友（右）陪同专家考察种植基地

扶贫家乡的十分了不起的人，是一个心系家乡、心怀大爱的好人，是值得所有人为他竖起"大拇哥"的人。聂德友带领家乡致富的故事蕴含了太多的致富经验。

第一，理性分析，找准方向。找到正确方向是致富的前提，聂德友花了三个月的时间，把贾西村和市内农产品市场走了一个遍，看着堆积如山的调研报告，他心中已有定数。他将目光瞄向了有"维 C 之王"之称的"金果子"——刺梨。贾西村处于贵州喀斯特地貌环境下，土壤贫瘠，显弱碱性，加之海拔较高，气候冷凉，恰好符合刺梨喜凉的特性，最适合种植刺梨。聂德友通过自购刺梨苗发给农户，由农户自行种植管理，承诺挂果后按保底价收购，推动刺梨产业规模化发展。2014 年 7 月，规模化的刺梨产业引起了县政府的重视，县政府同意将贾西村建设成天富刺梨产业园区，并成立刺梨园党支部。经过不懈努力，天富刺梨产业园区先后被评为贵州省省级出口刺梨产品质量安全示范区、贵州省高效农业产业示范园区和科技示范园区，现正在创建国家级出口刺梨产品质量安全示范区和国家级产业扶贫示范园区。

第二，积力之所举，众智之所为。刺梨产业之所以壮大，离不开集体经济。聂德友发动群众成立了天富种植农民专业合作社，坚持"把产业做成生态，把生态做成产业"的理念，并采取"保底分成 + 收益二次分配"的方式将农户利益联结起来。在园区建设初期，聂德友先行出资 160 余万元用于土地流转，并预支钱财给仍抱有观望态度或土地未丈量的农户使用；他一手抓刺梨的种植育苗，一手抓"反对户"的思想工作，渐渐赢得了广大农户的信任。

随着刺梨产业的蓬勃发展，2016 年刺梨园党支部联合海坝村等 5 个村成立了盘江镇刺梨园"联村党委"，联村连片开发、规模化种植将刺梨产业拓展到 3.1 万亩，累计投资达 1.2 亿元。

第三，有舍才有得，造特色产业。聂德友经过深思熟虑后，决定舍弃种植祖祖辈辈耕种的玉米和土豆，选择利用有限的耕地资源发展经济效益更为良好的农产品，进而撬动贾西村的经济。随着贾西村刺梨产业的发展，园区的机耕道、水池等基础设施越建越好，村容村貌焕然一新，聂德友进一步萌生走农旅融合发展之路的想法。依托刺梨产业，贾西村成功开发了旅游休闲基地，形成了游、玩、吃、住一条龙的"农家乐"产业。未来，聂德友还将打造"春赏刺梨花海，秋品刺梨果香"的格局，以刺梨产业带动贾西村农旅产业兴起。

四　案例点评

乡村振兴要注重产业振兴、人才振兴、文化振兴、生态振兴、组织振兴五个要点。乡村要振兴，产业振兴是关键。《全国乡村产业发展规划（2020—2025 年)》总体要求提出要"以一二三产业融合发展为路径"，把"拓展乡村特色产业、优化乡村休闲旅游业"作为重点任务。文化旅游与乡村产业跨界融合发展，将成为提振农村经济的重要方向，聂德友的成功创业实践很好地验证了农旅产业的强大活力，能够为全面推进乡村振兴提供强劲动能。

农旅融合发展的基础是农业产业，离开这个基础谈农旅融合发展无异于舍本逐末。该案例中，聂德友坚定初心，合理布局刺梨产业。从贾西村出发，聂德友打造出种植、研发、加工、销售一体化的刺梨产业格局，形成了"一条龙"的刺梨产业链条，全市刺梨全产业链投资超过 60 亿元。如今的贾西村，俨然变成了远近闻名的产业强村。

刺梨产业壮大后，聂德友前瞻性地将产业与农旅进行有机融合，实现乡村更高层次发展。打造乡村农旅项目，不仅需要有乡村产业基础，相关的基础配套设施如公路、景区、民宿等也不可或缺。而聂德友充分发挥产业的辐射带动效应，使贾西村基础设施得以完善，加之贾西村本身山清水秀，吸引宏财集团开发建设出九峰连池景区，为农旅融合发展之路增添一抹亮色。此外，该景区还成功带动了贾西村本地乃至异地的村民创业就业。在外务工多年的贾西村村民王磊顺应贾西村声名在外之势返乡创业，利用姐姐家的闲置房开起了农家乐，"忙的时候每天接待 50 人左右，月收入有 1 万多元"。

聂德友以刺梨产业为基础，打造生命、生活、生意共享的农村产业综合体，提升了刺梨产业的附加值和市场竞争力，是乡村振兴中产业振兴的模范。

（撰写者：卢香　李晓君　徐盈）

黎少梅

稻子翻金浪：五色米引领的乡村致富经

案例简介： 黎少梅（1975～），广东清远人，本科学历，汉族，清远市谷原生态农业有限公司董事长。她曾在医院当医生，后因一次大病回家休养，偶然发现自然农法以及五色米的妙用，萌生了种植五色米的想法，并前往各地学习种植方法。2015年，她在清远市石潭镇开始种植五色水稻，先后解决了种子、土壤以及控制杂草等种植问题，并于 2017 年成立清远市谷原生态农业有限公司，公司主要经营五色水稻的生产、加工及销售。她运用"活土农耕法"进行水稻种植，研究五色养生米的种植、加工和配比方法。凭借特殊的种植技术、销售链与生产链的有效联结、灵活的营销策略，她带领村民共同种植，并共同走上致富道路。

一　案例背景

　　黎少梅，广东省清远市清新区石潭镇人，曾在广东省人民医院当医生。2001 年，黎少梅患上慢性肾炎。她到处寻求治疗，病情也一直没有好转，便辞去了工作在家里调养身体。由于在家比较清闲，黎少梅开始看一些佛法相关的书，其间认识了一位佛友。他向黎少梅建议去湖南的一个农场休养或许会对病情有所帮助。在湖南农场休养时，黎少梅第一次接触自然农法。她每天吃农场的作物，跟农场的工作人员一起下地干活，在那里住了大概三个月，她感觉自己的身体好了很多，整个人都变得轻盈了。回来之后黎少梅到医院检查，发现身体的各项指标都变得很好。这令黎少梅深思，她认为人体弱多病是由于现在吃的很多东西不健康。以前种东西基本不用什么肥料，农药也洒得不多，现在种东西都要洒药和施肥，蔬菜粮食都是在被施用过多的肥料和农药后生长起来的。从大家健康的角度出发，黎少梅萌生了创业的想法。

一方面黎少梅患上肾炎之后身体支撑不了医院高强度的工作，另一方面经过在湖南农场一段时期的生活，她从在自然农法理念下种的粮食中受益，这让她看到了自然农法的价值。于是，黎少梅决心把自然农法推广出去，种更多健康的粮食给大家吃，让自然农法惠及更多的人。黎少梅开始尝试自己种米吃，再去影响身边的人。黎少梅从患病到身体恢复正常的过程，她身边的亲朋好友都有目共睹，在食物安全对身体的重要性方面，黎少梅本身便是一个生动的例子。因此当她向亲友提出要种米时，他们立马表示支持并认购。时至今日，他们也一直在吃黎少梅种的米。渐渐地，黎少梅身边的朋友和医院的同事都出资让黎少梅去种五色米，收成后黎少梅每个月都会给每人寄 30 斤五色米。黎少梅做农民的初心便是让身边的亲朋好友乃至更多人都能受益。

二 致富过程

（一）机缘巧合投身五色米产业

2017 年，黎少梅成立了清远市谷原生态农业有限公司。顾名思义，就是先将土地活化，使种出来的粮食具有其原本该有的营养价值，也叫"活土农耕法"，这是黎少梅公司名字的出处。五色米是黎少梅经过深思熟虑后选择种植的作物。此前，黎少梅经常去与自然农法相关的农场休养和学习，前后一共去了九个月，收获了很多知识。黎少梅之所以选择用"活土农耕法"种植水稻而不是种植蔬菜或水果，是因为她认为米的安全是食物安全的重中之重，人们每顿吃进去的食物里米饭的量比水果和蔬菜更多，因此米是改善人们身体健康的关键。另外，清远的土地比较适合种植水稻，当地农民本就了解水稻的生长习性、掌握种植水稻的方法，故而五色米的种植更容易被农民所接受。黎少梅本身是学中医的，在学习过程中她了解到不同颜色食物的营养价值是不一样的，这是《黄帝内经》里所说的养生理念——五种颜色对应着五脏。五色养五脏，如果人一顿饭能够吃进去五种颜色食物的话，五脏就能够得到滋养。比起普通的白大米，五色米的营养价值会更高，所以黎少梅最终选择种植五色米，希望人们通过吃米就可以轻松简单滋养五脏六腑。

（二）分析五色米的种植土壤

黎少梅觉得种出好粮食的关键是种子、土壤和加工方法都要好。黎少梅采用可以留种的老种子，即今年收完稻谷明年就可以直接种的种子种植五色米，依循了大自然法则，在一定程度上避免了转基因带来的食品安全和生态风险问题。

土壤问题是困扰黎少梅最严重的问题。2015 年，黎少梅回到家乡不久，一场大雨把整个小镇都淹没了。黎少梅很疑惑，小时候在镇上生活，连下几天大雨镇上都不会积水，并且现在的河道比小时候宽得多。于是黎少梅到镇子上走了一圈，发现踩在脚下的土地都是硬邦邦的，雨根本无法通过土壤下渗，仅靠修宽河道疏通雨水肯定是不够的。小时候河道虽窄，但整片土地都能吸收雨水，故不容易积水。黎少梅认识到土壤问题是亟须解决的，否则种出来的粮食不会好到哪里去，加之一些农民在种植过程中会洒药和施肥，破坏了土壤的自我吸收功能。

黎少梅结合现代和传统的农业技术，总结出一套独特的方法改良土质，这套方法既能在不破坏土地的基础上进行种植，又能让土地的自我吸收能力慢慢恢复，而这需要一个过程。黎少梅在收割晚稻之时种下紫云英，这种植物的叶子非常茂盛，到第二年春天把它们翻到田里去发酵，使其在土壤中产生有机质。黎少梅扒田的时候还会放酵素，酵素含有酵素菌，这是由细菌、放线菌、酵母菌、丝状菌组成的能产生多种催化分解酶的有益微生物群体，能抑制病原菌的蔓延，预防土传病害发生，[①] 也是一种变废为宝的肥料和驱虫剂。制作酵素非常简单，比如将菜梗、菜叶或者果皮跟糖和水按比例混合在一起发酵，一段时间后就成了肥料，洒到田里不仅成了驱虫剂，还能令酵素中的微生物充当疏松土地的"战士"，土地疏松了，空气中的氮元素就能被转化为肥料，再加上一点花生麸，就可以做到不用农药、化肥土地也有营养。黎少梅通常插完秧

---

① 戴宇光、容标、喻国辉：《酵素菌生物肥对芥菜生长的影响》，《中国蔬菜》2008 年第 4 期。

以后会再喷两次酵素，第一次是在插完秧后的第 25 天左右，第二次是在产生稻穗之前，整个过程不用下肥和喷药，只要控制好作物的水分就可以了。

　　除此之外，为避免除草剂污染土壤，黎少梅还提炼出了两种控制杂草的办法，在确保粮食作物正常生长的前提下也能控制杂草的生长。第一种办法就是翻田翻两次，传统种田只翻一次，杂草会长得特别快，因此农民们不得不使用除草剂，翻两次田虽多费些功夫，但杂草数量比翻一次田减少很多；第二种办法就是等秧苗长到 17 厘米才插到田里去，杂草长得没秧苗高，汲取养分的能力也没秧苗强，自然长不起来，也杜绝了除草剂的使用。此外，土壤质量提高了，对乡村环境的改善也是显而易见的，黎少梅的农耕方法解决了土壤板结的现象，村里每逢下大雨就出现积水的情况大大减少了，村子的生态也逐渐变好了。

2020 年 8 月 10 日黎少梅在田间工作照

（三） 引入五色米的独特加工

　　黎少梅对米的加工方法也别具一格，她的加工方法是传统之精华与现代之技术的有机结合。例如研磨的工序，普遍方法是直接用机器烘干，这样虽然提高了效率但会令胚芽的水分流失，大米营养价值下降。黎少梅选择将新鲜收割下来的米直接用太阳晒，这样水稻能在最大程度上保留里面的养分。2020 年，黎少梅在上海一家公司里发现了一条仿日晒的烘干线，其原理是仿照日晒把稻谷烘干。烘干线的温度维持在 40℃ 左右，整个过程需要 15 个小时，其间稻谷在空中循环飘动。仿照太阳光线来烘干粮食的方式在提高效率的同时最大程度保留了稻米的营养，这样烘干的稻米的营养价值跟黎少梅平时用太阳晒出来的稻米一样。

另外，黎少梅在碾米的时候不抛光打蜡，尽量多保留一层米衣。因为一粒水稻剥了稻壳，还会有两层米衣，这两层米衣含有丰富的微量元素，若像市场普遍卖的米那般将两层米衣和胚芽全部剥走，营养会流失很多。黎少梅的加工方式保留了一层米衣和胚芽，令人们能够在吃大米的同时摄入其中的微量元素。储存与配比也是黎少梅五色米的特色之一。黎少梅使用恒温的稻谷仓储存大米，以保持烘干后大米的干燥程度和保留营养物质；她根据气候将五种颜色的大米赋以不同比例，如冬天适宜补肾，黎少梅会提升黑米在五色米之中的比例，夏天要补肺，就提升白米在五色米之中的比例，以满足人体在不同环境中所需的营养。

除此之外，黎少梅的五色米还根据每人不同的身体情况及所需元素进行针对性配比补充，如有些会员家族有心脏病遗传史，则考虑提升红米在五色米之中的比例，因为红米入心。而对于广东客户，则考虑到广东潮湿闷热的气候多加入一点炒米，这是黎少梅在与广州中医药大学的教授交流时学习到的。从中医的角度，把米炒一下就可以去掉其中的寒性。凡是长在水里的作物都有寒性，正如广东人很爱煲白粥，但连续喝几天白粥就会感到味道寡淡，舌苔很厚很腻，而用炒米煲粥则不同。这也是黎少梅经过反复试验得到的结论。以上几种加工方式，能够最大限度地提升五色米的营养价值，惠及更多的人。

黎少梅创新性地构思出五色米的配比方法。2020 年底，她还申请了广东省五色稻米区域品牌培育标准化的两年试点，希望在专家的指导下共同把整套涉及种植、生产、销售的五色米体系标准化，在广东省甚至全国进行推广。黎少梅觉得五色米将会越走越远，直至全国闻名。

三　致富经验

黎少梅从中医的角度出发，将普通的米变成有益健康的粮食，五色米的致富之路颇有值得借鉴之处。

第一，勤学善思，信念如磐。为了能更大程度地发挥五色米的营养价值、惠及更多的人，黎少梅到全国各地，甚至远赴国外不断的学习与探索。例如，五色米种植技术是黎少梅根据其他地方的农耕方法分析出来的，其中酵素的做法学习于台湾地区的吴秀枝老师，农耕的方法取经于台湾地区的罗素老师、张家界的童军老师以及泰国净土村的马丁老师。黎少梅凭一身韧性，坚定创业信念，不顾路途辛苦而奔走四方学习，终于在结合家乡特点的基础上形成了一套具有特色的五色米种植方式、加工流程和配比方法。可见，保持好学之心和坚定信念，在创业路上更具"中流击水"的干劲。

第二，得道多助，善用资源。俗话说"一个篱笆三个桩，一个好汉三个帮"，黎少梅的创业之路离不开各方力量的支持与帮助。当黎少梅感到疲惫受挫时，她的丈夫为她提供生活和精神上的支持，去外地学习的时候总会陪伴她；黎少梅的四姐在她的公司担任技术总监，为她提供技术上的支持；在黎少梅遇到资金上的困难时，她的朋友向她伸出援手。此外，创业之路更离不开政府的支持，清远市农业局的工作人员帮助黎少梅申请"一村一品"，拿到了政府的资金补助，也迈出了打造五色米这个特色品牌的第一步；黎少梅想扩大种植面积，清远市清新区石潭镇政府无条件出资帮她租土地，从而扩大种植面积。可见，创业之路要善用各类资源，争取多方支持。

第三，顺应潮流，精准施策。俗话说"万事开头难"，在黎少梅创业初期，产业发展的各个方面都处于艰难的起步阶段，她对现状做出了精准判断后，把五色米的营销对象放在了"熟人"这一群体上，打造了"会员制 + 政府采购"这一营销机制；2015 年黎少梅回去种田时，与两位同学抓住"众筹"这一热门形式联合村民开发农庄，把五色米的营销与农庄的发展相连接，形成了循环式的链条模式；当产业规模扩大之后，黎少梅适时调整营销方式，紧跟时事、抓住热点，进而依托网络平台，打造出一款专门销售五色米的小程序，创新营销机制。可见，创业亦需要与时俱进、推陈出新，方可在充满竞争的环境中屹立不倒。

第四，合作共赢，惠民到家。俗话说"授人以鱼不如授人以渔"，黎少梅做五色米的种植产业，不仅个人实现了致富，而且带领村民共同致富。每个月农忙的时候，黎少梅就会邀请三四十个村民，与他们达成合作关系，把种子、酵素无偿送给他们，把技术教给他们，他们种出来的粮食若达到标准，黎少梅再用高于市价两倍的价格收购，而且会给他们设置一个保底的收入。只要付出劳动，无论是收成一百斤还是两百斤，黎少梅都会给他们 1200 块钱。高于 300 斤的，黎少梅按 3 块钱每斤的稻谷回收。此外，黎少梅还长期聘用一个贫困户来帮助自己工作，贫困户也合作种植，收成后黎少梅回收。可见，创业路上需要齐心协力、追求共赢。

四　案例点评

乡村产业振兴是乡村振兴的基础。特色农业、优势农业是发展农业农村的良好渠道，"一村一品"亦成为乡村振兴的有效途径。"一村一品"是指在一定区域范围内，以村为基本单位，按照国内外市场需求，充分发挥本地资源优势，大力推进规模化、标准化、品牌化和市场化建设，使一个村（或几个村）拥有一个（或几个）市场潜力大、区域特色明显、附加值高的主导产品和产业。[①] 本案例在我国乡村振兴战略的基础上，打造标签化的乡村品牌产品，以品牌促经济，促进当地农旅产业升级。

要落实"一村一品"产业化，离不开品牌的打造，而形成品牌的前提是产品的质量。在五色米的种植、烘干、贮藏及配比方面，黎少梅深度钻研，四处取经，形成了一条规模化、标准化的生产链，最大程度保留五色米的营养物质。黎少梅还为五色米的配比方法申请专利，比如根据气候来配比，冬天适宜补肾，则加重黑米的占比，夏天要补肺，就加重白米的分量，以发挥产品优势，提高市场竞争力。

良好的销售链与生产链的配合，既能促进五色米产业市场化，也是形成乡村品牌的战略关键。通过改良配比，黎少梅挖掘出五色米的潜在消费人群，拓宽了五色米的受众。此外，黎少梅还积极参与"第二批广东省扶贫产品名录"的申请工作，响应乡村振兴战略提供的政策支持，"以前是会员制 + 政府采购

---

① 王华志：《万年贡米"一村一品"品牌推广研究》，《品牌与标准化》2022 年第 4 期。

为主，现在也有两个事业单位的饭堂向我们采购"，政府认可一定程度上提升了五色米产业的影响力。

为打造区域特色明显、附加值高的主导产品和产业，黎少梅还运用"一村一品"的资金建设"青少年"科普教育基地以及稻耕文化馆，在扩大五色米产业影响力的同时，完善了乡村的相关基础设施建设，推动乡村农旅融合，使乡村产业与乡村振兴实现良好的互推。

本案例为我们呈现乡村产业品牌带动乡村发展的成功经验，以"一村一品"点亮乡村振兴之路，"打造一个产业、致富一方群众、带动一方经济"，赋能乡村振兴。

（撰写者：梁嘉俊　罗浩奇　李晓君　于洋）

张建国

柳编共携手：广灵特色巧娘品牌成长记

案例简介： 张建国（1990～），男，汉族，山西广灵人，中共党员，本科学历，巧娘宫手工编织专业合作社第二代当家人，现任山西巧娘宫科技股份有限公司总经理。2016年大学毕业后，他返乡创业。在家乡交通闭塞、深度贫困的情况下，他不畏困难，依托家乡传统特色柳编技艺，创新传统经营模式，拓宽销售渠道，打造了独具特色的"广灵巧娘"柳编品牌，为当地许多贫困户提供就业机会，帮助他们实现在乡增收，推动了家乡脱贫奔小康的进程。秉持带动乡亲脱贫致富的创业初衷，他善于激发村民致富动力，与村民建立良好信任关系，构建利益共享机制。作为广灵县的致富带头人，他所管理的"巧娘宫"走出了一条"产供销一条龙、贸工农一体化"的综合发展之路，以及"三产融合""三生进步"的特色之路。

张建国在杞柳种植地察看杞柳生长情况

一　案例背景

2016 年大学毕业后，张建国回到了家乡广灵县，依托家乡传统柳编技艺进行自主创业，创立山西巧娘宫科技股份有限公司。回乡创业有一定风险，但张建国回乡创业绝不是心血来潮，而是因为多种因素的推动。首先，当时国家脱贫攻坚的号角刚吹响，"大众创业、万众创新"的号召掀起了一股创新创业的热潮，这使刚毕业的张建国内心也激起了千层浪。加上他的家乡广灵县是国家级贫困县，政府为鼓励回乡创业推出了很多优惠政策。其次，广灵县有悠久的柳编历史，手工编织业在当地产业中较为发达。当时县里面从事手工编织的人比较多，具有充足的人力资源。再次，张建国的母亲在他小时候就成立了关于柳编产品的合作社，这令他对柳编有着很深的感情，也为张建国回乡创业积累了一定的生产经验和管理经验。虽然张建国本科所学的专业是机械工程，但在大学中所开阔的视野和锻炼的思维让他渴望回乡闯荡，这种视野和思维也在后来公司不断发展壮大中起到了一定的作用。最后，则是亲友的鼓励和支持。当张建国告知母亲和当时还是女友的妻子要回乡创业时，本以为她们会很震惊，结果却出乎意料，她们对此表示支持，这给了张建国十分大的动力，让他义无反顾地回到家乡开创自己的事业。

二　致富过程

国家的政策优势、家乡的产业基础和家人的大力支持，是张建国义无反顾创业的动力。然而，他的柳编产业创业过程也一波三折。

（一）返乡调研　建立信任

回乡之后的很多情况给张建国带来了较大的打击。广灵县的产业发展较为缓慢，以种植玉米为主的农业的经济效益并不高，工业基础也相对薄弱。手工编织业是广灵县相对发展较好的产业，但由于交通闭塞等问题，产品的销售市场并不大，大家的收入也不高。面对这些现实困难，张建国没有丧失信心，他去走访一些编织户，了解他们对柳编产业的看法，并与他们一起讨论怎样让柳编产品走出去。

慢慢地，张建国对要怎么发展柳编产业有了更深层次、更成型的想法，但这些想法乡亲们会认同，会愿意跟他一起去创业冒险吗？在与乡亲们逐步深入的谈话中，张建国说服了一些乡亲进行初步的合作，但大多数人都是抱着怀疑的心态，并不相信合作能让他们赚到钱。为了让乡亲们真正地相信柳编产业的前景，张建国铆足了劲儿去接订单做推广。一开始，跟他合作的乡亲们可能只挣了七八百块钱，接着，他们挣到了 1000 元，再接着是 1500 元，这让旁观的乡亲们大吃一惊，于是越来越多的人加入合作，张建国的努力有了初步的成效。

（二）扩大规模　逐解难题

在获得越来越多人信任的同时，张建国在思考如何能让乡亲们更多受益。这时，张建国将目光放在了原材料上。编织户手上大部分的编织原材料都是从山东、内蒙古等地订购的，这其中除了原料费，还有运输费，当然也会出现一些时空不协调的问题。为了解决这些问题，张建国先后赴山东、浙江、内蒙古等地进行考察，一路摸爬滚打，终于在 2017 年以流转土地的形式在广灵县率先试种了 732 亩杞柳，这 700 多亩杞柳带来了极大的效益，不仅减少了编织成本，提高了大家的收入，还起到了防风固沙、保护生态的作用。这一做法初显成效后，张建国又在田间管理、收割等工作上进行了更深层次的摸索，并摸索出了"种植 + 编织 + 销售"的模式，以千家万户的土地为种植基地，统一收购原料后再交由编织户进行编织加工，最后统一销售，实现了多方面的共赢，还创造了更多的工作岗位。

解决完原料问题后，产品的生产逐渐步入了新的轨道。但随着产能的不断增加，原本的厂房和仓库已经不能满足生产需求。狭小的仓库没有办法容纳过多的编织品，在恶劣的天气影响下，很多编织品受到损坏，产品的利润受到了影响。万般无奈之下，张建国向广灵县委县政府求助。县政府在了解他们的问题后，为他们提供了 6000 平方米的厂区，这在很大程度上解决了张建国的燃眉之急。

按下葫芦又起瓢，在厂房问题得到解决后，张建国又迎来了新的问题——从编织户手中收购的产品质量参差不齐。主要的原因是编织户没有接受过系统的训练，不能按照一定的标准进行编织，并且乡亲们也怕自己辛辛苦苦编织出来的产品被故意压低价格。此时，广灵县的一位领导了解到张建国面临的困难，推荐他与碧桂园集团对接。张建国向该集团说明了当前的创业情况，在接受碧桂园驻广灵县扶贫人员的考察后，他与碧桂园集团达成了合作——由碧桂园集团向广灵县的编织户提供专业的编织培训。

此外，张建国也交代团队的收购人员要向不了解产品质量标准的编织户进行细致讲解，并采用梯度收购方法，对于一些不合格的产品给予编织户低于原收购价1/2或1/3的加工费，以此鼓励乡亲们编织符合标准的产品。当然这个方法的施行也遇到一些难题，张建国就碰到过一位姓李的编织户，一开始她的编织技术并不好，很多编织产品都没有达到收购的标准。经过和收购人员的不断沟通，她参加了公司培训班并取得了巨大的进步，编织的产品也越来越精美。但令张建国感到奇怪的是，在之后的收购中，她的精美产品中总会混入那么一两件不太合格产品，在一番询问后才知道那是她之前编织的。之后，张建国的团队实行了车间小组负责制，选拔技术熟练的编织户成为小组长，他们管理三人或五人小组，进行质量上的层层把关，把责任落实到每个编织户的身上。上述编织户李女士的思想觉悟提升得十分快，后来也当上了车间的小组长。

（三）"广灵巧娘"，未来可期

产品的前期工作推进得比较顺利，张建国并没有停下脚步，而是进一步思考如何将销售市场扩大，让更多人了解柳编产品。也是在县委县政府的支持下，经过各方面的不断努力，广灵县的柳编产品成功亮相于在大同市举办的成龙国际动作电影周，一个又一个精美的柳编产品"靓"了国际电影周，抓住了无数人的眼球，连成龙也爱不释手。就这样，"广灵巧娘"的品牌名号就被打响了，后来登上了广交会等更大的平台。渐渐地，越来越多人认识了山西小贫困县城里一批又一批手艺精湛的"广灵巧娘"们，这一品牌也借此走向了更广阔的市场，得到了更多人的青睐，真正走上了"中国特色、品牌国际化"

的道路。

目前，张建国所在的山西巧娘宫科技股份有限公司（以下简称"巧娘宫"）的销售收入已经达到了830.3万元，通过手工编织的形式为728名贫困户提供了就业机会，有效地带动了他们致富，助推了广灵县的发展。

三　致富经验

在张建国与广灵县居民的不懈努力下，广灵县柳编产业得以蓬勃发展，该案例的成功有迹可循，归结为以下几点。

一是因地制宜发展产业，想方设法"三产融合"，努力达到"三生进步"。在致富的机制与手段方面，广灵县"巧娘宫"推动脱贫致富的模式是典型的"龙头企业"带动模式。张建国更是走出了一条"产供销一条龙、贸工农一体化"的综合发展之路，以及"三产融合""三生进步"的特色之路。张建国以广灵县当地原有的柳编产业为基础，激发当地村民对柳编的情感，因地制宜发展当地的柳编产业。他以柳编产业为基础与抓手，通过土地流转的方式整合土地资源，在当地种植柳编的原材料杞柳。村民可以就地生产柳编产品并卖给"巧娘宫"的收购员或到附近乡镇的扶贫车间工作，实现"在家门口就业"。柳编企业更是可以直接对接原产地，从村民手上或是扶贫车间收购柳编产品，降低由于中间商而产生的成本，变相提高了利润。在"产供销一条龙、贸工农一体化"的模式下，第二、三产业实现了有机融合，各参与主体都可以从中享受到一定的红利。柳编的产业发展有了内生的动力，村民有了自己造血的能力，村子有了致富与振兴的发展动力，最后在"巧娘宫"的带动下，在广大村民的不断努力下，广灵县慢慢走出了一条生产繁荣、生活富裕、生态美丽的致富振兴之路。

二是善于利用政策资源，寻求政府支持，积极学习先进经验。在脱贫攻坚和乡村振兴战略的支持下，党和政府给予了致富带头人许多机会与帮助。张建国在县委县政府帮助下，快速且顺利地对接到碧桂园集团，并借鉴学习其先进的生产管理方法，在短时间内"巧娘宫"不仅培养出了大量熟练的编织工，而且产品质量得到快速提升；此外，在县委县政府的支持下，"巧娘宫"成功借到成龙国际动作电影周的 "东风" 将 "广灵巧娘" 品牌推向国际, 还在广交会这种大型国际展销平台展现风采。张建国把握住国家政策的 "风口", 使其助推柳编产业的发展, 促进广灵县振兴。

三是激发村民致富动力, 建立良好信任关系, 构建利益共享机制。张建国懂得在与村民合作时适度让利, 切身为乡亲们的利益着想, 这在村民中奠定了信任基础。村民想致富的愿望、共合作的意向、一起拼的干劲也是一个村庄能脱贫、未来能振兴的必不可少的主观条件。张建国想做大、做强、做 "新" 广灵县传统柳编产业的想法, 毅然决然回乡创业带领乡亲们致富的决心是 "巧娘宫" 品牌不断成长的动力。

四　案例点评

在乡村经济发展中实现各要素的协调互动是致富带头人获得成功的原因之一, 也是乡村拥有持久发展动力并能永续发展的重要原因。借鉴美国管理学家切斯特·巴纳德在《经理人员的职能》里提出的组织理论中的 "组织三要素" 即协作意愿、共同目标、信息联系来分析这一案例中各要素的协调互动。

我们将 "带头致富" 这一行为比作一个系统, 致富带头人——系统的领头羊则是系统的主体要素, 是这个系统最基本的组织依托。而带头人带领的则是致富行为最终的受益者, 即系统的客体——村民。为致富带头人提供帮助的政府、企业和影响致富活动的外部环境, 诸如政策环境和市场机遇等是系统的环境要素。因此, 致富带头人所做出的带头致富行为便是在这一系统内, 主体要素和客体要素、环境要素不断交叉互动、相互作用的结果。

一方面, 致富之路中的协作意愿是实现目标的前提。协作意愿是系统成员向系统提供劳务和为系统目标 (致富成功) 的实现做出贡献的意愿, 柳编产业与广灵县的振兴需要村民与致富带头人达成这种协作意愿。张建国在带头致富过程中, 既获得了物质上的收益, 也实现了奉献家乡的目标, 实现了自身的社会价值; 而村民也可以通过张建国所办的企业实现就近就业, 获得物质上的满足; 政府也可以借力 "巧娘宫", 为广灵县这个国家级深度贫困县摘帽加把劲儿。换言之, "广灵县致富" 这一目标很好地与系统内外各要素相契合, 从而使各相关方之间形成良好的互动关系。

　　另一方面，信息沟通是协作意愿和共同目标这两个要素联系的纽带。实现致富目标，让广灵县的乡亲们过上好日子，需要通过信息沟通把协作意愿和这一共同目标连接起来。张建国为提升产品质量与村民沟通、为扩大市场销路与广灵县委县政府沟通、为更好地提高生产效率和管理效能与先进企业沟通是这一方面生动的体现。

　　总而言之，广灵县柳编产业的发展，离不开张建国与村民、政府的努力，把握政策机遇，团结一致形成共同体，才能实现乡村振兴、产业致富这一共赢目标。

（撰写者：谢妮君　廖海燕　许文睿　李晓君）

陈洁玲

辣椒共相会：绿家农业技术富农新密码

案例简介：陈洁玲（1987～），广东省罗定市人，中专学历，汉族，广东省绿家农业发展有限公司董事长。2007 年返乡创业，2015 年创立绿家农业发展有限公司，公司围绕种植基地，让村民实现在家门口就业，带动村民们脱贫致富。目前，公司在罗定市有基地 32 个，先后与近 3000 个农户（其中原脱贫攻坚户近 800 户）签订种植辣椒合作协议，带动农户种植辣椒面积 4 万多亩，实现 2 万多名群众参与就业。广东省绿家农业发展有限公司通过采用"公司 + 基地 + 合作社 + 农户"的经营模式，吸引越来越多的农户加入辣椒种植的队伍，从"输血"到"造血"，辣椒产业越做越大，依靠"小辣椒"走出了"红火"致富路。

2021 年 4 月陈洁玲在辣椒基地与农户们一起收辣椒

一　案例背景

广东省绿家农业发展有限公司的董事长陈洁玲是罗定人，家里有三兄妹，小时候家里条件不好，除了每天按时上下学，空余时间都随父母上山下田，农民生活和农业耕种的辛苦她都看在眼里。但由于传统农作物经济价值低，父母的辛勤劳作未能改变家里的条件，她希望自己以后能够创造机会让村民们种植一些生长周期短、商品率高、经济价值高的农作物。中专毕业后，为减轻家里经济压力，陈洁玲前往珠三角打工，但她一直没有忘记自己最初的农业梦，始终心系家乡，不断学习相关农业知识，着手发展农业。2007年，陈洁玲辞掉在珠三角的工作，与丈夫返乡正式发展农业。因一直都有从事农业的计划，2005年陈洁玲和丈夫就已经租了40亩土地，为满足市场需求准备种砂糖橘，但是租地的时候还没有到种砂糖橘的季节，所以就先种了一季辣椒。这是陈洁玲第一次接触辣椒，那时还没有把辣椒当成主要生产的农作物，因而一直在扩大砂糖橘的种植规模，同时在罗定市的十多个乡镇开设了农作物种植技术服务部。

直到2008年，她发现砂糖橘市场逐渐开始不景气。为了成功转型，走出一条致富"新路子"，她和丈夫到市场持续蹲点一年，最终决定将辣椒作为接下来生产的主要农作物。在2015年底，陈洁玲注册了绿家农业发展有限公司，以辣椒等优质农作物的种植、加工、销售为主营业务。陈洁玲将辣椒作为公司生产的主要农作物，总结起来主要有以下几个原因。一是辣椒属于高经济价值的农作物，种植周期短、成本低、产量和效益高，每年可以种植两季，且长出的辣椒品质优良。而罗定辣椒的上市时间正好处于外省各产地辣椒上市的"空白期"，即在海南辣椒、湛江辣椒之后，贵州辣椒、云南辣椒之前，市场环境优越，消费需求稳定，基本未出现过滞销情况，深受各路客商青睐。二是从自然环境来说，相比北方土壤肥沃、土地平整而适合大面积种植的先天优势，广东以丘陵、梯田地形为主，更适合种植一些小型的农作物，种植辣椒也算是因地制宜。三是在劳动力方面，留守乡村的家庭成员基本上都是妇女、残障人士和老人等相对弱势群体，刚好满足辣椒采摘、分拣、包装等低强度劳动力需要。

二　致富过程

广东省绿家农业发展有限公司虽正式成立于 2015 年，但陈洁玲的创业之路早在建立农作物种植技术服务部的时候就开始了。

（一）农业技术服务解农困

当时，为了更好地统一生产标准，她带领的团队先后在罗定市的连州、罗平、太平、新榕、罗镜、船步、围底、素龙、泗纶、金鸡、双东及周边县镇开设农作物种植技术服务部，通过直营和加盟的模式发展技术人员 40 多人，跟踪各镇技术服务及安全生产，为种植户提供全方位的技术指导，确保种植户进行标准化种植，确保农产品优质高产。云浮市连州镇替升村是农作物种植技术服务部提供服务的第一个村子，当时村里村民都种植水稻，面临着稻飞虱肆虐、土壤贫瘠、干旱等问题。由于传统的农药没办法有效治害，昂贵的进口农药又让收入本就不高的农户望而却步，稻田受到虫害影响，7 亩稻田才收 1000 斤谷子，产量极低，全村的水稻种植陷入困境。

得知情况后，农作物种植技术服务部为其中一名农户提供技术支持，免费赠送农药、肥料，鼓励他进行试验、改进种植方法。令人欣喜的是这个技术方案成功了，在其他农户都在为这次虫害发愁时，这位农户获得了丰收。试行方案得到村民们的一致认可，其他村民也在农作物种植技术服务部的帮助下陆续恢复了水稻种植，并且同比收益大增，有些农户的年收入甚至可达 10 万元，达到了"发展一户，带动全村"的效果。

（二）村民种植辣椒的徘徊心理

农作物种植技术服务部的经营既为陈洁玲积累了群众基础，又开拓了资金来源，为她后来成功转型种植辣椒奠定了基础。虽说陈洁玲当时开设服务部帮助原本种植水稻的农户们解决了不少燃眉之急，但起初农户们并不看好辣椒种植，所以她只能自己先种一部分，再尝试带动农户种一部分。整个带动过程并不容易，农户们根本不相信辣椒能够有好的市场。一来，云浮南乳花生是当地著名特产，罗定稻米被列为国家地理标志产品，家家户户都勤勤恳恳地种植花生和水稻，盼望着丰收。二来农户们凭借自身多年农耕经验认为，虽然蔬菜、水稻、花生的市场行情不好，但万一卖不出去也可以留在家里自己吃，再不然还能分给亲朋好友。广东人饮食比较清淡，相对于其他地方，很少吃辣椒，这就增加了辣椒种植的风险。

在前期对于一些种植积极性不高的农户，陈洁玲无论是种苗、肥料还是农药都是免费供给。为了消除农户们对辣椒种植的担忧，她每天一大早就前往基地，下农田与农户们一起观察辣椒长势，病虫害防治和农药、化肥使用效果，不断研讨辣椒种植方案。她也会定期到镇政府、村委举办的辣椒、水稻、花生高产种植技术培训班上给当地农户讲解和传授农业种植的新知识、新技术，让农户能够科学种植和管理农作物。

为了提高农民对辣椒种植的积极性，陈洁玲始终承诺保价回收。然而在实施保价回收方案过程中也存在一些问题，因为农户不需要任何金钱付出就可以获得农资，所以他们在种植的时候就产生了比较散漫的心理，从来不理会是否能够有好的收成。农户们依旧将注意力放在种植水稻上，然而相对于传统的农作物，辣椒种植需要勤管理、高技术，有些农户种了辣椒既不细心打理，也不进行技术管理，所以一开始是有几十个人跟着种植，但最后只有努力踏实的十几户赚到了钱。对于此类积极性不高的农户应该怎样转换他们的思维呢？陈洁玲分别针对大户和散户想出来两个方案。对于大户，提供种植所需要的所有物料，如肥料、种子、技术等，农户只需要出人力和租金，最后大家分成，共同经营；对于散户，由于陈洁玲及其团队精力有限，没有办法全程跟进，就采用先收取定金再配备种子、农药、肥料、种苗的方案，等收购农户种植的辣椒时再扣除种子、肥料等费用，解决了农户的后顾之忧。

（三）阳光总在风雨后

都说农民是靠天吃饭，辣椒喜温暖、怕霜冻、忌高温，种植辣椒会遇到不可抗拒的自然灾害。陈洁玲清楚地记得 2016 年 1 月，罗定市面临 87 年一遇的雨雪天，罗定市农业局发出做好农作物防寒的预警，陈洁玲公司提前做好迎战准备，发动农户去给辣椒苗盖好薄膜，逐户通知，精准跟踪，对农户进行指导，希望把损失降到最低。但是当雨雪真正来临的时候，无情的霜雪还是把从11月底到12月这段时间播种11月才冒出的辣椒苗冻死了。公司当时成立不久，正处于需要扩大辣椒种植规模的阶段，但残酷的雨雪不仅使农户们信心大失，准备拔掉辣椒苗改种花生，陈洁玲也因农户数量多，需要大量资金弥补灾后损失而压力大增。天无绝人之路，罗定市妇联发起的妇女创业小额担保贴息贷款这场"及时雨"给陈洁玲带来了希望。自然灾害造成的损失本来并不需要公司负责，出于个人责任心，陈洁玲还是立即向罗定市妇联递交了贷款申请，在成功获得罗定市农村信用合作联社的30万元贷款后，她迅速将该笔资金投入到农户的辣椒恢复种植中来，为农户们购买了水肥。经历了这次恶劣天气之后，农户们亦不再敢抱着随意的心态种植辣椒了，认真浇了一周的水肥后，辣椒的长势立刻见好。其中一位农户种了不到一亩地的辣椒，却获得了2.2万元的高收入。辣椒丰收，农户的收成大大提高，整个市场行情也逐渐回暖，陈洁玲很快收回了原预支给辣椒农户的成本，按时还上了30万元贷款。

三　致富经验

陈洁玲抢抓发展机遇，用好用活政策，瞄定辣椒生态产业，通过罗镜镇扶贫办领办谋划、村企联建发展、产业辐射带动，强力推进农村产业发展、集体经济壮大，走出了一条乡村振兴致富路。

一是抓住扶贫契机，引导农户调整农业结构。辣椒产业扶贫是罗定市国税局联合罗镜镇扶贫办和镜西村委会贯彻落实新时期脱贫攻坚工作的一项重要举措。以"公司 + 农户"的形式，由罗定市国税局帮扶，镜西村主导，绿家农业发展有限公司提供种苗、肥料、农药及技术指导，农作物收成后保底回购，通过积极引导农民调整农业结构，助力推进精准脱贫，实现"造血式"扶贫。公司先后与南海驻罗定扶贫工作组、云浮市直属有关单位、罗定市有关镇街及相关单位等签订合作协议，发动贫困户种植辣椒。公司负责提供种子、种苗、技术服务，收购产品等，农民带土地、出劳力。公司抓住扶贫的契机，帮助农户提高种植技术，扶持贫困户脱贫，带动农户增收致富助推农村发展，助力乡村振兴。

二是高新技术引领，创新发展模式。科技是第一生产力，陈洁玲的创业之路离不开高新技术的支持。绿家农业发展有限公司通过与广东省农业科学院、华南农业大学等机构合作，引进优质优育辣椒品种与先进种植工艺，通过华南农业大学建立了乡村振兴服务站——"牛哥驿站"，创新性地搭建起"科技＋产业＋扶贫"发展模式，实现了政府、高校、企业、贫困户的有机连接，打通了成果落地"最后一公里"，优化了产业结构。依托华南农业大学对接的技术师资，团队在当地设立了 10 个农资技术服务站点，向农户们讲授辣椒种植技术、宣讲惠农政策、科普创新的生产运营管理理念等，举办了 200 多场培训，覆盖近万人次，为农户自主脱贫提供辅导和支持。

三是激发村民内生动力，赋予产业自主"造血"功能。云浮市 2020 年底的辣椒种植亩数达到了 4 万，其中罗定市 2.5 万亩，郁南县、云城区、云安区、新兴县共 1.5 万亩。在就业人数方面，陈洁玲很有信心，以 2 亩田地需要 1 个人去采摘来计算，那就相当于辐射带动 2 万名群众就业，带动农户户均增收 6000 多元。以绿家农业发展有限公司的一个基地为例，每年 4 到 6 月需要 200 多人进行打包、分拣工作，进行采摘的人员就需要 2000 多人，这为附近地区创造了不少就业岗位。除了陈洁玲自己的公司外，还有以前跟着一起创业的大户渐渐脱离出来自己发展形成了"新的血液"，开创了云浮市自己的辣椒产业。当地靠着辣椒种植摆脱了贫困，带动了就业，真正激发了村民脱贫致富的动力，促使乡村产业自主"造血"。

四是始终坚守初心，坚持诚信经营。在创业之路上，致富带头人陈洁玲恪守"立诚守信，言真行实"的原则，始终保持发展农业初心，注重粮食安全，维护农户的利益。即使在辣椒市场行情低迷的时候，公司也保价回收，"我们首先要意识到保护农户利益的责任，虽然辣椒价格受到疫情各方面的影响，但是要说到做到，起码让农民不会亏掉农资，大家共赢才能长期发展"，陈洁玲的做法保住了农户的生产积极性，让村民们在家门口实现就业并靠自己的劳动过上红火日子。

四　案例点评

产业兴旺是乡村振兴的核心内容，习近平总书记在参加江苏代表团审议时提出了一系列重要论断，"要把产业振兴作为乡村振兴的重中之重，积极延伸和拓展农业产业链，培育发展农村新产业新业态，不断拓宽农民增收致富渠道"。① 将产业发展落实到农民增收上，才能实现生活富裕，促使农业成为有奔头的产业，促使农民成为有吸引力的职业。

在陈洁玲的案例中，我们能看到绿家农业发展有限公司将公司发展和村民致富紧密结合，形成了产业发展带动农民就业增收的良性互动格局，陈洁玲让云浮市的辣椒农业变成有奔头的产业。"公司+基地+合作社+农户"的经营模式，促进小农户与合作社、公司实现种植、加工有机衔接，持续辐射带动周边乡村发展，加快农民增产增收，进一步提高农民增收致富本领。该模式很好地将辣椒的供应者与需求者联系起来，是现代农业发展的必然选择。乡村振兴离不开产业兴旺，产业兴旺离不开农民的内生动力和产业本身的"造血"功能。陈洁玲除了给予农户种子、肥料等物质上的帮扶外，还帮助农户从心理上慢慢转变心态，使他们提高致富的主观能动性，激发了农户的内生动力。也可以看到农户们在学习了科学种植技术后，在辣椒的种植中，开拓了自己独特的辣椒产业，实现了产业的"造血"。

"公司+基地+合作社+农户"独特的经营模式，充分发挥了农户、公司以及政府的主体作用，撬动了乡村产业发展。辣椒产业在陈洁玲的带领之下，为云浮地区的农业产业结构转型以及地区脱贫致富开辟了一条崭新的道路。

（撰写者：张碧　冉皓明　李威　李晓君　朱雨彤）

---

① 刘璐：《"习近平高质量发展新论断"系列之三：必然要求——推进农业现代化》，新华网，2023 年 3 月 29 日，http://www.news.cn/politics/xxjxs/2023-03/29/c_1129473821.htm。

刘云祥

养殖注活力：返乡人才乡村创业新路径

案例简介： 刘云祥（1984～），甘肃省定西市人，专科学历，汉族，中共党员，渭源县会源种植养殖专业合作社理事长。2004年3月，他辞职返乡创业，开展个体养殖，后开办私人诊所。2013年3月，他成立养羊专业合作社，引进优质羔羊"杜泊"，采用"农户分散养殖＋农户交饲草合作社代养殖"的"合作社＋农户＋基地"的复合式产业化经营模式，并取得良好的成效。2019～2021年共吸纳贫困农户社员332户，分红资金达40万元，每户年均分红600元左右，持续带动贫困户增收。合作社被评为2018年度市级农民合作社示范社、2019年（第五批）甘肃省级农民专业合作社示范社。在艰难的创业历程当中，他抓住机遇，以坚韧不拔的毅力和脚踏实地的努力，发挥自身特长，创新经营模式和管理方式，为合作社的创业致富注入了强劲的动力。

一　案例背景

刘云祥的家乡是一个不起眼的小镇——会川镇，地处甘肃省渭源县南部的高寒阴冷区。据他回忆，儿时的家乡到处是苍茫的黄土、古旧的村子、荒废的院落和疯长的杂草。

1984年，他出生于一个地地道道的农民家庭。祖祖辈辈都靠种地为生，生于斯，长于斯，因此一家人对家乡的土地有着很深厚的感情。

父母学历不高，母亲读到小学，父亲读到初中。他们都是从贫困地方出来、苦水里泡大的，胆子小，性格也很保守。所幸家里还有一个外向的姐姐，这也使得家里的氛围稳重又不失活泼。

刘云祥作为家里唯一的男孩子，力气大，经常和父母一起去种地，姐姐就在家里烧饭做家务。天空泛起鱼肚白时，他就出门，扛着一把锄头，带些玉米种子和肥料，走几公里路才到地头。种地是不挑时间的，他顶着大太阳，或者淋着小雨，脖子上挂条毛巾就干活。家里除了耕地的牛，还养了几只鸡。小时候喂鸡放牛的活儿也大多是他在做。每天放学回家，刘云祥的第一件事就是喂鸡。他够不到家里储放饲料的大缸，就踩着个木凳，但还是不够高，眼睛看不见缸里的东西，只能是瞎摸索，凭感觉舀两大勺饲料。所以他不仅从小就掌握了最基本的养殖技能，还在日复一日的辛勤劳作中养成了坚韧的品质。

小镇上大部分人和他们家一样，就靠着种地的收入勉强养活一家人，紧巴巴地过了大半生。贫困似乎成了家乡挥之不去的标签，固化成一面"土墙"，因为常年立在那儿，大家都习以为常了，也默认这是一堵推不倒的"墙"。就连村里德高望重的老人都说："这个村就这样了，还能变到哪儿去。"但刘云祥不这样认为，从小他就在心里笃定了会川镇有致富的出路。这方养育了祖祖辈辈的水土，怎么会永远富足不起来呢。他相信，这"墙"绝不是密不透风、坚不可摧的。总有一天，他会推倒这堵"贫困墙"，开辟一条康庄大道。

刘云祥的父母虽然文化程度不高，但明白读书的重要性，鼓励他努力学习。他自己也算争气，从小学开始就是班干部，在学习、生活上都帮着大家，在班里的人缘一直很好。2000 年，他考上了甘肃畜牧工程职业技术学院，但是家里很穷，拿不出学费，父母就到处向亲戚凑钱，最后借了 3 万元，他才能顺利入学。刘云祥学的是畜牧兽医专业，中专三年，2003 年毕业，毕业后进入企业从事养殖工作。但在给别人养鸡的一年里，他总是挂念家乡，忘不了那片养育他的土地，忘不了那里的贫困和村民们清澈的双眼，始终牵挂着家乡的山和那群山脚下的人。在那个年代，能有一份正经稳定的工作是不容易的，这样一份工作被叫作"铁饭碗"。虽然当时农村经济深入发展，但他身边的朋友几乎没人考虑过创业，觉得冒那么大的风险不值得。但往昔的一幕幕在他的脑海里挥之不去，夜里他睡不着觉，抑制不住回乡的念头。最终，2004 年 3 月 17 日，他怀着改变家乡的决心和热情，带着多年所学、所见、所想，毅然决然辞掉了安稳的工作，走上了返乡创业的道路。

二　致富过程

（一）四处碰壁，白手起家

白手起家的创业路并没有那么顺利。刘云祥最开始从事个体养殖，也开过一段时间的兽医诊所，但都磕磕碰碰、成果不佳。他想用自己所学的专业知识和技术发家致富，但实在缺乏资金。因为没有什么资产可以做担保抵押，银行也不给贷款。

四处碰壁之后，他只好硬着头皮去找亲戚朋友们借钱。但大家确实没什么钱，东拼西凑，资金还是严重短缺。那段时间，他的心理压力极大。每晚睡前都在苦恼这个业还能不能创下去。身边人本就不富足，还愿意把钱借给自己，万一最终失败了怎么办，他不断地问自己，设想各种最坏的结果，陷入自我怀疑。

在苦苦熬了几年后，刘云祥的创业还是没有什么起色，一年忙到头收入并没有比之前提高多少，有时候还入不敷出，负债累累。看着晦暗不明的前路，刘云祥几次都起了放弃的念头，但内心里总有一个声音不断跟他说："坚持、坚持、再坚持。"

（二）披荆斩棘，办合作社

2013 年 3 月，这堵名为"穷"的墙开始有了裂缝。刘云祥不再单打独斗，而是创办合作社进行"团队作战"。最初，他向父母提出创办合作社的想法时，实际上是抱着被数落的心态。但让他意外的是，父母并没有泼他冷水，只是淡淡地说了句："想做就去做吧，有什么我们能帮上忙的就开口。"在父母的支持下，他成立了渭源县会源种植养殖专业合作社，并担任理事长。从此，帮助父老乡亲们摆脱贫困的朴素愿望，逐渐变成会川大地上的诸多实践。

创办合作社就是一个不断遭遇困难、不断克服困难的奋斗过程。刘云祥没有任何办社经验，所有都是从零开始一步步摸索学习，大小事务全都是他一个人亲力亲为，例如流转土地、做环评报告、办理各种证件等。

办社的第一个困难就是建厂选址。国家对养殖场的选址要求比较高，要综合考虑地势、环保、防疫、合法性等要素，他自己找的几块地都因为没达到相关要求被迫放弃了。几经波折后，在相关专家的帮助指导下刘云祥才确定选址，流转荒地建厂。办社的第二个困难也是最大的困难是缺资金。合作社成立时只有十几户人家入社，入社资金远远不够。他又只能去找亲戚朋友借钱。亲友们虽然也没什么钱，但都多多少少拿出来一些钱支持他、鼓励他。这给了他莫大的精神鼓舞。同时驻村干部和包村领导一直鼓励他、支持他，让他一直做下去。

（三）把握机遇，迎来转机

坚持终会迎来曙光，转机也随之而至，2018 年他碰上了世界银行（以下简称"世行"）贷款第六期扶贫项目。2018 年春，村子里来了一行人，搭棚子宣传这个项目。当时项目负责人说："你们只管养殖，我们来收购，并且给你们提供资金贷款的支持。"很多人因为没听说过、接触过类似的项目，都觉得这是骗人的贷款项目，"天底下哪有这种好事？"大家都不敢去参加。

报名那天，大家都在观望，没有一个人真报名。为此刘云祥主动去找相关工作人员了解项目的详细情况，得知不仅要签具有法律效力的协议，而且这个项目是一次帮扶，长期合作。合作社当时面临的最大阻碍就是想入社的农户手上没有多余的钱，而这个世行项目扶贫资金可达 292 万元。他看着项目可靠，就挨家挨户做思想工作，给大家详细介绍这个项目的可行性和乐观的发展前景。最后在他的努力下，不少农户被他说服了，自愿拿钱入股合作社，同时政府提供了诸多支持，资金的燃眉之急算是解决了。

随着世行项目的推进，刘云祥不但解决了合作社的资金问题，还解决了产品的销路问题，这让他大大地松了一口气。村里原来也有人搞养殖，但是因为产品销路出了问题，最后以破产告终。合作社现在有了销路保障，就可以放心养殖了。合作社从养鸡开始，养殖顺利，积累了一些经验，也挣了一些钱。随后刘云祥转向养羊养牛，这也是合作社目前主要的养殖方向。有了之前学习到的专业知识和磨砺砥砺的实践后，他工作起来更加得心应手了。比如羊吃饭吃多了，有点拉稀的症状，外行人就以为是吃坏东西或者受凉了，但其实不是拉肚子，只是瘤胃积食引起的，可以使用健胃剂治疗，促进瘤胃的蠕动，增加反刍的次数。诸如此类都需要养殖人不断学习、不断总结，要学的总比学会的多。

（四）逐步探索，规模壮大

村干部、贫困户、普通农户加入后，合作社队伍慢慢壮大起来。经过两三年时间，合作社从一开始的 12 户发展到后来的 332 户。为了适应规模的扩大，合作社需要有一套科学有效的组织管理模式。在不断的理论学习和实践学习中合作社逐渐探索出"合作社 + 农户 + 基地"的产业经营模式，具体采用统一圈舍设计、统一供应饲料、统一防疫、统一技术培训、统一加工销售、统一供应种畜的"六统一"管理模式。

为了尽量让每家每户都受益，合作社把实际养殖分为农户分散养殖和合作社代养殖两种情况。对于有养殖能力的农户，合作社把羊投给他们自己养。对于没有养殖能力的农户，例如年岁已高行动不便的，农户可以给合作社交一些饲草，由合作社代养。总结起来就是采用农户分散养殖带动和上交饲草带动双带动模式，通过该模式带动的农户有 332 户，这个数字还在继续上升。"授人以鱼不如授人以渔"，这套模式不是传统的"输血式"扶贫，而是给每个人分配力所能及的工作，是"造血式"扶贫。

养殖是个很需要耐心的活儿，刘云祥每天都重复着相似的、烦琐的工作。十几年来，他几乎天天奔波于圈舍、青贮池、饲料库、防疫室、积污池、堆肥场之间，和羊群、牛群朝夕相处，在养殖场里摸爬滚打。正常的饲养管理，疾病预防、控制、治疗，销售，产品的加工等，他都会亲自参与，包括每天定时清理羊粪以避免产生有害细菌和有害气体等。会川的冬天温度很低，下雪是常态，所以羊群的防寒保暖工作马虎不得。每年快进入冬季的时候，他就和其他同事一起给羊圈铺上干草，还定期更换，就怕环境潮湿。

合作社创立快十年了，刘云祥始终坚持用山涧泉水养殖，借助从山里到厂里埋的两公里多的水管运输泉水来保证水质的干净优良。羊种所食草料为合作社收购的山间青草从而保证草料的新鲜天然。刘云祥在进一步和专家研究如何提高饲草品质时，发现将当归、黄芪的秸秆混入草料喂养羊群，有助于增强羊的抵抗力、改善肉质，还能降低饲养成本，恰恰本村大量种植当归、黄芪，这真是一举多得。这一养殖经验成为合作社的一个特色。

（五）凝心聚力，创造辉煌

合作社的发展离不开国家的大力支持。一方面政府时常委派专家向他们提供悉心培训。例如在新冠疫情防控时期，合作社多次向专家请教，最终确定防疫方案，加紧改善防疫室，强化基础设施建设，对每一只新引进的羊都严格把控，做到防疫无死角。另一方面，专家们还给合作社、农户们带来先进的养殖知识和技术，激发了大家不断努力的信心和决心。刘云祥平时也十分注重合作社内部成员的凝聚力建设。一方面他有空就招呼大家进行交流分享。起初，大家聚在一起开分享会，他问谁先来，没人吭声。他只好先发言打个样，然后引导鼓励社员们谈谈自己积累的经验技巧。开了几次会后，大家彼此之间产生了信任，互相学习的氛围逐渐形成了。另一方面，他时常到社员家里走访。不论严寒酷暑，他保证一个月至少两次定期走访下放羊种的农户，既给农户们科普养羊专业知识，又跟他们拉拉家常。

2021 年 11 月 20 日刘云祥给羊喂食

在大家的共同努力下，合作社的经济效益有了显著的提高。这两年合作社收益不错，2019 年至今分红资金达 40 万元，每户年均分红 600 元左右，持续带动贫困户增收。合作社被评为 2018 年度市级农民合作社示范社、2019 年（第五批）甘肃省级农民专业合作社示范社。

三　致富经验

纵观刘云祥的创业之路，我们可以从中总结出一些值得借鉴的致富经验以及行之有效的致富模式。

首先，探索有效经营模式，进行科学管理。在不断的理论学习和实践学习中，刘云祥转变思路，从"单打独斗"转向"团体作战"，并逐渐探索出"合作社 + 农户 + 基地"的产业经营模式，具体采用统一圈舍设计、统一供应饲料、统一防疫、统一技术培训、统一加工销售、统一供应种畜的"六统一"管理模式。农户分散养殖带动和上交饲草带动这一双带动模式，照顾到了年岁高、腿脚不方便农户等的特殊情况，给每个人分配力所能及的工作，使每家每户都受益，积极为"造血式"扶贫贡献自身力量。可见，管理模式创新不仅为产业长远发展提供内生动力，也体现了创业过程中的社会责任担当。

其次，整合利用多方资源，把握创业机遇。刘云祥在创业初期面临资金难题，但没有气馁退缩，而是积极动用自己的社会关系，向亲戚朋友寻求资金支持。面临多重困难时，他抓住机会、理性决策，获得了世行的扶贫支持，一并解决了合作社的资金和产品销路问题。在合作社发展过程中，他借助政府力量，积极向政府委派的专家学习，政府给合作社、农户们带来的先进养殖知识和技术，激发了大家共同努力的信心和勇气。由此可见，在创业过程中，创业者如能积极挖掘、整合、利用一切可利用的社会资源，就能有效解决创业过程中出现的各类问题，为创业发展注入源源不断的活水。

最后，发挥个人专业特长，深挖对口领域。刘云祥中专、大专学的都是畜牧兽医专业，并且毕业后有该方面的从业经历。在合作社发展过程中，刘云祥的理论与实践经验有充足用武之地，牛羊鸡繁殖、养育、生病等技术方面的问题多半他能自己解决。刘云祥的专业特长为他返乡进行养殖方面的创业奠定了良好的基础，也提升了创业底气。因此，他建议年轻人创业前扎根实际，夯实自身基础，多做些实地调查后再踏足某个领域。由此观之，创业者若能发挥特长，在拥有一定的知识储备和科学的方法论后在对口领域创业，将提升创业成功率。

四　案例点评

　　本案例是一个基于贫困农村背景稳步发展的创业成功案例，虽然其成功有一定的机遇性，但其成功经验为深入推进乡村振兴提供了宝贵的现实指导。

　　本案例体现了包容性的发展，脱贫致富是依托于制度包容和环境包容而逐步实现的。包容性发展是对经济增长过程与结果的基本要求，具体讲有三层含义。一是要让经济增长惠及所有人，特别是贫困者。这是包容性发展的重要目标，也是实现持续减贫的必要条件。二是要让每个人平等地面对发展机会。这是包容性发展的制度保障，能够充分调动社会各阶层的积极性，提升经济增长的效率。三是要在参与经济增长过程中提高个人的发展能力，确保减贫的可持续性。①

　　一方面，要让乡土人才成为引领群众创业发展、带领群众共同致富的骨干力量，从而为实施乡村振兴战略提供有力的人才支撑。2020 年 10 月，国务院扶贫办督察专员李越在 2020 年国家扶贫日系列论坛"乡村发展与脱贫攻坚论坛"上介绍，全国共培育了贫困村创业致富带头人 41.4 万人，累计带动 406 万贫困人口增收。② 脱贫攻坚中成长起来的扎根乡土产业的致富带头人是农村一支独特的内生力量，发挥着特别重要的衔接作用，其衔接作用缘于他们扎根乡土的品性和勇于开拓创新的特质，蕴含巨大的发展潜力，可以与乡村振兴目标有效对接。③ 案例中刘云祥通过组建合作社，打造"六统一"的管理模式，在成功带动乡村养殖业的同时，将创业成果惠及村民、顾及村民之需，其创业过程充分体现包容性发展观。由此可见，像刘云祥这样拥有较为浓厚的乡土情怀和社会责任意识的乡土人才是乡村振兴宝贵的人才资源。地方政府应积极出台政策吸引乡土人才返乡创业，把常年活跃在生产一线、对本乡本土满怀深情的"领头雁"当

---

①　朱立志：《生态减贫：包容性发展视角下的路径选择》，《中国人口·资源与环境》2014 年专刊——2014 中国可持续发展论坛。

②　《2020 年国家扶贫日系列论坛"乡村发展与脱贫攻坚论坛"在京召开》，2021 年 11 月 18 日，http://city ce. cn /news/202010/15/t20201015_7288080. shtml。

③　李耀锋、高红旗：《从脱贫攻坚走向乡村振兴：扎根乡土产业致富带头人的衔接作用与培育路径》，《中国农业大学学报》（社会科学版）2022 年第 6 期。

成乡村振兴的"金种子"来培育。

另一方面，注重农民在脱贫致富中的主体性和参与性。2018 年，习近平总书记对实施乡村振兴战略做出重要指示，"要尊重广大农民意愿，激发广大农民积极性、主动性、创造性，激活乡村振兴内生动力，让广大农民在乡村振兴中有更多获得感、幸福感、安全感"。① 党的二十大报告中也提出了"健全种粮农民收益保障机制和主产区利益补偿机制"，"拓宽农民增收致富渠道"，"赋予农民更加充分的财产权益"。② 可见，让能力欠缺、知识匮乏的贫困户有效参与乡村的发展建设，提升其参与工作的能力，增加其获取收益的机会，使"造血式"扶贫切实落地，成为广大农村脱贫致富的关键，这与包容性发展观不谋而合。包容性发展观强调由关注"物的增长观"转向关注"人的发展观"，重视"参与"和"共享"两个层面。本案例始终坚持以人为本，聚焦村民主体；通过合作社的形式吸纳贫困户，解决其就业问题；根据贫困户实际情况分配工作，村民摇身一变成为股民，通过年底领取分红的方式共享经济增长成果。该案例实现了产业振兴、乡村减贫、凝聚人心，激发了乡村贫困人口的内生动力，是实现乡村振兴可持续发展的案例典范。

（撰写者：陈慧姣　李晓君　林彦捷）

---

① 《习近平对实施乡村振兴战略作出重要指示》，中国政府网，2018 年 7 月 5 日，https://www.gov.cn/xinwen/2018 –07105/content_5303799. htm。
② 习近平：《高举中国特色社会主义伟大旗帜　为全面建设社会主义现代化国家而团结奋斗——在中国共产党第二十次全国代表大会上的报告》，北京：人民出版社，2022，第 31 页。

罗继海

益肾子助力：农业品牌引领的成功之道

案例简介：罗继海（1983~），广东省佛冈县高岗镇人，专科学历，汉族，佛冈县政协委员，师家家庭农场场主。2011年从事业单位辞职回乡种植益肾子，经过十几年的不断探索和奋斗，培育出益肾子优质种源母树，建立了益肾子种苗繁育基地和种植示范基地。他的成功关键在于他搭建的"公司＋基地＋农户"的农业产业化模式将企业、基地和农户进行有机结合，形成了贸工农一体化生产体系，在地区资源禀赋基础上选择合适的运作机制将农户与企业经营主体联结成利益共同体，该共同体协作创新进而实现产业可持续发展。截至2020年，英德市连江口镇连樟村的村民种植益肾子经济效益达到了每人5万元，在广东省带动了30多个合作社进行益肾子的种植。

一 案例背景

罗继海，1983年出生于广东省清远市佛冈县高岗镇，他的祖辈皆是地道的农民。9岁时，罗继海跟随父母来到广州生活，从此离开家乡，之后在广州完成了大专学业，2003年进入广州一家事业单位担任技术工人。或许是因为乡土情结，罗继海在与父亲的家常谈话和同学聚会上经常讨论农业生产的问题，自然地谈及了爷爷一辈就已经开始家庭种植的益肾子果树。在强烈的兴趣引导下，罗继海开始利用自己的空余时间和人脉下乡做调研，调研过程中他意识到了益肾子本身的价值功效和潜在的强大市场竞争力。"不成功便发疯"，这是罗继海的人生信条。本处于平稳前进阶段的罗继海，毅然决然地放弃了在大城市安稳的工作和生活，要回乡当农民种植益肾子。这是一个不被家人和乡人理解的决定，被质疑、否定和嘲笑，然而梦想的力量已丰盈他的内心，他怀着巨大的信念面对未知挑战，他的致富传奇故事也从 2011 年回乡开始书写。

2023 年 4 月，罗继海在师家家庭农场观察益肾子生长情况

　　益肾子属于常绿阔叶乔木树种，根系发达，能够适应恶劣的自然环境，因而在多山地的佛冈县是一种常见的野生植物。罗继海的爷爷早年为了补充家庭粮食的来源，专门在山上挑选了一些品相良好的益肾子树种种植在家庭院落里，这可以说是罗继海与益肾子缘分的起源。接受过农业科技等相关专业教育的罗继海有意运用科技手段研究益肾子，罗继海团队发现益肾子含有丰富的蛋白质、维生素，具有很高的营养价值，同时他努力通过科技手段对益肾子壳厚肉少、口味欠佳等缺点进行优化。与此同时，罗继海在市场调研过程中发现虽然益肾子的种植要求比较低，但种植的农户很少且零散，出售的果子品相较为一般。这时候，罗继海已经看到了益肾子强大的市场潜力。

　　2011 年，罗继海正值青春年华，有干劲、有技术、有资金，心里怀揣着农业致富的梦想，不甘于平淡的生活，回乡创业成为他心中涌动的人生新方向。当时，国家大力鼓励青年返乡创业，并颁布了一系列的信贷支持政策，虽然罗继海透露自己并没有申请这类信贷资金，但国家的政策支持让他更加坚定了做新型农业青年的信念。

二 致富过程

（一）辞职务农，顶压选种

罗继海，1983 年出生于广东省清远市佛冈县。1992 年，随父母到广州生活。2003 年，从广东轻工职业技术学院的机械制造与自动化专业毕业，进入广州机床厂工作。

佛冈县的野生益肾子壳厚肉少，食用率较低。2008 年罗继海萌生了返乡种植益肾子的想法并进行一系列的准备。他在仲恺农业工程学院夜校修读的同时，开始对益肾子的产销情况进行调研。经过长时间的调查发现，野生的益肾子具有多方面的营养功效，其中潜藏着巨大的市场价值。

2011 年，罗继海从事业单位辞职，带着多年的积蓄回到家乡清远市佛冈县高岗镇高岗村①，开始种植益肾子果树，成为一名回乡创业的青年农民。

2011 年到 2015 年，罗继海顶着巨大的物质和精神双重压力寻找益肾子的优质品种，培育种植益肾子果树。起初村民并不理解他的行为，认为这极其"反常"，首先是年轻人竟然放弃了在大城市的工作回到贫困的乡村当农民，再者是种植益肾子的想法不切实际，见效慢、风险大。然而，经过五年的艰辛探索以及在政府的大力支持下，益肾子种植产业发展迅猛，罗继海成功培育出益肾子优质种源母树，建立了益肾子种苗繁育基地和种植示范基地，创建了佛冈恒臻农业发展有限公司。2015 年投资 32 万元，租下高岗镇三联刘屋村种植区的 300 亩地，连片种植益肾子。

2016 年，罗继海培育出一个早产丰产的益肾子优良新品种。与其他野生益肾子相比，新品种具有皮薄肉厚、可食用率在 50% 以上的优点。

（二）探索创新，积累经验

2017 年，罗继海与朋友在发展绿色无公害农产品的想法上一拍即合，开始

---

① 高岗村位于高岗镇中部，东北部与宝山村、墩下村交界，南部与新联村交界。全村 39 个村民小组，总面积 26.11 平方公里，总人口 5853 人，全部为农业人口。

通过立体农业创建起现代生态农业体系，搭建畜牧业和农业之间的桥梁，推进种养循环，提升粪污资源化利用的效率。截至 2018 年，罗继海与合伙人陆续建立了红薯种植基地、蚯蚓养殖基地。红薯作物生产周期短，有助于资金回笼，而蚯蚓产生的粪便可以作为天然肥料，这为益肾子的发展提供了资金和肥料支持。经过一系列艰辛的探索与尝试，罗继海逐渐摸索出一套"公司＋基地＋农户"的农业产业化模式①，统一种苗，统一标准和技术服务，统一进行收购和销售，把益肾子种植经验教给农户，为他们提供新品种苗木，免费进行技术指导，并对农户种植的优质益肾子统一收购、贮藏、销售，形成"一条龙"经营体系。

经过锲而不舍的宣讲推广，村民们慢慢地知道了优质益肾子品种的功效以及种植效益。第一，益肾子对土地的要求不高，房前屋后均可种植，易种易管，采收简单，成熟后自然落果，不需要人工采摘。树苗种活是关键，在去除虫草等方面的人工投入比较少，闲暇时间农户可以去打临时工或者进厂工作。第二，益肾子可存放时间长，可以全年供应市场，零售价格高等。此外，罗继海还将积累了多年的益肾子种植经验和病虫害防治技术总结成一套生产技术标准，无偿传授给种植的农户，为他们提供技术保障。除了参加各项农业技术培训外，罗继海还积极向农业种植专家寻求技术指导，并邀请他们对种植农户进行定期技术培训，组织种植能手到外地参观学习，给农户吃上一颗"定心丸"。

2019 年，清远市英德市连江口镇连樟村了解到益肾子这一优良品种，主动与罗继海取得联系。经过多次沟通，益肾子成为脱贫攻坚的一个项目，罗继海为英德市连江口镇连樟村的贫困户提供了一大批益肾子苗，还把种植技术提供给他们，希望通过益肾子帮助贫困户增加收入。截至 2020 年，这些贫困户种植益肾子经济收益达到了每人 5 万元，在广东省带动了 30 多个合作社进行益肾子的种植。

经过一段时间的种植，益肾子种植的收入再创新高。2020 年收果 1.8 万斤，销售价平均每斤 28 元，总收入达 50 多万元。

---

① "公司＋基地＋农户"的农业产业化模式的主要特点是，企业与农产品市场基地和农户通过合同契约结成紧密的贸工农一体化生产体系。企业为基地提供成功的种植模式以及优质农作物种苗，大大降低了农户种植的风险系数。公司为生产基地、农户提供全过程服务，保证统购统销，农户按照合同规定定时、定量向企业交售优质产品，将生产、加工、销售有机结合，这对于农村经济的发展有巨大的推动作用，提高了农户的积极性，拓宽了农户致富的途径，弥补了农户分散、不集中的缺陷。

迄今为止，罗继海在清远市佛冈县高岗镇高岗村已经带动了200多户种植益肾子，覆盖率达60%以上。益肾子的种植也辐射到了其他村庄，现有的种植面积累计达到2万亩。如今在清远佛冈及周边县镇已经掀起了种植益肾子的热潮，几乎家家户户都在种植益肾子，益肾子已经成为佛冈县特有的农产品和保健上品。

（三）注重科研，加强合作

目前，罗继海与中国科学院[①]和广东省农业科学院[②]等研究院以及高校进行合作，在益肾子的科研上一路攻坚克难，即将与中国科学院携手在广东省河源市建立十几万亩地的科研合作基地。

在益肾子事业的未来发展上，罗继海的核心理念就是做大做强，振兴益肾子产业。益肾子是广东省目前唯一能实现全年持续销售的坚果产品，而且具有补肾壮阳的药用价值。罗继海将"产业先行"作为切入点，植根于清远市佛冈县高岗镇，在全省推广种植并加工益肾子，逐渐辐射到广东周边的省份将它打造成能与北方的核桃相媲美的南方特有品种。罗继海在与其他省份洽谈相关的合作项目，争取尽快将项目落地。

罗继海的近景目标是加大科研投入力度，对益肾子进行深加工，不仅将益肾子以鲜果类产品的名义进行出售，还对它进行深加工，做成有特色的多种形式的益肾子产品。

三 致富经验

罗继海的成功不是偶然，农业种植确实存在许多不确定性因素，而他通过掌握客观规律和修炼自我，在不确定性里创造了独有的"确定性"。他的成功密码总结成以下三点。

---

① 中国科学院（Chinese Academy of Sciences），创建于1949年11月，位于北京市三里河路，是中国自然科学最高学术机构、科学技术最高咨询机构、自然科学与高技术综合研究发展中心。
② 广东省农业科学院是广东省人民政府直属正厅级事业单位、成立于1960年1月，前身是1930年由著名农学家丁颖教授创办的中山大学稻作试验场及1956年成立的华南农业科学研究所，以应用研究和开发研究为主。

第一，孔实调研实践，把握市场机会。乡土情结加上兴趣使然，使罗继海萌生出培育益肾子的想法。他在深入调研和实践后发现，益肾子虽然对种植环境的要求相对较低，但食用率不高致使种植规模小而零散。与此同时，因为益肾子本身具有多方面的营养功效，市场上对于高品质益肾子的需求量逐年增加。接受过对口专业学习的罗继海决定回乡创业，培育种植高品质益肾子。在政府的大力支持下，他成功培育出益肾子优质种源母树，建立了益肾子种苗繁育基地和种植示范基地，最终创立了佛冈恒臻农业发展有限公司。"调查研究是谋事之基、成事之道。"前期脚踏实进行的调查研究工作，使罗继海把握住市场机会，成功地创办了自己的企业。

第二，注重产品科研，加强技术合作。在益肾子事业获得初步成功之际，罗继海并没有止步于此，而是与多个研究机构和高校合作，共同开展益肾子的科研攻关和技术研究。他与中国科学院植物研究所合作，成功提取出益肾子中的有效成分，并将它们应用于产品研发和生产中，拓宽了产业链。此外，他与广东省农业科学院等机构合作，研究益肾子的栽培技术和病虫害防治等，提高了益肾子的品质和产量，保证生产的有序性。以技术提升产品质量，以科研赋能产业创新，罗继海与科研教育机构合作开发益肾子产业，不仅提高了企业自身的技术含量和竞争力，也为益肾子产业的发展做出了贡献。

第三，树立品牌形象，发挥龙头引领作用。要将种植益肾子变成一个产业，变成带领村民致富之良方，需要打造品牌，延长产品线。品牌形成的前提是品质，罗继海关注益肾子种植的质量，培育优质种源保证益肾子的品质。为形成品牌记忆点，他结合"南方益肾子"的名号，通过建立品牌形象和拓宽销售渠道，将益肾子产品推向市场，赢得了消费者的信任和青睐。益肾子品牌逐渐为大众所知，罗继海又进一步研发周边产品，推出多种益肾子产品，如益肾子饮料、保健品等，延长产品线的同时提高了益肾子品牌的知名度和市场占有率。坚持品质至上，打造品牌形象，罗继海让自己的企业在激烈的市场竞争中脱颖而出，使之成为益肾子产业的龙头企业之一。

四　案例点评

农业发展关乎千家万户，关乎国计民生。2022 年"中央一号文件"将

"开展订单农业"作为"合理保障农民种粮收益"的重要举措①。只有推动农业发展质量变革、效率变革、动力变革，才能让丰收底气越来越足，让致富之路越走越宽。罗继海的成功案例很好地验证了订单推广的农业产业化模式可以促进农村经济的发展和农民的增收致富。

罗继海成功的关键在于他搭建了"公司＋基地＋农户"的农业产业化模式。这种模式不仅将企业、基地和农户进行有机结合，形成了紧密的贸工农一体化生产体系，还可以有效地降低农户种植的风险系数，提高农民的积极性，拓宽农民的致富途径，实现生产、加工和销售的有机结合，促进当地农村经济的发展和农民的增收致富。

与传统的农业模式相比，这种产业化模式具有更高的效益和可持续性。企业作为产业链的主导者，可以提供技术、品牌建设、销售渠道等全过程服务，形成了"产业链＋品牌"的发展模式，提高了产品的附加值和市场竞争力。同时，基地提供土地和种植管理，可以控制生产环节，保证了产品的质量和稳定性。农户参与益肾子的种植和生产，从中获得收益，提高了他们的积极性和参与度。可见，这种模式能够优化农业产业链，促使资源的优化配置和经济效益的最大化。

乡村振兴不能"单打独斗"。在地区资源禀赋基础上选择合适的运作机制，将农户与企业经营主体联结成利益共同体，协作创新进而实现产业可持续发展。罗继海的成功经验还可以适用于各种不同的农业产业，是一种可持续的发展模式，可以为农村经济的转型升级提供有力支撑。

（撰写者：成小燕　陈晓敏　郑深月　李晓君　刘新怡）

---

① 《中共中央　国务院关于做好 2023 年全面推进乡村振兴重点工作的意见》，中国政府网，2023 年 2 月 28 日，https://www.gov.cn/gongbao/contert/2023/content_5743582.htm。

邢海龙

一根黄韭菜：党建赋能产业振兴探索记

案例简介： 邢海龙（1979～），河北省新河县人，专科学历，中共党员，新河县宋亮村党支部书记。2015年以来，他采用"党支部＋合作社＋社员"模式，带领村民从家庭种植黄韭到大棚种植，再到盆景销售，克服资金、市场变化等困难，激发脱贫致富内生动力，走出了一条黄韭种植产业化新路。2018年开始，他发展葡萄种植等特色产业，逐步开创产业多元化发展格局。2019年，宋亮村全部脱贫摘帽，贫困户每人年均增收3000～4000元。脱贫致富的过程充满波折，但他心系人民，秉持着"继承黄韭特色产业，探索新型经营模式"的农业现代化理念，与时俱进，发挥队伍建设优势，推动该村经济可持续发展。

2019年6月邢海龙（中）在大棚查看蔬菜生长情况

一 案例背景

宋亮村，是河北省新河县一个小村庄。2012 年，随着国家脱贫攻坚工作的深入开展，该村被确定为新河县重点贫困村。习近平总书记指出，贫困是人类社会的顽疾。反贫困始终是古今中外治国安邦的一件大事。[①] 因此，脱贫成为宋亮村的第一要务。

打好脱贫攻坚战，关键在人。为了更高效地推进脱贫工作、发挥村干部致富带头人作用，宋亮村提出让创业人员担任村干部，以先富带动后富，团结凝聚广大基层群众，为创造更加美好的新生活而努力奋斗。就是在这样的一个契机下，2015 年，在外从事建筑工程事业的邢海龙，在国家政策的支持下，怀着对家乡深厚的情感，带着技术、资金和管理经验返乡。经过全体村民大会"两推一选"，他被选为村支委，后来被选为村支书。在一户户走访中，他深入了解村民情况，有针对性地寻找脱贫方法，希望发挥"村干部 + 致富带头人"的作用，带领村民探索脱贫新路径。虽然家里人最初对他的"全年无休"有些怨言，但为了负起脱贫致富的责任，不负村民对他的期望，邢海龙依然坚守在自己的岗位上，为宋亮村的发展殚精竭虑。

一方水土养育一方人，支撑宋亮村生存下去的是其最有特色的农作物——黄韭。在宋亮村种黄韭，不仅环境适宜，而且村民的种植技术独特，这些有利条件都使得黄韭的质量很高。但家庭式种植以及自给自足的模式大大限制了黄韭产业的发展。邢海龙和村干部们结合农村脱贫发展的需要和黄韭的特色优势，努力寻找适合宋亮村发展的经济模式。2015 年到 2018 年，在村干部不懈的努力和县扶贫资金的支持下，宋亮村建起了一些黄韭简易大棚，建立合作社集体耕种，再面向市场统一销售，这为宋亮村走出贫困奠定了良好的基础。

但黄韭食用市场发展到一定时期就达到了饱和状态，单一的黄韭种植给宋亮村带来的经济效益逐渐降低。时代总是在发展变化，人们也更加注重生活质量，这种日益增长的对美好生活的需要，带动着市场的需求不断发生变化。而

[①] 习近平：《在全国脱贫攻坚总结表彰大会上的讲话》，中国政府网，2021 年 2 月 25 日，https://www.gov.cn/gongbao/content/2021 – 5591398. htm。

黄韭盆景具有观赏性，恰好符合人们追求高品质生活的需要，这为宋亮村黄韭盆景产业的发展提供了很大的市场空间，前景非常乐观。

二　致富过程

（一）传承黄韭种植

邢海龙所在的宋亮村种植黄韭的历史悠久，根据史书记载，宋亮村的黄韭栽培技术可以追溯到明代永乐年间，距今已有约六百年历史。这个栽培技术具有特殊性，在周边的地域中，只有新河县有，而新河县就只有宋亮村有。宋亮村的黄韭不打药，不用化肥，用的是有机肥，连除草都是人工，能真正做到"绿色无污染"。而且宋亮村的土质又沙又黏，非常适合种黄韭。可惜这么多年来，黄韭一直是家庭种植。自古以来，村民们就在自己庭院里挖个草棚种植黄韭，所以规模、质量一直没有得到提升。每当想到近六百年的技术要慢慢失传了，邢海龙都会感到非常遗憾。

邢海龙清楚地知道种植黄韭比种玉米、小麦的收入多得多。作为村支书，他想让村民们得到实惠，认为自己有责任让父老乡亲们增加收入、提高生活质量。于是他想抓住国家脱贫攻坚这个宝贵的时机，希望能传承好黄韭种植技术，发展好黄韭这个特色产业，带领村民们一起脱贫致富。

（二）消除村民顾虑

最开始，大部分村民都不相信种黄韭会比种小麦、大豆赚得多，他们都不愿意投资和邢海龙一起干。对于这种情况，邢海龙深知：作为扶贫干部必须起表率作用。所以他咬咬牙，率先自己投钱，挽起裤腿和衣袖，和其他因为种植黄韭时间长而不舍得放弃的乡亲们一起下地干活。开始的时候，需要建大棚，可是缺少足够的资金，所以邢海龙四处奔波，想尽一切办法和渠道申请资金。

2018 年以来，为了减少村民们投资的顾虑，邢海龙团队尽力争取项目，建立起黄韭合作社，告别了一家一户单独种植的传统模式，正式开始采用"统一播种、统一管理、统一销售"的新模式。虽然村里大多数年轻人都外出打工了，村里留下的劳动力较少，黄韭种植规模不是很大，但是相比之前规模已经大多了。毕竟不久前这个黄韭栽培技术面临失传的风险，现在经过大家的努力又重新发展起来了。据邢海龙介绍，村民可以选择自己销售黄韭，如果村民不愿意自己卖，也可以加入村里的合作社，即加入他们"党支部＋合作社＋社员"的特色模式中。

但是，并不是筹了资金、建了大棚和成立了合作社就"万事大吉"了。之前黄韭都种在地里，后来传统的黄韭市场随着培育科技手段的进步、运输条件的改善逐渐趋于饱和。在这样的新环境下，宋亮村的传统黄韭产业日渐处于不利位置。邢海龙等人在经过一番调研和商讨后，最终选择带领乡亲们改种黄韭盆景。正宗的宋亮村黄韭盆景种起来非常不易，种植户需要在春天播下种子，长出的韭菜全年不能收割，因为要让其吸收的营养全部储存到根部。在霜冻以前，即一般是在 12 月份，种植户把绿韭收回来放到盆里面，在大棚里密集种植，不施肥、只浇水，控制好光照和湿度，才能长出颜色黄嫩、气味浓郁的黄韭。盆底下有个小小的隔板，根底下放一点土。如果不加水，它就不长；如果想让它生长的话，就把它放到温度在 20℃以上不见阳光的屋子里，然后加水。加水一次，将绿韭浸泡 10 个小时左右，把水放出来，隔个七八天，再浸泡一次，就能长出黄韭了。

邢海龙充分发挥主观能动性和带头作用，比如盆景的包装去哪儿做、怎么做，最初都是靠他自己。他用自己的钱，先是请人刻板，后来又去外地设计箱子和内部包装、挑选订购黄韭盆景的盆。此外，在最开始的时候，因为村民们不相信跟着邢海龙种黄韭盆景会比外出打工、种粮食赚钱，所以大多数人不肯投资，只有寥寥几户愿意跟着邢海龙一起种植。后来时间久了，村民们发现经过邢海龙等人的不懈努力，黄韭盆景得到了发展，比原来价格高了——原来卖的价格低，一盆只能获利 40 块钱，后来随着各方面的升级，一盆涨到了 80块、120 块钱。村民们意识到种一亩黄韭能比小麦、玉米多收 8000 块钱左右，他们这才认定跟着邢海龙种黄韭盆景更能改善自己的生活状况。

（三）拓宽销售渠道

黄韭一部分是按照传统方式种植，成熟后被农户采摘、运去市场上直接出售，另一部分被加工成黄韭盆景。黄韭盆景的销售主要有两条途径。一是靠村民们口口相传。本县的村民买了以后，给亲戚朋友们送礼，送到山西、山东、江苏、湖北等地。因为箱子上有邢海龙微信二维码和电话，那些亲戚朋友们觉得黄韭盆景不错便主动联系他。二是靠邢海龙的微信朋友圈宣传和销售。顾客们发来地址，邢海龙和村民们将黄韭盆景打包好用快递寄过去。这几年，盆景的销售状况良好，每年都是全部卖完。之前都是卖到本县，现在主要市场已经不再是新河县，而是覆盖到京津冀地区，更延伸到祖国各个地方——陕西、四川、江苏、新疆等。据邢海龙介绍，2020年，最远的几盆黄韭被销往了广东省佛山市。

社会在进步，黄韭产业在发展，内在的困难还没完全解决，又出现了新的困难。内在的困难在于不少村民嫌种植黄韭费工夫，不投钱而选择外出打工上班。年轻人外出，年龄大的干不动，劳动力缺失，导致黄韭发展规模起不来。新的困难则是邻村、邻县开始模仿宋亮村，说黄韭也是他们的特色产品，并且标价比宋亮村的产品低，导致销售市场一度混乱。为此，2021年开始，宋亮村黄韭盆景的箱子外包装发生了变化。邢海龙专门做一个溯源码印在包装箱上，顾客一扫码，宋亮村黄韭的种植全过程、几月种、几月收等各类信息就都显示出来了，这样就能证明黄韭的正宗。另外，针对缺乏劳动力这一问题，邢海龙下一步打算动员年龄大一点儿的村民加入合作社，他认为就算村民年龄大些也没关系，大家可以一起干能干得动的活儿，干不了的活儿就雇人干，想办法雇年轻的劳动力，总之要形成奋斗的团队凝聚力。

（四）多元化致富路径

2018年以后，黄韭大棚已经建成。但是邢海龙逐渐发现产业发展有局限性，地道正宗的宋亮黄韭得到冬天才能被收割，这个收获周期长的问题在一定程度上限制了增收效率，进而制约了宋亮村的发展。当时正好遇上碧桂园集团和新华社来帮扶，这些机构帮助宋亮村谋划了一个农业产业园，不是在这个农业产业园中种黄韭，而是引入新的葡萄品种——"阳光玫瑰"。

在这个产业园里，新华社、碧桂园、邢海龙一起为"阳光玫瑰"建设了6个共占地10亩的高标准大棚。根据新河县产业扶贫工作的宏观布局，除了发展特色农业外，宋亮村还发展光伏发电、华兴汽车配件制造等多元化扶贫致富项目，在邢海龙等致富带头人的引领和帮助下，村民们一起在多个产业中为增加收入、稳定脱贫而奋斗。

三　致富经验

宋亮村在脱贫致富的过程中积累的宝贵经验主要有以下三点。

第一，因地制宜，充分挖掘本地的特色资源。长期以来，黄韭种植业是宋亮村的传统产业。但随着时代的变迁，它逐渐失去了市场竞争力。然而，在脱贫致富的机遇面前，邢海龙和村干部们充分认识到了种植黄韭的潜力，并将其作为支撑产业进行发展，从而实现黄韭的规模化种植。这一举措不仅为宋亮村村民提供了增收致富的机会，也保护和延续了传统的黄韭种植业，保留了乡土美味，传承了乡土文化。通过集中种植和经营黄韭，宋亮村最大限度地整合了村里的资源，团结村民"撸起袖子加油干"，以聚合效应推动聚合效益，助推黄韭产业的蓬勃发展。这一产业的兴旺推动了乡村经济发展，激发了乡村经济新活力，使宋亮村成功实现了从贫困到脱贫的"美丽蝶变"，朝着共同致富的目标迈进。

第二，村干部发挥带头作用，发扬敢于冒险、勇于创新的精神。无论是从庭院式作坊种植向大棚规模种植转变，还是从大棚规模种植转变为盆景种植，宋亮村村民们普遍存在顾虑，他们参与种植黄韭的积极性并不高。作为村里脱贫攻坚的"领头雁"，邢海龙率先垂范，带领一批敢闯敢干的村民，不惧失败、不惧辛苦，带头种植黄韭。作为新任村支书，邢海龙持续保持干事热情，积极发扬"为民服务孺子牛、创新发展拓荒牛、艰苦奋斗老黄牛"的"三牛"精神。他的努力为宋亮村带来了显著的经济效益，让村民看到了发展的前景，唤醒了村民的进取意识，使其逐渐摆脱陈旧保守的思想观念。通过在思想上"拔穷根"，宋亮村激发了脱贫致富的内生动力。

第三，宋亮村积极探索推行"党支部＋合作社＋社员"的产业发展模式，村级集体经济收入实现稳步增长。在这一发展模式中，党支部发挥了领导作用，并领办村合作社，充分发挥了党的政治优势和组织优势，统一协调和领导村级产业发展。作为产业振兴的平台，合作社充分发挥了集体优势，对村民种植的黄韭和葡萄进行统一种植、统一管理、统一销售，既增强了市场竞争力，又有效实现了村集体与村民群众双赢共富。推行"党支部＋合作社＋社员"的产业发展模式，使宋亮村的种植产品具有品质保证，并且解除了村民的后顾之忧，取得了"1＋1＋1＞3"的实效，充分发挥了村级党组织的引领作用，显著提高了村民收入，有效促进了村集体的发展壮大。

四　案例点评

乡村振兴是实现农业强国的先决条件，产业振兴是乡村振兴的必由之路。党的十九大将产业兴旺作为实施乡村振兴战略的第一要求，充分说明了农村产业发展的重要性。乡村振兴靠产业，产业振兴靠特色。在宋亮村，黄韭作为传统特色资源，具备适宜的种植环境和独特的种植技术。然而长期以来，黄韭种植一直受到家庭式自给自足模式的限制而未能得到发展。党的二十大报告强调要"发展新型农村集体经济"，将其作为"全面推进乡村振兴"的重要抓手之一。[①]

在邢海龙的案例中，"党支部＋合作社＋社员"这一产业发展模式是宋亮村推动黄韭产业振兴的实践探索，体现了新型农村集体经济的农业现代化发展新思维。邢海龙立足实际，挖掘黄韭资源，将黄韭产业作为宋亮村的特色产业进行发展。初期，村民对参与种植黄韭存在投资顾虑，担心收入微薄，因此参与积极性不高。为了解决这一问题，作为村支书的邢海龙借助基层党支部，探索出了"党支部＋合作社＋社员"的经营模式。村级党组织领办合作社，能够有效联合村集体经济组织、农民专业合作社和小农户，推动资源整合，形成发展合力。其中，村党支部在组织、引领、监督、定向等方面发挥作用，充分发挥基层党组织战斗堡垒作用和党员先锋模范作用，调动村民参与合作社的积极性，引导村民共享合作社发展成果。合作社作为产业振兴的承接载体，有效整合了集体和社员的资源、资产、资金，实现了统一种植、统一管理、统一销

---

① 习近平：《高举中国特色社会主义伟大旗帜 为全面建设社会主义现代化国家而团结奋斗——在中国共产党第二十次全国代表大会上的报告》，北京：人民出版社，2022，第31页。

售，推进产业规模化、特色化、效益化发展，使其具有更大的抗风险能力和更大的市场竞争力。社员作为生产主体，积极参与到产业发展中来，既获得了持续性收入，改善了生活水平，也增强了主体意识，提高了地方文化认同。

　　农村集体经济是我国社会主义公有制经济的重要组成部分。发展新型集体经济，是党中央对深化农村改革和实施乡村振兴战略提出的一项重要任务。党的二十大报告强调，"巩固和完善农村基本经营制度，发展新型农村集体经济，发展新型农业经营主体和社会化服务，发展农业适度规模经营"。① 2023 年"中央一号文件"更是提出，要构建产权关系明晰、治理架构科学、经营方式稳健、收益分配合理的运行机制，探索资源发包、物业出租、居间服务、资产参股等多样化途径发展新型农村集体经济。② 艰难困苦，玉汝于成。在新型农村集体经济的方向指引下，邢海龙直面脱贫困难，结合当地实际，探索出"党支部＋合作社＋社员"模式，联合三大主体，促进小农户与现代农业发展有机衔接，实现村集体和村民抱团发展，发展壮大村集体经济，激活乡村振兴新动能。

（撰写者：邓考怡　吴嘉祺　吕欣潼　谢彩芬）

---

① 习近平：《高举中国特色社会主义伟大旗帜 为全面建设社会主义现代化国家而团结奋斗——在中国共产党第二十次全国代表大会上的报告》，北京：人民出版社，2022，第 31 页。
② 《中共中央　国务院关于做好 2023 年全面推进乡村振兴重点工作的意见》，中国政府网，2023 年 2 月 28 日，https://www.gov.cn/gongbao/content/2023/content_5743582.htm。

康学鹏

南果北迁记：退伍老兵家庭农场新模式

案例简介：康学鹏（1988～），河北省承德市滦平县平坊满族乡于营村人，汉族，村支委、返乡创业人才。2019年9月响应国家乡村振兴号召，返乡租用村民土地，创办了爱熙家庭农场，依托"于营有礼"区域公用品牌，主打"南果北种"的新道路，满足滦平县城消费者采摘绿色产品需求，为全国各地消费者提供放心产品。目前，他坚持优先雇用本村人和实行"庭院经济"，已取得很好的成效，并带动了本村贫困户脱贫致富。他始终怀揣一颗"帮富、领富、带富"的赤子心，即使来路坎坷，他仍不畏艰险，不忘初心，不断充实提升自我，坚定带领本村人走向共同富裕道路。

2021年8月康学鹏在农场里修剪残果

一 案例背景

康学鹏于 2007 年入伍，2012 年退伍后便一直在北京从事针对企业进行军事化管理培训和拓展的工作。2017 年，其父母的养殖场创业成功，由此康学鹏萌生出创业的想法。但当时，他在北京的工作还比较稳定，当他向父母提出创业想法之后，父母认为这事情不靠谱。乡里大家都种菜，在乡里开农场会赔钱，而且农村比不上城市先进，在乡里发展会受到限制，因此父母不太同意他返乡创业。但是这个念头并没有消失，在他的心里扎了根。

康学鹏是一个土生土长的农村人，当兵之前一直在乡下生活，他对家乡有较强的归属感。当时他们村还是贫困村，所以他总想回乡做点什么，再加上他比较恋家，父母的年纪也越来越大了，他想陪在父母身边照顾他们。这些想法不断堆积，让他返乡创业的主观意愿越来越强烈。

2019 年 4 月，康学鹏终于下定决心返乡创业。但是那时的他并没有立即选择辞职，而是先去中国农业科学院学习专业的农业知识。等完成专业学习后，同年 9 月，他毅然辞职返乡创业，并开始做家人的思想工作。他回乡创业时，身上没什么钱，只能向父母和亲朋好友借，身上的担子比较重，这也让他在做每一个选择时都很谨慎。

随着人们生活水平的提高，有机蔬菜的热度越来越高，他原本回乡开农场是想种植有机蔬菜，但是只是种植有机蔬菜的话没有亮点，很容易就会被替代，所以他想找到特色，而"南果北种"就是他的选择。因为运输的问题，南方的水果在还没有完全熟的时候就被摘下来运来北方了，因而水果口感比较差，人们也吃不到比较成熟的果子。康学鹏发现了这一点，于是在村里进行实地考察并询问中国农业科学院的老师，确定"南果北种"具有可行性之后，他决定以"南果北种"作为事业的切入点，种植有机蔬菜和南方的水果。

但是他回家创业的时机不是很好，当时是 2019 年 9 月，大棚的基础设施还没建好。之后，又碰上了新冠疫情，这对农场建设以及产品销售都是一个巨大的打击。

二　致富过程

（一）土地流转与大棚建设

康学鹏回乡之后，首先着手进行土地流转。要想建成大规模的农场，从别人手里承包土地是十分必要的。毕竟康学鹏自家的土地是有限的，不能够满足大规模种植需求，所以他打算统一流转村民土地。但是在流转土地时，由于土地比较分散，涉及的贫困户数量较多，再加上一些历史遗留问题，有些土地的归属很不明确，这些土地归属还有尚未解决的矛盾纠纷。为了解决这些问题，他寻求村支委的帮助。经过多次交涉之后，康学鹏才能统一流转村民土地。

解决了土地问题之后，另一个问题接踵而来。农业离不开水电，充足的水电供给是农业活动必不可少的条件。村支委知道康学鹏在水电方面遇到困难后，为他配备了一套高标准滴灌设备，并帮助其解决了供电问题。

基础设施问题都解决之后，康学鹏正式开始建设"南果北种"农场。他要建土墙温室大棚，这种大棚非常保暖，适合北方的农业生产。他回家建棚之时已是 2019 年 10 月下旬，天气一天天在变冷，后来地表慢慢有了冻层，没有办法再继续动工，就只能停了下来。当时他已经把农场的大体框架都做好了，就等着第二年开春土地融化之后再次动工。

但 2020 年开春，赶上新冠疫情，整个农场又不能动工了，导致大棚搭建项目停滞不前。虽然他们停工了，可是天气不会因为他们的停工而停止变化。天气在一天天回暖，土一冻一化，有些温室大棚的后墙就坍塌了，由于不可抗力，康学鹏最后损失了不少钱。这可以说是他创业中遇到的最大困难，刚开始创业就遇到这般毁灭性的挫折，要是一般人，肯定就会怀疑自己当时的选择是否正确，并在自我否定中选择放弃。好在康学鹏最终还是坚持下来了。

土墙坍塌之后，康学鹏的父母只是安慰康学鹏，并没有多说些什么。他父亲在建筑方面有经验。他找了一些人清理这些坍塌的部分，清理出来的碎土块装入袋子里，用土又垒起来之后安上拱架，之后在上面打水泥槽，这样就可以加固了。除了农场的修补之外，康学鹏还增设了保温设施、修整了路面、修建了防护篱笆等，这些大概又耗时二十几天。随后，康学鹏的事业也有了进展，他终于可以正式种植果蔬了。

（二）苗木选种与电商培训

因为前期的损失，康学鹏在种植时变得更加谨慎了，综合考虑了各种育苗的优劣后，他决定从最快获得收益的成品苗入手。通过学到的知识，他选择了套种的种植模式，依照季节来选择种植的作物，更好地利用土地资源。

技术上的成功实践，让康学鹏种出了很好的产品，这也给了他很大的信心。但是康学鹏在此之前并没有什么销售经验，对于销售模式以及销售手段等并不是很了解。他深知自己应该学习，但不知道该从何处下手，这让他非常苦恼。幸运的是，当时碧桂园集团在他们村成立了苗木扶贫基地，他们了解到康学鹏是返乡创业人士并创办了爱心农场，但对销售方面有一些担忧，便主动和他进行沟通。碧桂园集团针对康学鹏的需求组织了电子商务培训，为他提供了很多指导和帮助，两期的电子商务培训一下子打开他的思路，扩大了他在电商运营方面的知识面。通过碧桂园集团的培训学习，康学鹏更加深入地了解了微商的销售模式，对电子商务、短视频有了更通透的了解，操作更为顺畅。

最直接的体现就是他在网上开店，销售了100多单，产生了近2万元的利润，这为康学鹏打开了市场销路。拿火龙果来说，火龙果的花特别漂亮，在北方十分少见。受培训启发，他在火龙果开完花、授完粉的第二天，拍了一些短视频来宣传他的火龙果。然后把这些花摘下来拿到县城的小区、超市等人流量多的地方做宣传，宣传火龙果花和火龙果的功效，并通过加微信就送火龙果花的方式收获了不少的会员和粉丝，再通过定期发布图文、短视频来增加互动，增加消费者的黏性。到了采摘的季节，康学鹏还会邀请消费者过来一同采摘。由此，他的销路一下子打开了，县城的这部分消费者，不仅包括需要大量进货的大客户，也包括在采摘期来农场体验的散客户。

（三）销售模式与未来规划

在销售方面，康学鹏采取了新的销售模式，他的销售渠道有三种。一是现场采摘，就像农家乐那样，他邀请那些有兴趣的消费者前来农场采摘，体验生活，享受自己的收获成果。二是给县城的水果批发商送货，这些主要是他之前在县城里宣传时获得的客源，等到果子成熟之后，他就直接送货上门。三是通过微信宣传、网上销售，然后把水果直接用快递寄走。这三种销售渠道本质上都是通过微信这一软件进行维护和运营。

销售问题解决了，再加上其他果子和有机蔬菜的收益，康学鹏的农家乐慢慢有了起色。康学鹏对于接下来的发展有着很明确的规划。在他的规划里，首先要扩大规模，只有扩大规模，后续才能有更好的发展，才能打造出自己的品牌。而扩大规模分为两个方面，第一个是用工。在用工方面，他依然雇用本村的人，希望能增加他们的收入。第二个是"庭院经济"。"庭院经济"说到底就是作物种在庭院里，种出来后统一回收和售卖。因为村里的每家每户都有一个院子，村民们都可以在院子里种菜，康学鹏把技术教给大家，让大家都能保质保量种菜。然后，他在县城成立了一个专卖店，他把村民们种出来的菜回收后，直接放在专卖店里销售，最后按比例给大家分利润。

三　致富经验

回顾康学鹏的创业致富经历，以下这五个因素尤为重要。

一是知识。这是最为关键的因素。知识是宝贵的财富，不断学习知识是积累财富的关键。农业生产离不开种植技术知识。从开始创业至今，康学鹏始终坚持运用在中国农业科学院学习的专业技术知识，不断积累，成功找到了适合在当地种植的农产品，种出质量、产量双优的果蔬产品，推动果蔬产业高质量发展。此外，农产品的售卖也需要运用销售知识。康学鹏积极参加碧桂园集团组织的电子商务培训，扩宽了自己的电商运营知识面，随后开始利用网络进行销售，找到了广阔的销售渠道，销售成绩斐然。因此，新时代的"新农人"需要紧跟时代变化的步伐，不断学习科学种植技术和市场营销知识，以此提高种植技术和畅通销售渠道，才能在竞争越发激烈的市场中站稳脚跟，开辟适合自己发展的新道路。

二是国家的支持和社会的帮扶。当前，国家大力发展农业农村现代化事业，大力推进大众创业万众创新，全面实施乡村振兴战略。对康学鹏来说，国家政策就像领航者，引导他返乡创业。康学鹏常常寻求村干部的帮助，主动学习了解国家的最新政策。这些政策为他的创业提供了很大的便利和支持，是创业成功的重要因素之一。已经富起来的一些企业也会在尚不富裕的地区建立创业孵化基地，为当地的创业者提供销售知识的培训或者给予资金扶持。

三是社会需求和市场商机。随着人们生活水平的提高，人们对健康的关注和需求也在不断增加，有机蔬菜等健康食品得以兴起。在此背景下，康学鹏在实地考察后决定以"南果北种"为切入点，种植有机蔬菜和南方水果。由于南方水果一般在尚未成熟时就被采摘下来并运送至北方售卖，水果口感较差且不够正宗，北方消费者很难品尝到正宗且口感好的南方水果。康学鹏从人们需求及市场商机出发，仔细调研了家乡情况，了解当地的资源禀赋，决定"南果北种"，利用先进的技术手段在北方种植适应当地的水果。除此之外，他还紧跟大众需求，按照有机标准种植健康安全的有机蔬菜，为消费者提供高品质产品。在自己先富起来的情况下，康学鹏最念念不忘的是带动群众共同富裕。怀着一颗"帮富、领富、带富"的赤子心，他最终带领村民们走上致富路。

四是互联网的发展。互联网的发展拓宽了消息传播的范围，只要营销得当，既有品质又有亮点的品牌就很容易被人们记住和关注。近年来，短视频兴起，康学鹏通过制作各种宣传短视频扩大了产品销售范围，并给人们留下了深刻印象，使他的产品能够销售到全国各地。互联网的发展使他可以通过一部手机轻松解决问题，比如，远程与中国农业科学院的专家进行交流，及时反馈所遇到的问题，无须两地奔波。互联网的发展为创业者的生产和销售提供了诸多优势条件，只要利用得当，便可以成为创业过程中的一大助力。

五是个人品格。个人创业者要能经受住市场的考验，具有不屈不挠、勇往直前的品质。康学鹏的创业之路并不平坦，几乎每一步都充满困难，但他从未放弃，凭着不服输的信念和勇气往前走，遇到困难就解决困难。对他而言，农业创业是他自己的选择，是他想做的事情，所以面对困难也不能轻易放弃。即使撞到南墙，他也要把墙撞倒继续往前走。广大返乡创业青年的敢想敢为，为乡村振兴添砖加瓦，广袤乡村也必将给他们回馈更多人生出彩的机会。

四 案例点评

2012 年，《中共中央 国务院关于加快发展现代农业 进一步增强农村发展活力的若干意见》公布，首次提出要发展"家庭农场"。[①] 本案例中康学鹏通过发展"南果北种"家庭农场，以家庭农场经营者的角色谱写致富乐章，成为社会主义新农村建设的生力军。

康学鹏的家庭农场生机勃发、成效凸显，既能集约高效利用土地，又能创优农产品品牌、占领市场等。可以说，这些家庭农场不仅是助力脱贫攻坚的"桥头堡"，而且是农民致富的"好舞台"，更是加快建设社会主义新农村的"生力军"。实践已经证明，家庭农场是农业生产经营中不可或缺的重要力量。未来要实现乡村振兴，同样离不开家庭农场这股重要力量。不难预见，家庭农场是实现乡村振兴进程中的一大"潜力股"。

乡村振兴的五个振兴是：产业振兴、人才振兴、文化振兴、生态振兴、组织振兴。这五大振兴有机结合、互相联系、缺一不可。家庭农场恰恰是可以实现这五个方面振兴的"综合体"。毫无疑问，依托家庭农场不仅可以培养一批致富能手、经营高手，而且可以为农业合作组织、村两委等提供源源不断的"后备人才"。当然，借助家庭农场还可以发展"农家乐""乡村游"等文化旅游项目，由此乡村文化振兴、乡村生态振兴有了新依附。既然是"潜力股"，就应果断对其加大投入，以期实现"最大收益"。因此，作为有志于从事家庭农场经营的人，要抓住机遇、果断出手，用实干来实现自己的"农场梦""致富梦"。

（撰写者：梁芷婵 刘思君 谢彩芬）

[①] 《中共中央 国务院关于加快发展现代农业 进一步增强农村发展活力的若干意见》，中国政府网，2012 年 12 月 31 日，https://www.gov.cn/gongbao/content/2013/content_2332767.htm。

邓 彪

猕猴桃致富：农业技术护航产业大发展

　　案例简介：邓彪（1987～），贵州省六盘水市人，本科学历，苗族，现为六盘水众森鑫农业科技有限责任公司负责人。2003年他两次外出打工，最终于2013年返乡创业，并于2014年开始接触猕猴桃种植。如今，在各种经果苗木育植、猕猴桃种植及销售、云贵中蜂繁殖、中蜂蜂蜜生产等领域，他均有丰富的创业经验。截至2022年，公司在全省有30余个中蜂养殖基地，300多亩经果苗木育植基地，现管理2000余亩自有红心猕猴桃基地和1.5万余亩猕猴桃技术服务基地。秉承"科技领先，服务市场，诚信待人，追求完美"的宗旨，他始终不离"产业、技术、勤奋"三要素，坚持扎根田间地头，不断提升创新科技素养，在乡村致富路上带领乡民实现勤劳致富。

邓彪在猕猴桃种植基地工作

一 案例背景

国家级扶贫开发重点县，贵州省 16 个深度贫困县之一，2014 年全县建档立卡贫困人口 22.22 万人，贫困发生率 28.86% ……这就是案例主人公邓彪的家乡——贵州省六盘水市水城区，地处乌蒙山腹地，山高坡陡，沟壑纵横。

邓彪出生于 1987 年 10 月，成长在贫困山区的他自小家庭条件就比较艰苦，父母虽然做过生意，但也因为外债而不得不出去打工。而邓彪也在完成九年义务教育之后选择了与父母一样的打工之路。2003 年他选择前往广州务工，但每月工资仅 350 块钱、每天工作 12 个小时，这让他在一年后决定重新回到老家种地。那时候他的弟弟妹妹都还在上学，弟弟每个月在高中要 200 块钱生活费，妹妹每个星期在初中也要 20 块钱生活费，家里的经济负担几乎都压在了年轻的邓彪身上。2007 年，邓彪去学习了汽车修理，虽然养家糊口没问题，但他觉得这不是长久之计。

2014 年，邓彪认识了一些做农业的朋友，他们刚好在做猕猴桃种植，这让邓彪一下就发现了机遇。于是，他回到老家流转了 200 多亩土地开始种植猕猴桃。虽然刚起步时的邓彪找不到方向，但他叔叔说道："农村土地就是财富，把土地盘活了，就能让这个村里的人富起来。"事实上，老家的人都在用仅有的土地进行自我生产，要想把土地盘活，就只能在外面跑市场。于是，在叔叔的一路引导监督下，邓彪走上了新型农业之路。

二 致富过程

（一）尝试猕猴桃种植

邓彪的家乡虽然经济贫困，但这里环境优越、土壤肥沃、光照适宜、雨量较大、气候舒适，是典型的低纬度、高海拔山区，特别适合猕猴桃的种植。因此，邓彪首先尝试了猕猴桃种植。他从 2014 年开始种植猕猴桃，虽然到 2022 年依然处于亏损状态，但邓彪一直坚持到了现在。

邓彪种植的猕猴桃品种多样，六盘水市的农业委员会领导与很多科研院所的老师，比如武汉果蔬所、郑州果蔬所、辽东学院的老师都有密切联系，他们每年会不定时、不定期到邓彪的猕猴桃基地试验品种，而公司也会与他们进行密切交流。科研院所的老师 2022 年又试种了 40 个品种，六盘水市的红心猕猴桃就在邓彪公司的基地里进行试验。邓彪一直都在和专家团队合作、对接，不断追求技术创新。

（二）探索中蜂养殖

中蜂养殖业作为传统特色产业，投资少、见效快，是集经济效益、社会效益、旅游价值、生态效益于一体的绿色产业，是促进农户增收的扶贫产业。2015 年，邓彪又去学了蜜蜂养殖，那时候蜜蜂都还是小作坊养殖，就连最开始的 50 箱蜜蜂还是一个朋友给邓彪的。随着国家扶贫力度加大，在一个偶然的机会下，邓彪跟县区的一个人把蜜蜂拉到了另外一个县区去养。

相关人员看到他养的蜜蜂以后就问他是怎么养蜜蜂的。当时国家在提倡中蜂养殖，在六盘水市认识的国家相关工作人员和平台公司的老总也来找邓彪谈合作，说希望他在这个县区里帮他们养蜜蜂。所以在 2015 年到 2016 年的时候，邓彪一个人带着一个团队，睡帐篷，住树林，白天干活，晚上守蜂，干了一年。之后，老家水城区扶贫开发局跟农业农村局知道了邓彪在做这个事，还做得比较好，他们就把邓彪引回老家做中蜂项目，一干就是三年。

同是 2015 年，地方政府看到邓彪在做中蜂养殖，就打了报告上去，并向管委会申请到了每亩土地 1200 块钱的补贴，总共是二十几万元。但是单指望补助款的话，资金是远远不够的，因为每亩土地基本要投入 15000 元到 18000元，而多年的养殖都在亏钱。所以邓彪自己又在外面寻找资金支持，还探索出了林下种植的模式，直到现在也在试验。在 2022 年，他们用了 100 多亩土地做林下种植实验，魔芋就是试验对象，目前魔芋长势较好，算是试验成功了。

（三）试种车厘子

邓彪在做农业期间同时接触了全国各地科研院所的老师，他创业就看中了一点，贵州省六盘水市水城区是高海拔、低纬度的地区。直到现在，县区还有

30 多万亩海拔在 1800 米以上的山地，目前还没有任何经果品种适合在这个地方种植。偶然一次机会，他认识了一个院校的老师，老师向邓彪推荐了他们研发的一个品种——俄罗斯远东地区的大樱桃，也就是车厘子。

在得知远东地区试种成功后，邓彪就联系上了该老师。当时他们签了一个引种协议，就是先给 10 个品种共计 100 棵苗，待种植成功以后，邓彪要继续在水城区种植车厘子时再给 150 万元买断专利。如果试种不成功，他们就不用给这个钱了。经过两年试种，车厘子成功挂果了，由此车厘子这个品种也成为他们具有代表性的品种。

（四）转向农业技术服务

2016 年的下半年开始，在国家扶持力度加大后，邓彪的公司开始尝试探索技术服务团队的运营。2017 年在团队发展较为成熟之后，公司就开始从事技术服务的业务了。公司花钱让技术人员和管理人员到院校、专家培训班、种植基地去学习。学成后，公司会招募群众到基地进行学习，由技术人员分批次、分季节地进行免费培训。培训结束以后，又招募学员回到基地务工，相当于这些老百姓在家门口就能实现就业。

除此之外，邓彪开始接触扶贫产业，即蜜蜂养殖业。因为国家政策的扶持，每年贫困户都会得到物资补助，但是他们没有技术，没有本钱，所以邓彪的公司就鼓励贫困户直接以他们所拥有的资源入股，然后打包委托给公司来饲养、经营。

同时，邓彪他们也逐渐摸索出了几种帮扶方式。第一个是土地流转分红，就是贫困户的土地流转到公司，享受土地分红。第二个是土地流转分红加劳动回报，即土地流转给公司后，由邓彪统一组织施工，贫困户统一到基地务工，每户每个月在分红的基础上还能拿到劳动回报。例如，他们的云贵中蜂基地就是采取"公司 + 合作社 + 贫困户"的"三变"改革模式运作，贫困户以"特惠贷"、财政扶持资金或个人自有资金入股合作社，由合作社统一引种养殖，农户按入股比例获取纯利润相应的利益分成。

（五）收益逐渐凸显

在刚开始接触贫困户的时候，邓彪遇到过少数存在"等、靠、要"思想的群众，乡亲们的思想工作不好做。但后来邓彪转变了思路，先带着自家亲戚做苗木基地育苗。乡亲们见到赚钱了，有收益了，自然地想要跟着一起做。同时，邓彪形容自己是一个"一心搭在这个土地上"的人，他常常白天开车到基地工作，踩了一脚泥，晚上再开车连夜回到位于水城的家，每次路上都需要2个小时以上。很多人不明白邓彪为什么这么拼命，但日子久了，乡亲们都看到了他的决心。到2022年邓彪他们再育苗时，又有十几家群众自发地加入。截至2020年初，其公司已直接或间接带动了六盘水400余户村民脱贫。邓彪提到，他既为已经取得的成绩感到自豪，也准备好了在反哺故里的路上继续前进。

现在，技术服务收入是邓彪公司主要的收入来源，公司在猕猴桃种植方面做得比较早，又因为特别看重技术服务，所以为此组建了一个团队。团队现有十几名员工，专门从事农业技术服务，为地方政府和地方平台公司提供服务。

至于产品的销售渠道，公司也有一套规范的流程。六盘水市政府部门比较重视销售渠道方面的事，专门成立了一个平台公司，目的就是保护种植猕猴桃散户的利益。他们将散户的猕猴桃统一回收，统一收购，然后统一包装，统一销售。供应商以基地价卖给平台公司，也不用担心销量。在上报预计产量后，平台公司会按时按期组织人手到基地进行收购，待果子摘下来以后，平台公司称重付钱，随后就可以直接拉往冷库保鲜。平台公司会自己组建营销团队，由营销团队奔赴全国各地统一销售猕猴桃。当然平台公司也会采用自主销售的方式，但是为了不打乱市场秩序，平台公司不再大量进行自主销售。

到目前为止，邓彪的公司在全省有30余个中蜂养殖基地，300余亩经果苗木育植基地，2000余亩自有红心猕猴桃基地和15000余亩猕猴桃技术服务基地，年营业额也已突破1500万元。

三　致富经验

基于邓彪的致富过程，我们可以从四个方面总结其致富经验。

第一，在致富过程中，要树立正确心态。案例主人公邓彪的创业之路并不是一帆风顺的，反而是失败居多，但在采访过程中，他反复强调沉稳心态的重要性。当选准了一个行业以后，创业者需要沉下心来摸透它、吃透它，做小做精，专注于精细化经营，而非盲目追求规模扩大化。正是因为邓彪沉下心了、摸准了，他的创业道路才越走越宽广、越走越敞亮。

第二，从个人认知上，要培养市场意识。如果致富带头人能够恰当地抓住外部环境的有利条件，就可以在实现个人发展的同时较好地带动本地群众共同致富。正是因为他对家乡的资源禀赋、市场需求有着清晰的认知，是一心搭在土地上的人，他发现了当地农业种植的需求缺口，抓准了机会，走上了致富道路。正如邓彪的叔叔所言，农村土地就是财富，把土地盘活，就能让村里的人富起来。

第三，从社会角色上，具有强烈的社会责任感。作为致富带头人，邓彪清楚自己的角色定位，怀揣致富带头人的责任感，他积极运用自身的农业生产经验帮助当地群众增收致富。他牢记本色，心系家乡，在向前发展时不忘反哺家乡，将自己的所学所想毫无保留地教授给新时代的年轻创业者。他以自己走过的弯路为例，教导乡亲们何以致富、如何致富，并带领乡亲们走向更远的致富之路。

第四，从自身能力上，具备现代科技素养。致富带头人需要具备较强的农业科技应用意识，同时积极运用现代科技手段进行农业经营，密切关注市场动态并适当扩大规模。在本案例中，邓彪在创业过程中格外注重科技应用，以科技手段引领产业高质量发展。一方面，他不断进行技术创新、服务创新、管理方式创新，致力于研发能够满足未来新型农业发展需求的现代农业新技术；另一方面，依靠自身技术和资金实力，他积极与国内同行、高校、研究机构等开展"产、学、研"合作。

四 案例点评

在本案例中，邓彪的致富之路离不开"三要素"——产业、技术、勤奋。

其一，有产业。"心沉得住气，脚踏遍田地"是邓彪致富之路的关键所在，亦是其敲开创业之门的红砖。农业是第一产业，它是最基本的物质生产部门，是我国国民经济的基础。无论是从尝试猕猴桃种植到带领团队探索中蜂养殖，还是抱着创新勇气渐渐转向农业技术服务，邓彪坚持扎根田间地头，始终为农业发展而不懈努力，为实现农业农村现代化而不懈奋斗。深入实施乡村振兴战略，产业富民是其重要的"压舱石"，也是实现农业农村现代化的有效途径。只要各地围绕本地产业发展的实际，坚持高起点规划、高标准建设，统筹谋划、科学推进，就能实现产业发展的增速提效。

其二，懂技术。在创业之路上，邓彪从未停止过学习。科学技术越来越成为推动经济社会发展的主要力量，创新驱动是大势所趋。为此，他一心专注于农业技术交流与研发学习，多次请教全国各地科研院所的老师和专家，努力实现从"传统型"到"技术型"的转变。邓彪积极参与行业交流与学习，开阔自身视野，不断提升自己的科技素养。科学技术是第一生产力。民以食为天，科技强则农业强，科技兴则农业兴。无论任何时候，新时代的乡村创业者都要把农业科技化作为大事要事，大力推进农业机械化、智能化，在种植技术、种子技术、土壤管理、气象运用等多方面下力气，为现代农业发展提供强有力的科技支撑，不断夯实我国农业现代化的发展基础。

其三，要勤奋。共同富裕要靠共同奋斗，这是根本途径。要鼓励辛勤劳动、合法经营、敢于创业的致富带头人，允许一部分人先富起来，先富带后富、帮后富，不搞"杀富济贫"。身为辛勤劳作而富起来的致富领头人，他发挥自身"领头雁"的作用，发挥自己的资源优势，为乡民提供就业创业机会，运用丰富的实践经验帮助当地乡民勤劳致富。新时代的勤劳致富"带头人"，应当用无私奉献、创新进取的实际行动，成为村民脱贫致富的"引路人"，助力乡村振兴、农民致富。

党的二十大报告指出，要坚持人才是第一资源，深入实施人才强国战略①。在乡村振兴战略实施的重要阶段，更要把人才振兴放在乡村振兴的首要位置，让各类人才在希望的田野上阔步向前、踔厉奋发。在广袤的大地上，一批批爱农村、懂农村、愿意建设农村的人才队伍，正挥洒热情与汗水，为乡村振兴添砖加瓦，贡献力量。

（撰写者：王菁菁　谢彩芬　黄婉岚）

---

① 习近平：《高举中国特色社会主义伟大旗帜 为全面建设社会主义现代化国家而团结奋斗——在中国共产党第二十次全国代表大会上的报告》，北京：人民出版社，2022，第33页。

周克追
村干部带头：客家游子返乡创业致富路

案例简介：周克追（1965～），广东省大埔县人，本科学历，汉族，中共党员，原广东省梅州市大埔县大留村村支书。1989 年从中山大学哲学系毕业后，他在广州经商 25 年。2014 年，他放弃经商回到大留村照顾患癌父亲。2016 年当选村支书，工作至 2022 年。他上任后首先搭建好"两委"框架，加强基础设施建设，改善交通条件与人居环境；带领全村发展特色农业，将扶贫资金以入股方式投入水电行业，复垦荒废水田 70 多亩，带动 1400 多位村民就业，实现全村 107 个贫困户人均年收入提高了两倍且全部脱贫。大留村在 2021 年广东省新农村建设考核中位列优秀乡村第 14 名。他独创许多指导方法，如"留住绿色、保护古色、创造特色"等，带领全体村民撸起袖子加油干，使村庄发生翻天覆地的变化。

2019 年 2 月周克追在村委会办公

一　案例背景

周克追出生于 1965 年，其父亲为乡村教师，母亲务农，有一个名为周克天的弟弟。周克追从小家境贫寒，但深受客家耕读文化和良好家风熏陶，得到父亲良好教导。1985 年，他考入中山大学哲学系，系统接受了哲学教育，打下扎实的辩证唯物主义和历史唯物主义思想基础。

1989 年，周克追从中山大学哲学系毕业，本来毕业后被分配到佛山市委宣传部工作，但遇到一些特殊情况，他没能进入党政机关，随后改行做生意。周克追在广州经商期间主要做建材陶瓷生意，经常在广东省内尤其是广州市内跑业务。在经商期间，周克追积累了丰富的工作经验，拓展了人脉资源，开拓了个人视野。

2010 年，周克追的母亲去世，他深感悲痛。可祸不单行，不久后其父亲也被诊断出患有肠癌。其父亲认为自己的妻子已离世，子女又不在身边，十分倔强，不愿意接受癌症治疗。周克追多次劝导父亲接受治疗，并放弃火爆的建材生意，回到大留村陪伴和照顾年迈的父亲，最终父亲才愿意接受治疗。2014 年，周克追携一家四口回到梅州市大埔县大留村，周克追专门负责照顾患癌父亲。周克追的妻子在大埔县任教，加上周克追的弟弟周克天在广州开律师事务所，每年为周克追提供一定的家庭生活补贴，基本解决了周克追的生活后顾之忧，周克追便在此期间专门照顾父亲。

周克追回到大留村后就注意到村里存在许多问题，如基础设施十分落后；一下雨河涌便发大水，导致农田被淹；村道修建不足，原有村道十分泥泞；路灯破旧稀少、废楼占用土地、公共厕所肮脏等，许多问题亟待解决。

时任大留村党支部书记的黄港绪五次上门找到周克追，希望他能担任党支部书记。起初出于对村务不熟悉的考虑，周克追屡屡放弃竞选村支书，但是在一次下大雨后，河涌由于排水不畅淹没了村民的水田，看着村民们一边扶苗、一边流泪，周克追深有感触，暗下决心一定要改变大留村的现状。

2015 年 11 月 29 日，《中共中央　国务院关于打赢脱贫攻坚战的决定》发布，正式吹响打赢脱贫攻坚战的号角。周克追认为自己有能力照顾好家庭，决心抓住这个机会参加村支书竞选，带领全体村民脱贫致富。

二　致富过程

2016 年，本就在大留村具有一定声望、受到群众拥护的周克追通过村干部竞选的方式成功当选大留村党支部书记。

（一）搭建"两委"班子，加强党建引领

他上任后做的第一件事就是加强党建引领，搭建"两委"框架。周克追认为"打铁还需自身硬"，村支书自己必须发挥"领头羊"作用。于是他从自身做起，从筑路修路，到上山调研，再到走访乡亲、慰问贫困户，凡事亲力亲为，绝不会纸上谈兵、脱离群众。在周克追的一些努力下，他在村民中，尤其在村"两委"干部中，起到了极好的榜样作用。

与此同时，周克追开始搭建"两委"框架。通过推荐、选拔年轻干部进入村"两委"，村"两委"得以注入新鲜血液。对口扶贫单位派毕业于天津大学的选调生施萍萍到大留村参与扶贫工作，这极大提升了村"两委"的整体文化素质。大留村将村"两委"职位进行交叉，村干部既担任村委又担任支委，从而避免工作"踢皮球"情况的发生。

党员干部要充分发挥先锋模范作用，比如说村里修建村道，需要村民们出让小部分土地，若是按照以前的情况，村民们一定会非常不乐意，绝不出让一点点土地。但是大留村的村干部慢慢给大家做工作，党员家附近需要修建道路的部分土地不需要花钱购买，党员会毫无保留地让出来。村里人觉得"路建好之后，大家都可以走，况且党员都免费让出来了，那我也让出来"，所以大留村的道路十分畅通，而且没有一段路是政府投资出钱去买地的，全部都是群众自己主动让出来的。

对口扶贫单位也在党建引领的过程中发挥着重要作用。在换届选举中，对口扶贫单位广州市海珠区城市管理和综合执法局帮助和监督大留村依法依规选举出新一届敢作为敢担当的"两委"干部。在三年基层党组织建设中，大留村实施了"头雁工程""党员先锋模范工程"等一系列党建项目，着力提升支

委干部的"四个意识"，带动整个支部的进步，推动各项工作的开展。海珠区城市管理和综合执法局在党建方面还会提供一些经费，局长有时也会来到大留村上党课。

（二）加快基础设施建设，为产业发展储能蓄力

周克追刚回到村里时，印象最深刻的就是村里的那条河道。河道长期不通，河道两岸长满了杂草藤蔓，上游发大水或者下大雨时，河道里的水积聚在这里难以被排到下游，大留村半个村子都被淹了。周克追当时就觉得这条河道如果不去整改的话，以后会一直给村里带来不便。大概是2014年，有一次河道不通导致村里又被淹了，周克追对此十分有感触，这也为周克追后期整治河涌埋下种子。

对此，周克追摒弃"等靠要"的思想，他把村里从事房地产行业的首富请来，对其晓之以理、动之以情，还把村里被淹的照片发给首富看。首富看了之后表示深受触动，便欣然解囊相助。由于整治河道时间很紧迫，如果把钱捐到村委会，每一笔款项进出都比较麻烦，又得延长工期了，所以周克追建议首富直接以自己的名义整改河道。首富听从了周克追的建议，他投资几百万元把主村的河道全部进行整改，全部挖宽一些，同时再用石头一块一块地全部重新连接起来，做到河道全覆盖。到后来，主村的河道及其他四条河道，全部都由该首富搞好了。

由此可知，大留村村干部们摒弃了"等靠要"思想，主动出击，找乡贤捐助解决困难。这个首富后来也一直投资家乡，把家乡建设得更美、更好，而且针对村里的贫困户、残疾人、长者等需要帮助的群体，他都会汇钱为这些群体买油、买米、发钱，已经坚持好几年了，村里很多公益事业都是由他出钱。

在基础设施方面，大留村先把村里的道路搞通，路灯装好，响应国家"厕所革命""三清三拆"等号召，就把烂房子、烂厕所全部拆除。后来就开始美化环境，修建公共厕所等。周克追认为："产业是脱贫攻坚中最难啃的那一块硬骨头。如果一开始就搞产业，而且还搞砸了的话，再加上其他工作跟不上，群众自然而然就都不信我们了。只有先易后难，先把基础设施这些容易搞的东西都搞好，群众对我们有一定信任度了，再出来搞产业就会顺畅很多。"

（三）选好脱贫致富的产业，用好乡村振兴的资金

大留村的农业是柚子种植产业，种植的柚子品种是泰国柚，柚子幼苗从泰国引进。为了更好地让泰国柚在村里落地生根，周克追聘请了大埔县种柚子技术最好的师傅来管理全村的柚子种植产业。同时，贫困户可以免费获得嫁接、改良等服务和柚子幼苗。这样做的目的在于调动村民尤其是贫困户的积极性，带动贫困户劳动致富，这也响应了国家提出的不要弃耕抛荒的号召。柚子种植基地有自动化管养房。之前直接荒废 30 多年的 70 多亩水田，在种植柚子树时全部被复垦。现在大留村种植柚子树共计 2000 多棵，全年估计有 4 万斤的柚子产量。粗略计算有 1400 多位村民参与到柚子产业中来，基本上带动了全村村民就业。

除了柚子产业之外，大留村还有光伏发电产业。扶贫单位的投资再加上村民入股，投资到自来水厂和供电局，这些机构每年都分红。此外，大留村还考虑到资金的"远景功能"。村里有一户贫困户，家里有个孩子高考考上了广东工业大学，孩子的母亲患有精神病无法从事劳动，仅靠他的父亲一个人养家糊口，孩子的父亲还要供家里另外三个孩子读书，家庭十分困难，实在没办法再供他上大学。村里就一次性给该贫困户资助 3 万元，直接把钱打到孩子大学账户里，包括这个孩子每年的学费、每个月的伙食费全部都是国家提供的。周克追说："因为孩子是非常需要读书的，只有读书才能改变命运，等孩子大学毕业了，找到了稳定工作就自然脱贫了。"

大留村还充分考虑贫困户自身的积极性。此前有一户贫困户说他爱养羊，一开始村干部也不太相信他能够养得好，但是他坚定地说："我说的是真的，你要相信我。"村里第一次就提供 15000 块钱给他买羊苗，后来又提供了 6000块钱。经过他自己的摸索，居然真的养羊成功了，到现在都有五六十头羊了，天天挤羊奶、卖羊奶，自然而然地成功脱贫了。现在，他家的羊奶能卖到 14块钱一斤，在扶贫资金"造血功能"方面他家算是村里最典型的脱贫户。总之，国家的资金投资在贫困户身上，一定要有生命力。

三　致富经验

回看周克追带领大留村村民脱贫致富的过程，我们从中总结出以下三点经验。

第一，党建牵引，突出组织引领。大留村在组织引领方面有两点可鉴之处。其一，加强基层党建引领，充分发挥党员的先锋模范作用。身为大留村党支部书记，周克追以身作则，率先发挥带头模范作用，号召党员带头行动、村民跟随行动，以党员身份亲近、服务、团结村内群众。为强化农村基层党组织领导核心地位，健全村党组织体系，在基层党组织建设工作部署指引下，大留村实施"头雁工程""党员先锋模范工程"等一系列党建项目。又如，大留村开展党史学习教育，为村民和村干部讲党史，组织慰问老党员和悼念逝世老兵等活动。其二，大留村坚持好中选优、优中选强，配强村"两委"班子，实现班子年轻化、知识化、专业化。推荐、选拔村内年轻人进入村"两委"班子，为班子注入新鲜血液。大留村热烈欢迎并号召年轻人（尤其是大学生）到基层开展创新创业实践、担任村"两委"干部，从而提升村"两委"班子的整体水平与文化素质。同时，大留村推行村"两委"班子成员交叉任职，即一个人同时担任村委与支委。

第二，产业牵引，发挥产业功能。大留村在产业发展方面有两点可借鉴之处。其一，优先加快基础设施建设与完善。大留村加快修建基础设施，集中整治严重影响农业生产和村民生活的河涌，完成了全村村道、路灯修建，拆除废楼，改造厕所，修建藏书上万册的文化室与艺术馆以供村民读书、学习。其二，多种产业落地生根，结合具体村情走特色产业道路。周克追引进了泰国蜜柚，并聘请县里专业种植师傅进行指导，免费为村民提供蜜柚幼苗和指导服务。同时，他采用现代化的管养方法和技术，将火龙果、鹰嘴桃与蜜柚等水果进行大规模连片种植。此外，大留村采取"村集体控股、全体村民入股"的形式，将资金投入水电厂，每年为村民发放一定的股息分红。

第三，思想牵引，激发内生动力。大留村在思想激励方面有两点可借鉴之处。其一，摒弃"等、靠、要"思想，主动寻求各方帮助以改变现状。周克追主动联系村内乡贤、异乡商人寻求帮助，通过登门谈话、视频通话等方式激发他们的爱乡之情，并使其慷慨解囊。同时，在相关政策出台后，大留村由于前期建设已经取得了一定成果，受到了当地党委、政府的高度评价，获得了更大的扶持和支持。其二，调动村民自身的脱贫积极性，增强扶贫资金"造血功能"。大留村根据贫困户本人意愿，询问贫困户本人想法，结合实际为贫困户制定脱贫帮扶具体措施。与此同时，大留村注重教育扶贫，对家中有在读子女的贫困户重点帮扶，避免其子女辍学。只有增强贫困地区的"造血功能"，才能拔掉穷根、开掘富源。同理，扶贫资金的使用要注重"再生功能""造血功能"。大留村通过集体入股等方式将扶贫资金投入水电厂等股份分红单位，使扶贫资金能持续发挥作用。

四　案例点评

在本案例中，周克追带领村民脱贫致富的过程蕴含基层党组织引领模式、致富带头人领头模式、贫困户动力激发模式三种模式。

一是基层党组织引领模式。党的二十大报告指出，全面建设社会主义现代化国家，最艰巨最繁重的任务仍然在农村[①]。农村基层党组织是党在农村全部工作和战斗力的基础，坚持党管农村工作、重视和加强农村基层党组织建设是我们党的优良传统。在脱贫攻坚过程中，大留村加强党的建设，实施"头雁工程""党员先锋模范工程"等党建项目，推进党史学习常态化，引领党员干部发挥先锋模范作用，这是脱贫致富不可缺少的重要一环。

二是致富带头人领头模式。要推动乡村人才振兴，把人力资本开发放在首要位置，强化乡村振兴人才支撑。人才振兴是乡村振兴的基础。周克追接受过高等教育，并且在广州打拼近三十年，拥有广阔的个人视野和丰富的社会经验。因此，他在脱贫攻坚工作中能够提供正确的方法，从而降低试错成本、少走弯路。"村民富不富，关键看支部；村子强不强，要看'领头羊'。"一个村子"两委"成员的整体能力，直接决定了农村经济发展速度和社会治理水平。

[①]　习近平：《高举中国特色社会主义伟大旗帜　为全面建设社会主义现代化国家而团结奋斗——在中国共产党第二十次全国代表大会上的报告》，北京：人民出版社，2022，第30～31页。

大留村以村"两委"班子建设为抓手，配强村"两委"班子，实现班子年轻化、知识化、专业化。

三是贫困户动力激发模式。2023 年"中央一号文件"要求增强脱贫地区和脱贫群众内生发展动力。[①] 内生动力是贫困群众摆脱贫困不可或缺的重要因素，是脱贫效果可持续的基本保障。唯物辩证法认为，任何事物的变化和发展，都是内因和外因共同作用的结果。内因对事物的发展起决定性作用，外因起推动或者阻碍的作用。大留村"两委"干部在充分发挥先锋模范作用的同时，采用"志智双扶、对接需求、营造氛围"的内生动力激发模式，对贫困户逐一进行"扶志"教育，结合贫困户的致贫原因与发展意愿，聘请相关专业人士进行"扶智"指导，为贫困户提供就业创业的方向指引及资金支持，在全村营造自力更生、脱贫光荣的良好氛围。

（撰写者：杨杰　谢彩芬）

---

① 《中共中央　国务院关于做好 2023 年全面推进乡村振兴重点工作的意见》，中国政府网，2023 年 2 月 28 日，https://www.gov.cn/gongbao/contert/2023/content_5743582.htm。

武硕磊

贵族黄金桃：现代果农人才发展新路径

案例简介： 武硕磊（1979~），河北省秦皇岛市人，高中学历，汉族，中共党员，在2018~2020年担任大新寨镇牛兰甸村党支部书记兼村委会主任、秦皇岛市硕磊水果种植专业合作社法定代表人、抚宁区大新寨镇宏硕农资经销处法定代表人，是大新寨镇最早引进"蟠9""蟠7"等新品种的种植户。他长年累月地为了村里的黄桃产业在外奔波，并考取农业技术指导员三级证书，成为桃树专家。正是凭借踏实肯干的精神和时刻学习的态度，在村民和合作伙伴的支持下，他使牛兰甸村的黄桃走出了河北，走向了全国。秉持开放的心态和不断进取的精神，虽然在实地考察和技术研究的过程中遇到了不少问题和挫折，他仍然坚守要带领全村人走上致富道路的初心，积极学习先进的技术，成功研发出品种优良的黄桃，并运用村里的乡土资源因地制宜地打造特色种植产业，使村里的黄桃产业和村民的生活一起踏上了康庄大道。

一　案例背景

"十四五"时期黄桃产业面临良好发展机遇。我国开启全面建设社会主义现代化国家新征程，为加快农业农村现代化带来难得机遇，政策导向更加鲜明。全面实施乡村振兴战略，农业支持保护持续加大力度，多元投入格局加快形成，更多资源要素向乡村集聚，为推进农业农村现代化提供有力保障。这些措施均为加快黄桃行业转型升级提供了良好发展机遇，使黄桃成为名副其实的"致富果"。

从黄桃的商业市场来看，鲜食黄桃以其外观鲜艳、果肉橙黄、营养丰富、香气浓郁、甜多酸少、较耐储运的特点在中高端市场中崭露头角，其售价基本高于同期成熟的蜜桃品种 2~3 倍。随着罐藏加工技术的发展，现华北、华东、东北等地栽培黄桃的面积也日益扩大。

从实际情况来看，武硕磊带领村民致富的牛兰甸村，在种植黄桃前主要经济作物是玉米、花生，收入普遍较低。2009 年，武硕磊当选为村党支部书记后，决心带领村民摆脱贫穷现状。他认为农民以种地为生，要想过上好日子，就得向土地要效益。综合本村地理生态条件，经过成熟考察，他最终瞄准了优质黄桃种植这个产业。

此前，村里的林果种植条件较差，各项基础设施不完善，农业用水被个人承包，村民浇地每小时要花 70 多元，且桃树需水量大，农户承担不起高额的水费，为此村里只有少量油桃种植户，且桃子品种单一，售卖桃子得运到别的村子，交通极其不方便。

武硕磊下定决心要改变村民靠天吃饭的种植模式。他多次联系电力、水利部门，希望它们帮助村里解决农田用电用水问题。他带着党员一起干，一边架线一边鼓励百姓打井，村民把黄桃栽到哪里，他们就把电线架设到哪里，把地下水管线铺到哪里。目前，全村共架设农田低高压线路 3 万余延长米，打井 180 眼，铺设地下管道 2 万余延长米，让浇水成本降到每天 30 元以下。

水电通了，武硕磊又积极协调上级有关部门为村里修路，先后硬化村街道和下地道 1 万余延长米。村民彻底告别了泥泞、颠簸的土路，农产品运输再也不用愁了。村里的黄桃产业和村民的生活一起踏上了康庄大道。

二　致富过程

致富带头人武硕磊，出生于河北秦皇岛，是一名中共党员。2009~2017 年，担任河北省秦皇岛市抚宁区大新寨镇牛兰甸村党支部书记。2018~2020 年，担任大新寨镇牛兰甸村党支部书记兼村委会主任、秦皇岛市硕磊水果种植专业合作社法定代表人、抚宁区大新寨镇宏硕农资经销处法定代表人。从 2009 年至今，他带领牛兰甸村村民种植高附加值农作物达几万余亩，从而逐渐走向致富道路。2009~2012 年，武硕磊多次前往河南、山东等地考察，经过多次研究，决定让牛兰甸村种下大面积的高附加值水果——黄桃。为了种下黄桃，他日夜奔波，监督水利工程的修建：架设农业用电3万余米，铺设农业用水地下管道2万余米。为了运输黄桃，他多次和道路管理局沟通，硬化村街道、下地道1.2万米。为了培育黄桃，他考取了农业技术指导员三级证书，引进黄油桃、黄油蟠桃先进品种30多个。为了打开黄桃销售渠道，他多次前往全国各地联系各大超市订购商。

武硕磊介绍说，牛兰甸村位于燕山脚下、长城以南，地势可谓重峦叠嶂、峡谷纵横。2005年，牛兰甸村人均收入仅有851元，是河北省省级贫困乡镇。这里为温带大陆性季风气候，降水极其不稳定，年平均降水量只有744.7毫米。除了洋河、大石河、戴河和汤河这些大河是常年性的河流以外，绝大多数的河流基本上都是季节性河流。到了秋冬雨水少的时候，附近的河流基本断流，农作物绝大部分靠地下水灌溉。当时村里基础设施建设不完善，用水需要花费一大笔钱，老百姓灌溉每个小时得花70多块钱，村民们根本种不起那些经济价值高、耗水量大的农作物。因此，大部分地里都是种花生、玉米这些耐干旱、耐贫瘠的农作物，水源好点儿的地方就种果树，老百姓一年下来基本没什么收入。再加上这地方重峦叠嶂、山地纵横，想要把货物拿去县里卖个好价钱也要走上好几天，老百姓根本经不起这样的折腾。

这个难题当时困扰了武硕磊很久，于是他多次前往山东、河南、陕西考察，一个多月后，他回村就开始建设水利设施，通过打井把地下丰富的水资源开发出来，每几亩打个小井，每几百亩打个大井。这些看似简单的水利设施，修建起来万分艰难。当时武硕磊修塘坝、打井时，每天天还没亮就跑去田里监工，不仅要严格监督修建进度，而且一旦什么地方缺干活的人，他就得急忙赶去补充人手，绝不能让工程进度落下，当时挑水泥、铲沙子、运砖头……什么累活、苦活都得干，每天高强度工作十几个小时。

此外，当时村里都是些凹凸不平的沙路、泥路，一些中型号的货车想要进来运货都要耗费个把小时，更别说一些大型号的货车了。再加上黄桃和苹果、雪梨这些硬皮果不同，果肉比较嫩，运输需要比较细腻，经不起磕磕碰碰，于是武硕磊又马不停蹄地和伙伴们一起去交通部门沟通，修了1.2万米的水泥路。当时为了早点把黄桃种植提上日程，他们刚修完水利设施就紧接着去修路。那段日子，武硕磊可谓"三过家门而不入"，家里人看着他每天这么忙，非常不理解，甚至责怪他不能第一时间回家处理事情。当时孩子还小，正是需要爸爸陪伴的时候，但是没办法，为了修好水利，为了老百姓能够用上便宜水，武硕磊必须把所有井都打好，把所有电线都架好；为了修好道路，为了黄桃能够运出去，必须把所有水泥路都铺好。他深知：只有这样，老百姓才能真正实现种下"黄金果"的梦想。

在武硕磊的努力下，牛兰甸村的黄桃多次在全国各地的农产品展览比赛中获得一等奖，其中著名的黄桃品种"中油蟠7"在河北省保定市果艺展览上获得了一等奖。如今他依旧在致富道路上不断前进，努力规划水果产业可持续发展的新路线，投入更多的知识和技术，使黄桃种植机器化、规模化、科学化、绿色化；加大创新发展力度，促进产业转型升级，把单一的黄桃种销模式向再加工、深加工转变；打造黄桃品牌，提高知名度，让全中国甚至全世界都知道秦皇岛市牛兰甸村的知名黄桃品种"中油蟠7"。为了实现这些目标，40多岁的武硕磊依旧坚持在黄桃产业的最前线，亲力亲为，为产业再续辉煌贡献力量。

回忆起十几年种植黄桃的历程，武硕磊总会感慨万千。这十几年，他经历了不少风风雨雨，得到了很多，失去了很多，也成长了很多，终究还是皇天不负有心人，武硕磊的努力没有白费。在他的不懈努力和持之以恒下，黄桃产量与日俱增，他也终于实现了带领全村走上致富道路这一伟大而又平凡的愿望。

这个愿望，饱含武硕磊很多心酸与泪水。

三 致富经验

纵观武硕磊的黄桃致富之路，我们可以总结出五点值得借鉴的致富经验和行之有效的致富模式。

第一，持续学习专业知识，深入了解从业领域。为了提升黄桃果品质量、科学培育优质黄桃，武硕磊先后5次组织果农考察团前往郑州等地的果树研究所进行考察学习，积累种植管理经验。根据农业专家的建议，他考取了农业技术指导员三级证书，成为农业技术专家。由此可知，创业者只有积累了一定的专业知识，才能制定出适宜且有效的产业发展规划，从而使上市产品在市场中更具有竞争力。

第二，敏锐洞察市场需求，据实调整产业布局。随着深入研究农业技术知识，武硕磊发现要想使黄桃有稳定的市场，并在市场竞争中立于不败之地，就需要种出具有"人无我有，人有我优"特点的优质品种。他带领果农尝试使用有机肥料种植黄桃，几经改良，成功培育出硬度好、口感佳、耐储存的黄桃，其含糖量高达 18%，远高于市场标准，获得了消费者的广泛认可。作为创业者，了解消费者的需求和标准，并据此创新升级产业和提高产品质量，才是获得稳定市场和增加企业收益的关键所在。

第三，建立专业组织机构，明确员工岗位职责。2016 年，武硕磊牵头成立了水果种植专业合作社。他将庞大且复杂的黄桃产业划分成不同的区域——黄桃市场开拓、黄桃品种引进、先进技术学习和黄桃种植管理等，分配给团队成员相应的任务，进一步促进黄桃价值链延链增效，促进其黄桃产业实现高质量发展。可见，组织架构合理且分工明确可以极大提高工作效率。专业的技术人才在擅长的领域各司其职，有利于减少因分工不明而导致的责任推诿。

第四，确立产业发展目标，制定产业规划蓝图。谈及未来牛兰甸村黄桃产业的发展，武硕磊认为还有很多任务要完成："我们还会不断提高果品品质、增加冷藏储运规模，推动我们村的黄桃产业市场化、品牌化运作，实现订单式销售。"他希望以后村里的黄桃产量继续增加，并且实现四季生产、全年上市。可以说，科学系统的产业规划能够确保企业发展的每一步都能得到更好的落实，并能及时地检验成果、调整目标。

第五，善于把握时代机遇，学会积累资源人脉。武硕磊曾多次前往山东、河南等地的农学院学习专业知识，老师见武硕磊是个踏实肯干、积极上进的人，在向他传授技术的同时，还与牛兰甸村建立了长期合作关系，常常到村里现场指导。在外考察时，武硕磊的求知态度感动了专家，专家结合牛兰甸村的土壤和水分条件，提出了改良黄桃品种的建议，并将新研发的优质黄桃穗以最低价售卖给武硕磊。从中可知，在企业上升发展的过程中，资源和人脉起着至关重要的作用。创业者要坚持深入学习专业技能，从而赢得业界人士的认可和支持，以积累更多的人脉和资源，共同助力乡村振兴。

四 案例点评

产业振兴是乡村振兴的重中之重。2022 年 12 月召开的中央农村工作会议强调，要落实产业帮扶政策，做好"土特产"文章。① 那么，作为致富带头人如何才能做好"土特产"文章呢？2023 年"中央一号文件"对推动乡村产业高质量发展进行了专项部署，强调重点在彰显特色、产业融合、优化布局、联农带农等方面下功夫。② "土"，从一方水土中找乡土资源；"特"，打造具有特色、独特竞争优势的产品；"产"，尊重产业发展规律发展产业，打通产业链条。"土特产"三个字，大有文章可做。

一是从一方水土中找资源。牛兰甸村以前只种植玉米、花生等经济作物，但经济效益并不高。武硕磊在考察了当地的自然环境后，因地制宜引进了具有高经济效益的黄桃种植产业，既能够有效运用村里的乡土资源，又能够打造特色种植产业、带动经济发展。通过选准产业发展的突破口，武硕磊把牛兰甸村的资源优势、生态优势转化为产品优势、产业优势。同时，武硕磊始终保持开放的心态，希望能招揽更多的村中人才为自己的发展队伍注入"新鲜血液"。随着时代的发展，乡村不再是单一从事农业的地方，其经济价值、生态价值、社会价值、文化价值日益凸显。形形色色的农副产品、山清水秀的田园风光、耕读传家的文化传统，都是乡村很吸引人的地方，也是乡村产业发展的独特土壤。做好"土"字文章，不仅靠打造特色农产品，还需要打开视野，用好乡土优势资源，发展生态旅游、民俗文化、休闲观光等。

二是研学赋能实现产业升级。在种植黄桃的路上，武硕磊的研学之路不曾停止。他多次前往外省调研学习先进的黄桃种植技术以及黄桃产业发展的先进经验，并引入各种优质的黄桃品种，打造具有特色和独特竞争优势的产品。在

---

① 《习近平：加快建设农业强国 推进农业农村现代化》，中国政府网，2023 年 3 月 15 日，https://www. gov. cn/xinwen/2023－03115/content_5746861. htm.

② 《中共中央 国务院关于做好 2023 年全面推进乡村振兴重点工作的意见》，中国政府网，2023 年 2 月 28 日，https://www. gov. cn/gongbao/contert/2023/content_5743582. htm.

黄桃种植大获成功之后，武硕磊没有"躺平"，而是继续努力探索更能吸引消费者的新品种。通过制定清晰的规划、优化产业布局以及协同组织进行高效运作，再加上抓住时代机遇、加强现代科技应用，武硕磊及其团队事半功倍地达成了其发展目标，生产出品质优、销路好的农产品，为实现农业农村现代化添砖加瓦。推动产、学、研深度合作是提升科技创新水平的必然选择，是突破核心技术"卡脖子"困境的根本途径，是破解科技、经济"两张皮"，推动高质量发展的关键举措。产、学、研合作的过程是技术、人才、资金、信息等创新资源重新配置和动态优化的过程，需要畅通资源配置渠道、激发资源流动活力，引导创新要素向重点区域和主导产业汇聚。

（撰写者：叶希　贺森　谢彩芬　王嘉仪）

樊浪生

富硒米浪潮：产业融合驱动的种植创新

案例简介：樊浪生（1984～），安徽省舒城人，本科学历，汉族，中共党员，安徽过湾农业科技有限公司党支部书记、总经理，过湾村名誉书记。在从事农业行业多年以后，他返乡创业，于2014年创办安徽过湾农业科技有限公司。他流转贫困户土地2000余亩，开启了富硒农业种植之路。他创新"互联网＋现代农业"模式，使贫困户人均年收入达3.6万元。2017年以来，他推动当地一二三产业融合发展，吸引了年累计达7万人次的外地游客，为下岗职工、贫困户、返乡人员达270余人提供就业机会。他凭借过人的胆识和魄力，不忘初心，以"做百姓致富的带头人，乡村振兴的排头兵"的担当作为，助力家乡发展，实现一二三产业深度融合。

樊浪生（左）在农田里工作

一　案例背景

　　起初，樊浪生父亲承包了 200 亩地，但不久后父亲去世，母亲深受打击，于是樊浪生的哥哥辞职回乡帮母亲分担农活。但他哥哥不懂农业种植，所以农田收益不理想。在樊浪生回乡时，听到乡亲们说："你哥哥一个人在这边做农活太辛苦了，做不了就在田间地头哭。"他听了特别心酸。想到自己主要从事农业方面的工作，有相关的农业知识储备，而且也想回到家乡，在帮家人分担责任的同时，带着乡亲们共同致富。于是在 2013 年底，樊浪生辞职回到安徽省六安市舒城县南港镇过湾村，并于 2014 年 6 月创办了安徽过湾农业科技有限公司。

　　在返乡创业之前，樊浪生在酒精公司工作，他的专业偏向于微生物和生物工程这一方面。他同事从事的是植物保护工作，他的工作则是了解植物病虫害以及治疗，更偏向于技术类。樊浪生经常和同事打交道，因此掌握了一些与农业相关的知识。当时，樊浪生在单位属中高管理层，年收入在二三十万元。在他决定辞去工作返乡创业时，家里人基本都不同意。当时家里借钱供樊浪生读大学，可以说是倾家荡产，上完大学后，家人希望他能够在城市里发展，现在要回来，他们接受不了。村里人也都不大理解，认为从农村到城市后有一份稳定的工作很不容易，应该继续留在城里。

　　农业受自然环境的约束，收入较其他产业具有较高的不稳定性。况且当时家乡农产品只有米和杂粮，这在纷繁众多的农产品当中没有竞争优势，附加值低，农产品销售难且收益低。好在安徽省六安市是农业生产大市，有良好的生态条件、灌溉条件和水稻种植基础。但长期以来，由于缺乏有效抵押和担保，当地部分种植业小微主体受困于"融资难、融资贵"，难以进一步扩大生产。当地金融机构针对此问题推出 15 万元的小额贷款产品，并在当地开展农户走访工作，为条件合适的农户提供资金援助，为农业发展提供金融"活水"的支持。

二　致富过程

（一）返乡搞创业，缘结富硒米

当时樊浪生父亲去世了，母亲大受打击，无法承担沉重的农活，于是樊浪生的哥哥辞去工作，回乡种田，但由于经验不足，种植效果不理想。樊浪生抱着承担家庭重任的想法，借着自己有农业相关知识储备，毅然决定回乡创业。

2013 年底回乡后，他于 2014 年 6 月创办了安徽过湾农业科技有限公司。他思考着怎么深加工、怎么创品牌、怎么创造更有效的销售途径、怎么迅速把产品卖出去等创业难题。他确立了农业种植、加工、销售与生态旅游为一体的发展方向。他认为应当围绕科学技术发展现代农业，他深知要占据市场，只有走差异化、品质化发展道路，而科技农业附加值高，溢价空间也大。

种植要生态、绿色、有机、高质量，同时要满足人们的不同需求，他查找绿色有机机构的相关资料，围绕机构提出的标准来种植，从源头上控制产品质量。在 2014 年，他就进行了生态有机种植，将种植大米作为突破口，产品定位是中高端群体，从源头上控制大米的品质。他的想法是和安徽科研院校合作。通过对这些机构研究内容和研究方向的了解，经过综合分析，他最终觉得富硒农业比较有发展前景。

恰巧那年，中国科学技术大学研究团队来到过湾村研究测土配方技术，选中樊浪生的 100 亩地作试验田，在试验田上种出了富硒米。当时，他们对土壤进行了改良，让不含硒的土壤含有硒元素，将原本有机质含量低的土地提高有机质的含量。他们也检测了种出来的农作物，这些农作物达到了高硒的标准。当时，一般米是 3 块钱一斤，富硒米是 10 块钱一斤。这样一来，农产品的溢价空间增大，价格也随之提高了。

（二）借力互联网，探索新模式

2015 年，创业初期，互联网行业也在逐步发展，樊浪生意识到互联网对农企来说是个发展机遇，因而萌发了网络销售农产品的念头。于是，他利用

"互联网＋智慧农业"，探索出过湾农业"线上＋线下"相结合的发展模式，通过互联网引流获客，从而销售农产品。

在这之前，樊浪生自己没做过电商，不知道怎么操作，也没人教，全靠自己摸索，自己学习如何剪辑视频、如何开店。由于产品质量过硬、包装设计新颖、品牌推广有力，当年公司农产品实现网上销售 3000 万元。但在刚开始的时候，整个团队只有三个人，他们租了间办公室，开始尝试网络销售，然后才一步步扩大团队规模。他们采用订单生产模式，即有订单才安排生产，无订单则调整生产。

起步之时，不仅他一个人不懂，团队所有人都不懂怎么运营、怎么发货、怎么售后、怎么获得流量。当时企业还没发展到现在的规模，也没有资金聘请专业的电商运营团队，所以他们在这期间遇到过很多实际困难，做得也不尽如人意，后来还是请专业的人组成电商运营团队才得以解困。在电商发展过程中，他们也遇到了许多难题，幸而多方人员对他们伸出了援助之手。比如当初发展电商的时候，村里的道路条件很差，阻碍了物流运输。村里知道这个情况后，积极争取项目和组织人员修路，现在村里的道路又宽阔又通畅。

樊浪生回忆，印象最深的是他们的第一笔电商订单，一个江苏盐城的客户从他们店铺下单了 2000 袋大米。这个订单一方面对于企业来说意义非常大，它甚至是他们坚持发展电商的"定心丸"，但是另一方面这个订单也给他们带来非常大的压力。当时他们团队还没有这么多人，为了完成这笔订单，他把能叫来的家人和亲戚都叫来了，可以说是全家总动员，大家日夜赶工，才在规定的时间内将货顺利发出，这笔订单后来也产生了非常好的社会反响。

（三）响应新号召，攻坚又克难

2016 年，中共中央、国务院提出《"健康中国 2030"规划纲要》[①]，樊浪生意识到营养安全是非常关键的，公司的核心定位和目标方向不仅是让大家吃得更安全，而且要吃得更营养，因此要根据不同的群体需求做出不同的营养产品。所以他带领公司根据营养专家的配方，将糙米、胚芽米和一些杂粮进行混

---

① 《中共中央　国务院印发〈"健康中国 2030"规划纲要〉》，中国政府网，2016 年 10 月 25 日，https:// www.gov.cn/gongbao/content/2016/content_5133024.htm。

搭做成谷物粉，以粮食为主导做出谷物衍生即食产品——代餐粉，这种带有功效性的代餐粉，也深受市场的欢迎。

为了更好地建设家乡、促进家乡经济发展、深化乡村产业、建设美丽乡村，他们打造了"产业＋村集体＋农户＋基地旅游"的发展模式，制定了一个目标，那就是让过湾村变得更美丽，甚至成为城里人向往的度假胜地。为了更好打造乡村旅游，他们致力于美化村貌、绿化道路、净化环境，积极提高乡村发展的软实力——耕读文明。2016年以来，他们用于降低生产设备噪声、治理粉尘污染的资金有100多万元，目前噪声和粉尘已能做到零排放，生产中产生的废弃物均交由专业机构进行无公害化处理以保护乡村环境。2017年10月，他们以过湾农业为依托，结合本地民俗文化成立安徽留乡湾旅游度假有限公司，建设留乡湾度假村，开展休闲旅游。

公司致力于推动当地农村、土地功能从单一的农事生产逐步向休闲观光、农事体验、生态保护、文化传承等多方面拓展，满足城乡居民走进自然、认识农业、体验农趣、休闲娱乐的需要，借助其较高的经济效益，充分调动村民加大投入来完善农业基础设施、转变经营方式、运用高新技术保护生态环境的热情。目前，樊浪生正着手建设集徽派民宿酒店、现代农业科技展览馆、农旅接待中心为一体的三产融合发展示范园，立志在现代农业的舞台上大显身手。

虽然樊浪生的事业发展得如火如荼，但其公司在发展中也曾遇到不少难题。一方面是人才招聘，农村人才相对来说是十分稀缺的。在他看来，专业人才还是会优先选择在城市就业，因为城市的配套设施更齐全，且更有利于个人职业生涯发展和规划。所以企业要想在农村招聘到专业人才，就必须体现出优势，如提高薪资，完善配套设施，提供吃住以及车辆接送等。而樊浪生的具体做法是改变公司场地布局，公司在省会合肥建立了营销团队和电商团队，把营销重心放在城市中心，把基地和加工放在农村，减少驻扎在农村的人才需求。

另一方面是市场瓶颈。为解决这个问题，公司主要采取精细化运营措施，围绕大家的实际需求，找准产品定位，精准化对接，精细化管理。以前讲要吃饱、要吃好，现在广大消费者追求的不仅是吃得饱、吃得好，还要吃得更有营养、更加科学。围绕这些市场需求，他们采取订单式农业、精细化加工、功能化生产等举措，最终找到了合适的市场。

除此之外，公司不仅面临着人才和市场的困境，还有环境的制约。2020年7月，安徽遭遇了百年不遇的洪灾，他们的园区、工厂全部被水淹没了。由于事发突然，他们园区中的一些基础设施被冲垮，他们工厂里的粮食被淹没，导致发霉和变质，不能食用，这对企业造成了巨大损失。正如樊浪生所言，农业产业受很多不可抗拒的因素影响，最大的因素是自然灾害。

这次事件虽然给他们带来了经济损失，但也让樊浪生看到了人性中闪光的一面，灾情发生后亲邻们主动帮忙，24小时投身到抢险救灾中来，奋力将损失降到最低，这让他非常感动。樊浪生认识到，只要真心实意带动村民致富，终会得到认可和回报。

三 致富经验

过湾村大学毕业生樊浪生回乡创业，历经种种困难，通过技术革新成功种植富硒水稻，他公开技术，创办过湾村合作社，引进机械，带领乡亲们共同致富。樊浪生的致富事迹展现了三种致富经验。

第一，勇担责任，坚守初心。在采访过程中，樊浪生说道："我回乡创业的动力更多是一种家族责任。"作为家中的一分子，樊浪生想要分担哥哥的压力，心怀家族责任，将带动家乡经济发展作为自己的奋斗目标。作为一名中共党员，他秉持初心与使命，敢为人先，选择发展现代农业，展现了新时代党员不怕困难、勇于创新、一心为民的精神与情怀。创业是一个长期而艰辛的过程。漫漫创业路，创业者需要保持初心，拿出迎难而上、挺身而出的担当劲头。可以说，初心是创业的底层逻辑，责任是产业的内在驱动力。

第二，科技引领，产业升级。樊浪生通过精准定位市场，对农产品进行精深加工，推出的谷物衍生即食产品——代餐粉，深受市场欢迎。他意识到企业的发展离不开科技的支持，企业要走差异化、品质化发展道路。目前我国产品结构不断调整，中高端产品成消费主流，因此樊浪生将产品用户定位为中高端人群。他从源头上控制产品质量，按照绿色有机机构的标准生产生态、绿色、有机、高质量的产品，最终走出了发展富硒农业的致富之路。通过技术牵引，樊浪生形成"富硒有机食品"品牌优势，推动富硒产业提升价值链、延伸产业链，成功将农产品打造成消费品，增加产品的附加值，实现利润增长。

第三，融合产业，优化结构。在经历了自然灾害对产业的冲击后，樊浪生反思农业的低抗风险能力，选择一二三产业融合发展路径，深化乡村产业建设。他将农旅融合，打造"产业＋村集体＋农户＋基地旅游"的发展模式，建设留乡湾度假村，开展休闲旅游。通过建设集徽派民宿酒店、现代农业科技展览馆、农旅接待中心为一体的三产融合发展示范园，过湾村得以实现农业与旅游业的有机融合。这种融合不仅克服了单一产业结构的发展局限，还为乡村振兴发掘新的致富增长点。农村一二三产业的紧密相连、协同发展，促使过湾村的农业产业链延伸、产业范围扩展以及农民收入增加。

四 案例分析

在本案例中，樊浪生在致富过程中用自己的实际行动诠释了"做百姓致富的带头人，乡村振兴的排头兵"的担当作为。

一是重视乡村环境保护，促进经济与生态协同发展。建设宜居宜业和美乡村是全面推进乡村振兴的一项重大任务。然而，部分乡村仍存在认识不足、缺乏长远眼光等问题，乡村建设产生的废气、废水、废物等的过度排放造成了严重的大气污染、水资源污染和土地污染等环境污染问题，严重影响了乡村发展的可持续性。与之相反，过湾村注重保护乡村环境，加大资金投入以改造生产设备和减少粉尘污染。目前，过湾村已实现噪声零干扰和粉尘零排放，并将生产废弃物交由专业机构进行无公害化处理。这些举措促进了当地旅游业的发展，同时提升了村民的生活质量。在乡村发展中，我们既要增强经济发展硬实力，也要提升乡村发展软实力。因此，在产业发展过程中，企业不应片面关注经济效益，还应加强污染防治，找寻环境保护与经济发展之间的平衡点，以实现经济发展和环境保护的双赢。

二是坚持"以人为本"发展理念，保障农民切身利益。加快建设农业强国，是党的二十大报告对于"三农"工作新的战略要求。[①] 做好"三农"工

[①] 习近平：《高举中国特色社会主义伟大旗帜 为全面建设社会主义现代化国家而团结奋斗——在中国共产党第二十次全国代表大会上的报告》，北京：人民出版社，2022，第31页。

作，旨在改善民生，让农民增收，加快农业农村现代化。案例主人公樊浪生始终坚持"以人为本"的原则，重视农户的主体性。他通过多种创新的方式帮助贫困户，优先流转"老、弱、病、残"人员的土地，帮助村民在度假村等地就近就业。通过公益摊位、统一售卖等方式，樊浪生帮助村民走出销售困境，动员村民积极参与乡村振兴建设。乡村振兴重点在引人。因此，我们要将"以人为本"的理念深刻落实到乡村振兴工作中，把切实提高农民素质、实现人的全面发展，作为"三农"工作的根本出发点和落脚点，实现好、维护好、发展好农民的物质利益和民主权利，不断提高农民的自我发展能力。农民与企业是相互发展的利益共同体，两者相辅相成，方能助推乡村振兴行稳致远。

三是促进产业结构优化，提升风险防御能力。产业振兴是乡村振兴的重中之重。2022年"中央一号文件"将"持续推进农村一二三产业融合发展"作为重要任务。[①] 三产融合是把农业、工业与服务业充分融合起来，这种融合是以农业为基础，以工业与服务业为辅助行为的一种经济发展模式，是农村经济特有的发展方式。新时期下，经济政策的稳定性、经济增长的新态势以及现代农业产业体系的构建等都为农村产业融合提供了有效保障。本案例主人公樊浪生充分优化乡村产业结构，以农业为依托，结合当地民俗文化开展休闲旅游，使得企业增效、农民增收。樊浪生的企业从最初专注于生态种植到现在已经实现了一二三产业深度融合发展，樊浪生不断寻求各种发展可能，不断延长产业链和拓宽产业面，通过技术、人才、市场牵引，解决了融合程度低、横向融合不充分等发展问题。因此，新时代的乡村创业者要激发乡村创新创业活力，盘活开发乡村各类资产资源，大力推进乡村一二三产业融合发展。

（撰写者：钟禧儿　黄钰洪　谢彩芬　李晓琳）

---

① 《中共中央　国务院关于做好2022年全面推进乡村振兴重点工作的意见》，中国政府网，2022年3月10日，https://www.gov.cn/zhengce/2022 - 02/22/content. 5675035. htm。

方　道

黄精致富方：医药融合发展的实践路径

案例简介：方道（1970~），湖南省岳阳市平江县人，专科学历，汉族，湖南天岳黄精生态产业有限公司创始人。2017年3月，他在资金和政策都基本成熟的条件下，成立了湖南天岳黄精生态产业有限公司。公司自成立以来，秉承"绿色生态，创新惠民"的经营理念，针对现代社会人群的亚健康问题，积极利用平江县及周边优越适宜的自然条件，进行仿野生黄精系列化大健康产品开发，取得了一些令人瞩目的成绩：与平江县632户贫困户签订到户帮扶协议，直接帮扶贫困人口1710人，为200余人次的农民工提供就业岗位，累计向农民工发放工资260余万元，带动了周边多个乡镇的经济发展。尽管过程一波三折，他仍不忘初心，总结出以下三点成功经验：善于学习、敏于变通；以"研"促"产"、"精"亦求"金"；立体销售，打造品牌。

2018年9月方道（右）陪同专家进行基地考察

一　案例背景

20 世纪 90 年代初，案例主人公方遒从他的家乡岳阳去了广州创业，获益于改革开放的春潮，几经尝试，最终拼搏出属于他自己的一片天地。他不但获得了人生第一桶金，实现了个人财富的积累，也在个人认知、视野扩展、人际交往等方面获得了迅速的提升。2005 年，他从广州回到湖南长沙创立长沙顺泽矿冶机械制造有限公司，与中南大学、江西理工大学、北京科技大学等高校取得合作，致力于研发冶炼矿产资源前期设备以及优化改造后期工艺，这段经历从技术认知层面为他返乡创业打下了坚实基础。2017 年，他怀着满腔的热血，怀揣着 2000 多万元的资金，带着技术回到了家乡——湖南岳阳市平江县，正式创立了湖南天岳黄精生态产业有限公司。

方遒为何会选择把黄精作为公司的核心产品呢？这件事儿还要从 2013 年说起。当时中国中医科学院中药研究所正在进行白血病药的研发，需要一味矿物药。为让研发工作推进得更深入，2013 年 3 月的时候，中药研究所找到方遒，希望能与他开展合作，同年 5 月双方签订合作协议。得益于这次契机，方遒参与中国中医科学院中药研究所矿物药的子项目研发。在合作期间，他认识了该所的教授专家，研究所对他家乡的中草药了如指掌，并专门提到了黄精的知识。专家们的科普及本人浓厚的乡情，促使方遒对黄精产生了强烈的好奇心，开始了黄精探究之路。作为平江人，他时常想：宁夏有枸杞，云南有田七，为什么他不能通过自己和后代人的努力，让更多人认识黄精，让黄精成为平江的代名词之一呢。在研发的过程中，在和同事们交流分享的过程中，方遒想把黄精做成一个产业的想法越发清晰，也越发坚定。他当时就觉得，把黄精发展成家乡的一项产业，不仅能带动家乡老百姓的就业与发展，而且利及子孙后代。

2016 年，方遒正式开始筹备黄精项目。一方面是开始进行市场调研，包括考察黄精在市场上的需求、预测黄精作为一个新产业的发展趋势、寻找销售渠道以及分析市场竞争产品；另一方面是检测黄精能否在平江的土壤上被种植出来，他做了土壤检测和 DNA 分子鉴定，专家们通过对天岳幕阜山呈送的 4

份待检样本进行 DNA 测序并与"中药材 DNA 条形码鉴定系统"数据库比对，确认送检样本与多花黄精 DNA 条形码序列 100% 符合，通俗说就是创建了天岳黄精的"分子身份证"，确认天岳黄精属于《中华人民共和国药典》收载的黄精品种，并且其 DNA 和药店在售的黄精 DNA 一样。有了这两点支持，加上他自己对国家脱贫攻坚政策和家乡资源的了解，以及得到国家及省级专家的坚定支持，方遒将黄精做成产业的想法更加坚定了。目睹天岳幕阜山的旅游开发与平江旅游的繁荣发展，再加上他的父亲思乡心切等原因，他毅然决然返乡投身黄精领域，希望实现黄精的两个传承——文化传承和责任传承。

作为一种药食同源的中药材，黄精具有悠久的食用历史，发展黄精产业也是对中华传统养生文化的传承。方遒的父亲是一名光荣在党 50 年的老党员，曾经用锄头刨出了天岳幕阜山国家级黄精育种基地，让黄精产业项目落地、生产闭环在本村，切实解决了父老乡亲的致富问题。返乡发展黄精产业既是对父亲家乡情怀的一种传承，也是响应国家共同富裕和乡村振兴战略的号召。于是，湖南天岳黄精生态产业有限公司在 2017 年 3 月正式成立，公司将"把黄精打造为家乡的特色产品"作为主要的目标。

二 致富过程

要把黄精这个中草药变成一个产业，变成带领村民致富的良方，首先需要做好整体的产业布局。产业布局的第一步是黄精种植园的合理选址、种苗培育和园区保护。所幸方遒的家乡具有天然的自然地理优势，拥有国家 4A 级景区幕阜山。他在天岳幕阜山海拔 1000 米的地方，建立了黄精种植保护繁育基地、林下示范种植基地。工欲善其事必先利其器，要想做好一家专业种植、加工、开发、销售黄精系列产品的企业，就必须从产品源头保障黄精的品质和产量。后经实地调查，他又带领团队陆续发现天岳幕阜山地区马尾松林、杉木林、毛竹林等林下适合进行天岳黄精仿野生栽培。于是公司在 2018 年再次在天岳幕阜山景区内选址，建设 15 亩黄精种植保护研究基地，于 2020 年在平江县南江镇长潭村建成 1100 亩黄精示范种植基地。通过种植园基地的建设，带领和引导平江县农户开展黄精种植，方遒的公司实现了整个黄精产业的原料能够得到充足供给。

确保原料供给之后，黄精的炮制技术是另一个需要解决的问题。黄精是一种药食同源的药，既可以做药品，也可以做食物，是一种非常安全、药性非常平和的药物。黄精跟红枣、枸杞一样，不用入药就可以直接被食用。红枣和枸杞能出现在每家每户，黄精却不能那样普遍，这跟黄精炮制工序有关。中医讲究炮制，黄精炮制讲究七蒸七晒、九蒸九晒。这跟中国的食谱异曲同工，就如食谱里会提到"盐少许"，但少许到底是多少呢。黄精的炮制工序中也面临相同的问题，蒸多久、晒多久、在什么情况下蒸、在什么情况下晒等，这都没有统一标准。为了使炮制效果和口感达到最佳，2017年到2019年，方道在炮制工艺研究方面投资了400多万元，委托中国中医科学院中药研究所对黄精炮制及其工艺进行全方位的研发，在蒸和晒两个方面申请了两项专利。科学改善制作工艺流程，科学判断工艺标准，是提升炮制工艺的重要手段。目前，方道的公司已经申请了6项发明专利和11项实用新型专利。

在周边产业布局方面，同样需要花费精力。方道与一些工厂合作，研发了系列黄精深加工产品，从即食黄精到黄精酒、黄精面、黄精饮料、黄精口服液等，实现了深加工产品的多样性、黄精用途覆盖的多样性，以及第一产业和第二产业的融合。对于在黄精加工过程中剩余的一些药渣，他再利用起来做成中医药，并将产业拓展至养殖业，用中医药药渣喂养家禽猪，发展出特色的黄精猪。方道还充分利用示范种植基地，除了把它用来进行原材料的种植供给外，还把它打造成类似百草园的农业生态观光旅游地，将农业与旅游业结合起来，实现第一产业和第三产业的完美结合。公司还与湖南天岳幕阜山旅游开发股份有限公司签订了共建天岳大健康产业园的框架协议，将"天岳黄精"品牌建设列入湖南天岳幕阜山旅游开发股份有限公司产业扶贫清单，结合旅游营销共同将"天岳黄精"打造成全国性品牌。合作发展协议签约不仅为产业发展引入资金，还为当地百姓带来了创业机会，对乡村振兴也起到了引领作用。经过系列有步骤的多渠道谋划，周边产业布局基本形成了闭环，一个围绕黄精生产、加工、休闲观光旅游和市场流通于一体的现代特色综合性企业初步形成。

为进一步巩固脱贫成效、增加乡村振兴工作后劲，目前公司投资2000万元建设的产量高达3000吨的黄精加工生产线正在进行设备安装调试，该项目的建成使用，为平江成为中国黄精道地药材基地和中国黄精饮品市场提供助力，也为"天岳黄精"特色品牌的长远发展奠定坚实基础。

致富路需要抢滩涉险，让产业布局上的每一个环节充分发挥作用，实现产业顺利运转、科学产出并非易事。首先从技术上来看，基础研究是一件特别花费时间和资金的事情，而它的前期产出又十分有限，必须熬过成本投入期才有可能迎来后面的产出爆发期。其次，从沟通协调工作来看，如土地流转工作时常需要花费大量时间才能与土地户主达成一致。父老乡亲们的个人想法各不相同，团队更加需要耐心地与他们逐一沟通、坦诚交流，有时候还需要让他们看到其他成功案例，才能取得最终的共识，让父老乡亲们放下顾虑，理解并支持土地流转工作。最后，从营销环节来看，产品销售、渠道开发等，是目前产业发展中最薄弱的一环。黄精饮料、黄精糕米酒、黄精茶、即食黄精等是公司最早推向市场的产品，最初均是以小量试销的方式进行市场反馈测试，测试的目的在于收集市场的各方信息，以及分析产品优劣、顾客使用感受等。正因为试销情况较好，获得了第一批的长期客户，方遒从2021年下半年便开始正式投产，公司系列产品也已全面上市。

三　致富经验

在该案例中，主人公方遒的创业经验有三点可借鉴之处。

一是善于学习，敏于变通。学习是克服创业困难、增加创业底气、改善创业心态的最好途径。面对不熟悉的领域时，坚持学习是方遒增强本领的"重要法宝"。多年来，他通过实践学习、理论学习、研修班学习、参加全国贫困村创业致富带头人实训基地培训等多种途径进行不间断学习充电，这为他发展做大黄精产业、走好致富路打下基石。同时，方遒善于灵活变通。他根据家乡的地理环境和种植历史，因地制宜地探索出独特的黄精种植方式；并根据时代和消费者需求的变化，因势利导地寻求政策补贴，以期打造出满足市场需求的产品。

二是以"研"促"产"，"精"亦求"金"。从中国中医科学院中药研究所学习黄精加工技术后，方遒决心返乡种植黄精。在返乡创业前，方遒开展了全国性的市场调研，得知黄精供不应求。接着，他回到自己的家乡再次开展调研，了解黄精的种植历史与传统种植技术。方遒深刻明白，传统的种植技术周期长、可变因素较多，于是他委托中国中医科学院中药研究所研发专利、攻克核心技术，最终得以高质量生产黄精，实现"精"亦求"金"。

三是"立体销售，打造品牌"。方遒返乡创业的初衷，一是情怀，二是责任。在把黄精打造成平江县的特色产品之时，方遒着眼于公司发展全局来思考黄精全链条的完善。从黄精到黄精茶，从黄精酒到黄精生态旅游园，方遒科学完善了长潭村的产业体系、生产体系、经营体系，促进黄精全产业链的搭建，助力一方百姓脱贫致富。

四　案例点评

党的二十大报告指出，中国式现代化是全体人民共同富裕的现代化。共同富裕是中国特色社会主义的本质要求，也是一个长期的历史过程。[①] 但实现共同富裕并非易事。可以说，方遒的实践之举也是共同富裕的实践案例之一。

该案例以市场需求为导向，构建了黄精的全产业链。随着人们对健康生活追求的不断提高，人们对黄精的需求也大幅增长。然而，野生黄精趋于枯竭，且传统种植技术落后，不能很好地满足人们的需求。案例主人公方遒通过学习调研，了解市场需求，并创新种植技术，完善以黄精为核心的全产业链。方遒创立的公司直接帮扶贫困人口1710人，为200余人次的农民工提供就业岗位，累计向农民工发放工资260余万元。

全产业链模式是以"研、产、销"高度一体化经营理念为主导的商业模式，将传统的上游原材料供应、中游生产加工、下游的市场营销全部纳入公司高度掌控。

该案例借助科学研究使黄精实现规模化生产，进而衍生出黄精酒、黄精茶、黄精口服液等系列深加工产品，并形成了黄精生态旅游观光的模式。之所以能完善黄精的全产业链模式，一方面在于致富带头人方遒的坚持探索和资源

---

① 习近平：《高举中国特色社会主义伟大旗帜 为全面建设社会主义现代化国家而团结奋斗——在中国共产党第二十次全国代表大会上的报告》，北京：人民出版社，2022，第22页。

整合，另一方面在于满足了市场发展的需要。方遒采取的以农业种植为基础，向农产品加工业、农村服务业顺向融合的方式，值得新时代创业者借鉴。然而，在构建以某农产品为核心的全产业链模式时需要注意：产业链必须建立在具有特色的供应链基础上，公司要在供应链上具有很强的把控能力或自身就具有强大的农业资源。此外，强化与多个主体的联动，才能打通"研、产、销"三个环节。

由此看来，该案例在人与自然和谐共生中真正实现了村民共同富裕，同国家推进新型城镇化战略进行有序对接，更好地发挥新型城镇化对农业现代化的引领、辐射、带动作用。

（撰写者：曾粤　谢彩芬　马碧君）

丁 玉

养猪富民记：返乡女大学生抱团共富路

案例简介： 丁玉（1988～），贵州省遵义人，专科学历，汉族，中共党员，贵州省遵义市湄潭县河坪村党支部书记。2012 年初，她正式返回家乡，通过不断探索生猪养殖技术，稳抓养殖行业红利期，引领村民逐步走向养殖行业，借助"农超对接""农校对接"的发展模式，带动了周边农户 16 户 70 余人稳定致富，累计带动农户创造财富 1000 多万元。她也从一位大学生，成长为名副其实的养猪致富带头人。她始终保持养猪的初心，面对着创业路上重重困难不退缩，带领村民从各自单打独干到抱团发展，整合多方资源，为乡村振兴凝心聚力，汇聚群众力量铺就共富之路。

2021 年 7 月丁玉（右）接受丁菊（左）当面访谈

一　案例背景

　　丁玉出生于贵州省遵义市湄潭县抄乐镇沙塘村，她自小便不是那种喜欢平淡生活的女孩子，而是和她的父亲一样，拥有敢闯敢拼的精神，从小就梦想成为一名企业家，梦想能拼搏出一番大事业。2008 年，生猪养殖行业受价格因素的影响而蓬勃发展，让许许多多的创业者看到了契机，生猪养殖创业的念头在那时便深深地根植于丁玉的脑海中。加之父母长期从事生猪养殖行业，从小耳濡目染，丁玉学会了基本的生猪养殖技术。2008 年 7 月，丁玉填报高考志愿时，在父亲的大力支持下，毅然选择了畜牧兽医这个专业，并去了北方的一所大学。据丁玉回忆，2008 年 9 月开学的时候，她的父亲陪着她坐了三天三夜的火车，在路上，父女俩眼里不仅有沿途美丽的风景，也有欣喜和期待，因为读这所大学，同时承载了两个人以及一个家庭的梦想。三年的大学生活一晃而过，毕业以后，丁玉并没有直接回到家乡，而是去了大学所在地的一个大型猪场实习。在丁玉看来，北方的养殖业比较发达，养殖规模也比较大，设施也比较齐全，在那里实习，可以学习到更多校内接触不到的知识，也能够为以后的创业打下一定的基础。一段时间过后，丁玉便想把自己学到的技术带回家乡，希望沙塘村的养殖产业在一定程度上也能赶上大城市。丁玉坦言，在她的家乡，有很多像她父亲的创业者想要留在家乡发展，却受到环境或者技术条件的限制，最后无奈只能放弃或在养殖过程中举步维艰。因此她暗下决心，一定要将自己所学的专业技术知识用起来，在实现自己梦想的同时为父老乡亲做点力所能及的事情。这样一来，她更加坚定了回乡创业的想法。终于在实习不到一年的时候，丁玉正式辞职回到了家乡，准备开启自己的创业之路。

二　致富过程

　　2012 年初，丁玉正式返回家乡，着手准备创业，但现实问题让她十分头疼。她发现家乡生猪养殖的基础设施和外面的大型猪场差距较大，外面的养殖场是规模化发展，技术、设施都非常先进，但家乡现有的生猪养殖完全处于一种零散的状态，全村找不到一个像样的猪场，所学的专业技术知识以及管理技术，在家乡没有太大的实践机会。在一筹莫展之际，为了稳扎稳打，丁玉决定再次背上行囊，去条件类似的中小型猪场学习经验。于是，丁玉在家里待了一两个月之后，选择到贵州毕节的一个猪场进行学习，这个猪场在规模上没有她在山东实习时的那么大，是一个中等规模的猪场，平时的存栏量大概在两三千头。但丁玉觉得在这里能够全面、系统地了解生猪养殖知识，比如生产环境、经营流程等，这也为她后期发展生猪养殖打下了非常坚实的基础。在猪场工作一年后，由于表现突出，丁玉受到了猪场老总的认可，猪场扩建，老总有意让她当厂长负责新场地的生产管理工作，这对丁玉无疑是非常大的肯定。

但此时，丁玉也面临一个比较艰难的抉择。一方面，如果到了新的大猪场，会面临新的机遇，这对于她的能力提升和前途发展是有益的；另一方面，丁玉的初衷和本心，是想学习先进技术与管理方法之后，返回自己的家乡开展生猪养殖。而且那时候，丁玉刚好又遇到了她现在的丈夫。丁玉说："他和我一个专业，同样是猪场的工作人员，我们有着同样的志向，于是自然就走到了一起。"又一个抉择摆在丁玉面前，是要求丈夫跟随她到家乡发展，还是她跟着丈夫去四川过平淡的生活，理想与爱情撞到一起，在现实中总是要经历更多的磨难。丁玉回想起曾经的梦想，回望着家乡，满是不舍与惆怅，有饱含期待的父亲，也有贫苦无望的乡亲。经过反复思考与沟通，她的丈夫跟随她的脚步，来到了她的家乡。就这样，两个年轻人，带着对未来的期许，赌上自己的人生，回到了她热爱的家乡。

随后，也就是2013年，丁玉在家乡通过15万元妇女小额担保贷款和向亲戚筹集的15万元借款，修建了一栋500平方米的猪舍，引进80头仔猪进行后备母猪选留，开始了养猪创业之路。当时，他们修建的猪舍都没钱安装窗户，只能用一些塑料薄膜来给猪遮风避雨；猪舍也没有一个像样的产床，只能从地里收来稻草铺在干净的圈舍里面给母猪接产，所有的开销都尽量节省。简陋的设备不足以支撑生产养殖的全过程，这就需要人工来补足，因而人也非常辛苦。因为早期还没有看到效益，猪也还没有出栏，资金十分紧张，每天需要大量的体力劳动，都是他们自己亲自去干。丁玉说，比如拌饲料，又因为没有饲料搅拌机，就必须用铲子来翻匀这个饲料，这些需要付出很多的体力劳动，有时候自己身体吃不消，就会感到非常绝望，总感觉别人都是特别轻松的样子，然后自己陷入了深深的自我怀疑，彷徨又无助。曾经的梦想又一次遭遇了打击，这个时候不要说带领村民致富，连自己的日子都快难以为继。

日子就这样一天一天熬着，熬过被狂风暴雨袭击的白天，也熬过四下透风、寒风刺骨的黑夜。但那个时候，丁玉每天都坚持不懈地把猪舍打扫得干干净净，把小猪养得白白胖胖，小心翼翼地守护着这个"养猪梦"，期待它能带来收益。那段日子他们几乎整天和猪在一起，生活充满了猪屎味儿……虽然非常艰难，丁玉的心中却满是对未来的期待。然而，心中的光和热毕竟不能换来紧缺的猪饲料，市场对丁玉的考验才刚刚开始。由于市场价格低迷，没有人愿意购买小猪来育肥，看着圈舍里的小猪越来越多，却卖不出去，她心里十分着急，经过一番思索，她找到了附近的农户，动员他们说："现在生猪市场价格这么低，过段时间肯定会反弹，我先把小猪赊给你们养，我们统一采购饲料降低饲料成本，如果在饲养过程中有任何问题都可以及时联系我。"这样大家都抱着试试看的态度加入了养猪队伍。丁玉经常找时间向他们介绍养猪的经验和心得，大家养猪逐渐顺利起来，仔猪滞销的问题得到了解决。这次教训之后，她开始关注市场，把大家养大的肥猪卖个好价钱，帮助大家继续养下去，是丁玉下一步目标。通过市场对接，终于有一家当地超市向他们伸出了橄榄枝，他们的生猪有了稳定的销售渠道，一起养猪的养殖户也都坚定了养猪的信心。

2015年，丁玉得到了政府的认可和支持，政府补贴20万元对她的猪舍进行扩建升级，改扩后猪舍可存栏800余头，年出栏生猪2000余头，周围的养殖户也纷纷扩大规模，存栏50头以上的就达到了14家，解决了妇女的就业问题。通过抱团发展、共同努力，2019年，他们将猪肉送上了学生的餐桌。借助"农超对接""农校对接"的模式，减少了流通环节，节约了成本开支，也为食品可追溯体系提供了保证。一点点积累，一步步成长，给了养猪人更多的信心和机会。2020年，经过严格管控，他们克服了非洲猪瘟的影响；加之市场行情较好，大家都取得了丰厚的回报。通过资源整合、抱团发展，公司年营业收入也突破了1000万元。

三　致富经验

十多年来，丁玉一直在家乡沙塘村从事生猪养殖工作，凭借过硬的专业技术和丰富的养殖经验，她成长为名副其实的"女猪倌"。与此同时，丁玉时刻不忘发挥党员的先锋模范作用，她带领村民一起实现了增收致富，成为远近闻名的致富能手。如今，周边农户都逐渐开始进行生猪养殖，沙塘村的生猪养殖业发展势头起来了。在丁玉的案例中，我们可以学到三点致富经验。

一是不忘初心，敢为人先。丁玉从小就梦想成为一名养猪企业家，这个梦想一直指引着她前行。从大学选择畜牧兽医专业，到毕业后到猪场实习，再到现在回乡创业，养猪的初心贯穿着丁玉的前半生，无论多大的困难也没有让她停下前进的脚步。养猪的梦想也让丁玉有着敢为人先的担当。在农村，大多数老百姓都会趋向于求稳，在产业发展上追求稳定，不敢做大胆的尝试，自然就会错失一些机会，得不到更好的发展。但是，如果有能人愿意带头，领先大家一步步尝试，大家看到成果之后就会相继参与其中。作为致富带头人，丁玉扮演的就是这样的角色。作为致富带头人，初心是引领方向的灯塔，是在重重困难中支撑创业者的光；敢为人先是致富的指南，是引领创业者在众多产业中找到致富宝藏的方向标。

二是因地制宜，学无止境。沙塘村的养猪条件与丁玉实习的大猪场差距过大，导致丁玉所学的知识并没有太大的借鉴意义。这对满心欢喜返乡创业的丁玉来说无疑是浇头冷水，但她并没有因此放弃，或是强行照搬大猪场的养殖经验。相反，她决定再次启程到与家乡条件类似的猪场积累经验，为其后期重启生猪养殖打下夯实基础。因地制宜是致富的重要秘籍，各地情况不同，应当多方面考虑，不能生搬硬套，走出适合自己的致富之路。

三是抱团兴业，共同致富。一个人的力量终归是有限的，丁玉的成功既离不开村民群体的帮助，也离不开她对资源的有效整合与利用。在市场价格低迷时，丁玉动员农户用赊养代替购买，不仅壮大了养猪队伍，也解决了仔猪滞销的问题，让村民共同养好"致富猪"，共走致富路。与此同时，丁玉积极连接多方资源，借助 "农超对接" "农校对接" 模式，减少了流通环节，节约了成本开支。通过资源整合及利用，丁玉带领村民抱团发展，公司年营业收入破千万元，返乡女大学生的养猪梦在一步步走向现实。

四　案例点评

发展壮大村级集体经济是强农业、美农村、富农民的重要举措，更是实现乡村振兴的必由之路。党的二十大报告也明确提出，要巩固和完善农村基本经营制度，发展新型农村集体经济。[①] 如何发展并壮大集体经济，巩固农村地区脱贫攻坚成果呢？"抱团发展" 的集体经济发展模式对此具有较强的借鉴意义。本案例中，丁玉的创业之路正是农村集体经济 "抱团发展" 新模式的实践探索。

一是从 "单打独干" 到 "抱团取暖"，村民发展 "手拉手"。致富路上困难重重，单打独斗、分散发展容易陷入资源紧张、人员不足、思路受限的困境，这一点在条件本就不足的地区更为明显。"一人难挑千斤担，众人能移万座山。" 以丁玉的致富经历为例，如果她当时没有选择壮大养猪队伍，没有以村民赊养的方式解决仔猪问题来渡过眼前难关，丁玉凭借自己一人的力量可能很难达到今日的辉煌。小农户生产收益本就有限，个人规模较小，抗风险能力较弱，如果单靠个人的力量，乡村振兴只能成为镜花水月。只有村民携手共进，合力攻坚，才能汇聚群众力量铺就共富之路。

二是从 "一盘散沙" 到 "资源整合"，多方共进 "肩并肩"。"抱团发展"，顾名思义是指 "多主体团结协作实现共同发展目标"。多元化的主体参与是壮大村级集体经济的重要支撑。如何推进产业合作、资源整合、要素集聚，让集体经济培育好、发展好，让乡村振兴见成效、出成绩，是一道需要全力以赴的 "关键题"。丁玉在政府部门的支持下，借助 "农超对接" "农校对接" 的发展模式，让产业发展有了多方的协助，融入了政府、市场和社会等多元主体力量，以多方力量带动周边农户创造财富价值 1000 多万元。如丁玉所

---

① 习近平：《高举中国特色社会主义伟大旗帜　为全面建设社会主义现代化国家而团结奋斗——在中国共产党第二十次全国代表大会上的报告》，北京：人民出版社，2022，第 31 页。

言，致富带头人就是肩负带头使命且能整合所有可用资源的人。因此，广泛动员多方力量参与乡村振兴，为乡村振兴凝心聚力，才能呈现勃勃生机，让共同富裕的目标变为现实。

（撰写者：丁菊　谢彩芬　郭展冲）

王双有

与蜂喜结缘：内外联动发展高质量产业

案例简介： 王双有（1981~），甘肃省渭源县五竹镇鹿鸣村人，初中学历，汉族，中共党员，现任鹿鸣村产业支部书记、五竹镇鹿鸣村合作养殖社社长。2015 年开始，他采用活箱养殖法将购入的 5 箱蜂发展到 2020 年的 70 多箱，对蜜蜂系统的观察、记录与研究让他的养蜂规模扩大到当初的 15 倍。他从一个无技术、无蜂种、无发展的"三无"人员，成为一名懂技术、懂管理、懂发展的养蜂"专家"。他不仅参加农产品展览大会，还前往清华大学继续教育学院接受成人教育，作为专家指导村政府发展养蜂产业，还通过快手和抖音账号进行直播和推广。在他和全村的努力下，2020 年整个村子全面脱贫。"一人富不算富，大家富才是真的富"，他利用鹿鸣村的内外动力，推动了鹿鸣村养蜂产业的高质量、可持续发展。

2018 年王双有（左二）在为贫困户们讲解养殖中蜂知识

一　案例背景

王双有，男，40 岁，中国共产党党员。2019 年被渭源县政府评为五竹镇"有志青年""致富能手"等。2020 年任鹿鸣村产业支部书记，同年被五竹镇政府评为"优秀共产党员"，2021 年被渭源县政府评为"优秀共产党员"。在镇政府的带领下，王双有通过养殖中蜂、建设蜜园、开办蜂产品深加工工厂、发展旅游民宿等项目，先后带动鹿鸣村将近 40 户贫困户脱贫。他创立的"渭源情"牌蜂蜜，在全国蜂蜜大赛上斩获第三名的好成绩。"一人富不算富，大家富才是真的富"，这是王双有的致富理念。

鹿鸣村地处渭源县安全饮水源头的上游，也正因为如此，鹿鸣村的养殖业发展受限，无法通过传统的养殖畜牧业来增加农民收入。蜜蜂养殖业不仅是一个利于农民增收的产业，而且不会对环境产生污染。在认真思考之后，王双有发现，中蜂养殖业是一个可以发展壮大的产业。于是他在获利之后又加大了投资，增加了一倍的蜂箱，不断摸索养蜂之路，结合养殖经验和新技术、新方法，他取得如下成绩：一是成功培育出"阿坝"蜂王和"双色"蜂王，填补了渭源县中蜂蜂王培育的空白；二是利用先进的"活框养殖技术"开创了在渭源县全县范围内中蜂全年存活率 100% 的先河。慢慢地，王双有的养蜂事业在当地小有名气，他开始参加农产品展览大会，还前往清华大学继续教育学院接受成人教育，作为专家指导养蜂产业发展。

二　致富过程

（一）半路出家，与蜂结缘

王双有并不是专业的养蜂人。早年间，他在通信行业爬电杆、拉电缆。2015 年，一场突如其来的意外降临。在高空作业的时候，他不慎从 12 米高的电线杆上坠落，脊椎骨也因此断裂。在家卧床休息了好几个月后，因为家里人的极力反对，他决定不再从事这份工作。也正因为这次意外，他与蜂结下了情缘。

在卧床休息期间，王双有观察家中自养的几箱土蜂，受到蜜蜂活框养殖的启发，萌发了用活框养殖技术来养殖中蜂的想法。可是他之前并没有接触过养蜂，家中虽然有两三箱蜂箱，父亲养蜂也只是让土蜂"自由生长"，既没有科学系统的养蜂知识，也没有成熟的技术。但王双有是一个极具行动力的人，在有了养蜂想法之后，他便开始上网搜寻关于活框养殖的知识与技术。

虽然是个半路出家的养蜂人，王双有却从不气馁。相反，他刻苦钻研，虚心向专业的养蜂人请教，把自己学到的知识记在笔记本中，对于知识处于极度渴求的状态。

（二）踏破铁鞋，千里寻蜂

在认真学习养蜂基本知识后，又一个困难摆在王双有面前，即养蜂的蜂种从哪里找。原来，渭源的养蜂业发展比较滞后，县域内现有的蜂种以土蜂居多，这种土蜂产蜜的产量低，自身存活率也低。对于养蜂人来说，如果要规模养殖就必须找到好的蜂源，好的蜂种是成功养殖最为关键的一步。通过上网搜索，王双有听说四川的阿坝蜜蜂是质量最好的中蜂，便决定前往四川碰碰运气。身边的亲戚朋友听说他要开车去四川找蜂种，都提出不同程度的反对意见，怕他无功而返，担心他被人欺骗，担心他半途而废。当各种声音充斥在王双有耳边的时候，王双有并不是没有怀疑过自己，但最终他还是决定要去四川碰碰运气。在凑到一笔资金之后，王双有和父亲、儿子三人踏上了寻找阿坝蜂王之旅，不远千里来到了四川境内，不断向人打听。功夫不负有心人，在都江堰他们终于找到了当地一户有名的养蜂人家，这里的中蜂蜂种完全能够满足王双有的活框养殖要求。他向养蜂人说明来意之后，哪想被一口回绝，好说歹说，养蜂人还是不愿意支持他。王双有并没有放弃，厚着脸皮掏心窝子开始和养蜂人道明自己的经历、创业想法，说自己想要把中蜂活框养殖技术在渭源县发展起来，后续还会有合作。最终养蜂人被他的诚意打动，同意卖给他5箱中蜂。中蜂买回来之后，王双有就把这5箱中蜂放到自己家的菜园子里，正式开启了自己的养蜂之旅。

王双有回到家中把蜂箱全部放置到网购回来的活框中进行养殖，把家里拉宽带送的那种小型摄像头放在蜂箱里，通过连接该摄像头的手机来观察中蜂的习性。闲着没事的时候，他就拿个笔记本，坐在板凳上，通过摄像头去观察蜂箱里面的蜜蜂都做了什么动作，将其记录下来。通过记录中蜂的行为习性，王双有有针对性地进行养殖。在不断学习与不懈探索之下，他逐渐掌握了活框养殖中蜂的技术，不仅收获了经济效益，也成为渭源县中蜂养殖的专家。

（三）致富路上一个都不能少

渭源县是六盘山片区扶贫重点县，也曾是甘肃省深度贫困县之一。2015年，渭源县的脱贫攻坚战正式打响，王双有认真关注新闻，关注县里乡里的扶贫政策，主动找到畜牧局的领导，商量想要将自己的养蜂技术教给更多的人，带动他们一起致富。县领导当即同意，让王双有参与到为贫困户投放中蜂的项目中来，打造渭源县的中蜂养殖基地。

2017年起，王双有的养蜂事业逐渐壮大，他以自己的公司为基础，与村里合开了渭源县五竹鹿鸣养殖农民专业合作社。不少贫困户一开始并不理解，甚至对王双有养蜂事业持怀疑态度，并不相信这小小蜜蜂能够带领他们脱贫致富，"等、靠、要"思想仍然比较严重，缺少脱贫致富的内生动力。因此，王双有在动员这些贫困户养蜂的过程中屡吃闭门羹。但他并没有气馁，相反，这些现实境况更加坚定了他要带领村民们脱贫致富的决心。自己动员不成，他就找村里的老党员，请他们出面与自己一同前往贫困户家中做工作。通过不断的沟通和动员，并且在王双有的示范带动下，一些农户开始尝试跟随他养蜂。后来，王双有一有时间就去农户家中亲自指导，这些养蜂的农户也慢慢消除了对王双有的不信任，打消了对养蜂产业的疑虑，最终王双有成功吸纳了20多户农户一同养蜂，帮助12户贫困户脱贫致富。

2018年6月以来，县畜牧局找到王双有，希望他能作为"老师"向由北寨、新寨、莲峰、锹峪、庆坪5个乡镇的部分脱贫攻坚户、低保户和养蜂爱好者组成的"学员"讲解传授中蜂养殖技术。王双有欣然同意，并提出以自己的养蜂场为"课堂"开办"培训班"，专门为这5个乡镇的"学员"们传授中蜂养殖技术。在第一批"学员"试讲课堂上，他带领第一批"学员"在养蜂场进行了实地观察研究，亲自演示现场"分蜂"，随后介绍养蜂事业的发展前景，传授养蜂关键秘诀，鼓励大家多学多看、锐意进取、不断积累中蜂养殖知识。"学员"们收获满满，并对养蜂产业表现出极大的热情。

（四）我心向党，不负人民

为了能够盘活集体资源，王有双通过流转土地，开发建设村庄中的闲置土地，打造了一批民宿项目。民宿取名为"鹿鸣农耕园"，民宿在正式对外开放后接待了好几批客人，游客们在农耕园能够享受亲自酿造蜂蜜的过程，每批客人走的时候都会带走一大批土蜂蜜。经过游客们的宣传推广，来农耕园体验田园生活的人越来越多。此后王双有打算将鹿鸣村的养蜂产业和民宿结合在一起，从而打造一个完整的产业链，在渭水河畔继续唱响鹿鸣村的"甜蜜"致富曲。

三　致富经验

王双有是鹿鸣村出了名的致富能人，出身贫寒的他通过养殖中蜂、建设蜜园、开办蜂产品深加工工厂、发展旅游民宿等项目，带领村民增收致富。从王双有的致富故事中，我们可以看到致富带头人对带动贫困户脱贫、助推贫困村产业升级、促进贫困村发展壮大村集体经济起到了积极作用。作为致富带头人，王双有的致富案例蕴含"致富三要素"。

一是沟通能力。在本案例中，致富带头人王双有通过自身对于养蜂技术的掌握以及对政府政策的把控，巧妙运用多种沟通方式，动员村民参与养殖产业，积极发挥了致富带头人的协调沟通作用。他提升了村民参与产业发展的意愿，为后续村庄的产业发展奠定了坚实基础。通过积极沟通和大力动员，鹿鸣村形成了一种民主氛围，激发了村民的参与意愿和内生动力。致富带头人与多方的良好沟通会加强与政府、居民企业以及其他机构之间的联系，从而为乡村振兴及其政策实施提供必要的条件。

二是传帮带作用。在本案例中，王双有的养蜂经验从"无"到"有"，全是他自己从零开始摸索出来的。村民一开始不愿意跟随他养蜂，一部分原因是他们认为自己并不是养蜂专家，王双有的成功并不是可复制的。但是，王双有在自己的养蜂产业得到迅速发展后，热心主动地指导帮扶全村及周边的养殖户。正所谓致富不忘左邻右舍，在王双有的"传、帮、带"下，养蜂户如雨后春笋涌现，他一个人带动了全村致富。"致富带头人传帮带"不只能够帮助村民们发展产业、提高技能，还能为村民办实事。

三是共享渠道。在本案例中，王双有通过带动村民养蜂，一方面扩大了自己养蜂的产业规模，使养蜂不再是自己一个人的事情，实现了个体经济向集体经济的转变。另一方面，他让村民们获得了收入增长的机会。待产业成熟之后，王双有通过开办合作社的方式给全村村民分红，与村民形成了经济共同体、利益共同体，让村民们直接受益，实现利益共享。共享农业，实际上就是利用互联网等现代信息技术将涉农资源进行整合，从而满足多样化需求的现代农业经济活动。比如农场的共享、农机的共享、专家的共享、农业劳动力以及运输物流的共享等。发展乡村共享经济对于实现乡村振兴目标有着重大意义，可以促进乡村经济结构优化升级，实现高质量、可持续的发展，促进城乡互融互通。

四　案例点评

案例主人公王双有善于利用鹿鸣村的内外动力，来推动鹿鸣村养蜂产业的高质量、可持续发展。鹿鸣村的内源动力为美丽的自然风光和村民的发展意愿，其外源动力为政府政策支持、资金扶持、企业帮扶以及技术赋能等多元条件。王双有以"新农人"的新身份投身乡村，通过三种路径成为乡村振兴的主力军。

第一，因地制宜制定产业发展模式，发挥地方特色。在选定发展产业和项目时，创业者需要从地理位置、自然资源、市场条件、人力资源等方面进行综合考量。产业选择是乡村产业振兴的关键一步，行业赛道的选择极为重要。只有发展那些市场上供不应求，且有特色、高附加值的产业，才能大幅度提升农户特别是贫困农户的收入水平，才能提高农户特别是贫困农户发展产业的信心。"鹿鸣村靠近水源，养蜂不会对环境造成损害"，从中可以看出王双有是在充分考虑当地自然环境的基础上，才选择发展养蜂产业，以此避免对家乡环境造成危害，这为产业的蓬勃发展奠定了良好的基础。产业发展不仅需要注重自然环境，还需要注重社会环境。王双有后期成立合作社、形成规模化养殖、进行公司化运营管理，并积极争取当地政府支持，有效适应了当地的社会环境，促进了产业的可持续发展。

第二，发挥致富带头人引领作用，加强组织建设。当前，农村基层党组织存在党员老龄化严重、致富带富能力不强、作用发挥不明显、凝聚力和战斗力不足的问题。王双有之所以能够充分发挥带头作用，得益于渭源县对"支部引路、能人带路"效应的重视，注重把本土致富带头人与基层党组织紧密结合起来，发挥致富带头人的引领示范作用，这有效提升了基层党组织组织能力。渭源县的具体做法为将思想素质高、带动能力强、群众基础好的致富带头人发展成中共党员，进而培养为基层干部。案例主人公王双有就是在基层党组织的培养下成为一名中共党员的。与此同时，渭源县鼓励村"两委"干部成为村合作组织负责人和致富带头人，以提升他们的致富能力和传帮带能力。因此，必须坚持和强化村级党组织的政治引领地位与推动作用，充分发挥党组织在培育致富带头人中的突出作用，这些致富带头人成为政治领路人和经济带头人，既领着群众干又和群众一起干，推动基层各项事业顺利平稳发展，将党和国家各项方针政策在农村基层落实落地。

第三，打破行业技术壁垒，助推产业发展。党的二十大报告指出，教育、科技、人才是全面建设社会主义现代化国家的基础性、战略性支撑。[①] 科技创新是推进农业农村现代化的根本动力。只有结合现代科技、利用先进技术为现代农业赋能，才能更大程度上激活其内生动力，助力实现农业农村现代化。王双有不断学习新知识、新技术，采用"活框养殖"这种较为先进的现代化饲养手段，既实现了集约化、现代化养殖，也为蜂蜜提取、蜜蜂疾病防治以及转场放蜂工作的顺利开展创造了良好条件。据了解，规模化养殖不仅能显著提高养蜂户的经济效益，而且是确保蜜蜂产品质量安全的重要手段。因此，先进农业技术的推广应用能够帮助创业者提高生产质量，提高经济收益，促进农村经济发展。

（撰写者：解燕林　宋昌霖　谢彩芬　林子淳）

① 习近平：《高举中国特色社会主义伟大旗帜　为全面建设社会主义现代化国家而团结奋斗——在中国共产党第二十次全国代表大会上的报告》，北京：人民出版社，2022，第33页。

李臣果
一县一产业：互联网+助力农特产出山

案例简介：李臣果（1990～），贵州威宁人，本科学历，中共党员，现任威宁益民电子商务有限责任公司总经理。李臣果大学毕业后从事教育工作，2015 年，敢闯敢试的他毅然辞去了稳定工作，回到农村做起了电商，创办了威宁益民电子商务有限责任公司，创立"浓忆甜源"品牌，开始线上销售土豆、苹果等 10 余种农特产品。2020 年，他成立电商联盟，带动威宁 10 余家电商企业发展，同年还创建了迤那镇中海村众城合作社，发展种植产业，带动了近百户贫困户脱贫致富。怀揣着感恩家乡、电商益民的初衷，他以"党建为纲、益民为本、创新为质"的思想经营管理公司，创新农产品出山渠道，助力乡村振兴。

一 案例背景

李臣果出生于威宁彝族回族苗族自治县迤那镇中海村，这是贵州面积最大、海拔最高的民族自治县，被称为"阳光之城""百鸟之都"。然而，由于历史和地理的原因，威宁壮观的自然风景背后其实是贫困的现实。更加不幸的是，李臣果不仅出生在这样一个贫困县的穷苦家庭中，而且父母已经早早离世，他的成长只能依靠爷爷奶奶和其他亲人、乡亲们的关怀与帮助。这段经历让李臣果明白了一个道理：生活虽然艰苦，但志向一定要远大，而且人一定要懂得感恩，不能忘了帮助过自己的父老乡亲。

2008 年，靠着自己不懈的努力，李臣果走出了大山、考入了大学。就读大学期间，他一边上课一边勤工俭学，尽自己所能减轻家中的负担，从大二开始，他就通过各种途径打零工补贴家用。他发传单、做销售、当婚礼司仪，跟着校友做设计、出策划，也学着充分发挥自己的优势，跟着老师去做一些门户网站。2012 年，因为品学兼优，李臣果在毕业时得到了学院唯一一个到黔东南州教育局实习的机会。实习期结束之后，他也正式入职，先后在黔东南州教育局、贵州工贸职业学院工作了两年半的时间。

2014 年，担任教师的李臣果带领 300 名学生前往东部、南部沿海发达地区进行校企合作的实践锻炼，这期间他不断被浓厚的创业氛围和敢闯敢拼的精神所吸引，尤其是和几位年纪相仿的企业家的深入交谈，唤起了他的创业梦想。李臣果认为心中有梦想就要去实现，相比于安稳度日，他更希望能实现自己对整个社会的价值。在家人们疑惑不解与否定中，他毅然决然辞去了他人眼中"铁饭碗"的教师工作，踏上了创业征程。

然而李臣果的家乡威宁地处真正的"穷乡僻壤"，不仅缺乏创业指导、创业平台、销售渠道等基础条件，而且没有充足的人才保障和物质资源。这里的市场环境不同于广州、深圳等大城市，不仅经济体量非常小，分布也极不均衡。同时，随着我国经济的逐步发展和人民生活水平的日益提高，人们对于食品的营养、口感、品质等有了更多的要求，绿色农产品的社会需求量呈现显著的上升趋势。而威宁凭借得天独厚的地理条件，盛产多种多样的优质农特产品，只是缺少外销渠道，也没有稳定的市场和产业，产品难以走出大山。

二 致富过程

李臣果的致富道路可以分为六个阶段。

第一阶段，创业缘起：让绿水青山触网，让金山银山接单。创业的想法很简单，实践起来却充满了困难与挑战，李臣果首先要面对的是威宁地处真正的"穷乡僻壤"，没有指导、没有平台、没有渠道，更没有人才和资源。但是他认为，既然要创业，就应该实现从无到有的突破，开展能解决家乡问题的产业，开创能满足家乡需要的产业。于是他深入调研威宁县所具备的优势和劣势：一方面威宁有经济体量小、分布不均衡的市场环境；另一方面，绿色农产品在全国的社会需求量很大，而威宁盛产优质农产品，只是缺少外销渠道，如果充分利用互联网搭建桥梁，就能有效地实现供应与需求的对接。因此，结合大学所学的计算机知识，从威宁实际出发，李臣果最终选择了电子商务的创业方向。

为了寻找最能代表威宁特色的农产品，他走遍威宁的乡下，最后决定把威宁苹果作为主打特色产品。之所以选择威宁苹果，一方面是因为威宁平均海拔高，日照时间长，苹果具有独特的冰糖心，甜度高，营养足；另一方面，李臣果从小跟着爷爷奶奶种苹果，对于苹果的品质他非常有把握。在此之后，他又继续拓展了家乡的特色农产品，如土豆、苦荞、洋芋等，这些农产品都具有极佳的品质，只是因为既没有对外的销售渠道，也没有稳定的市场和产业才无法走出大山。最终，李臣果于2015年注册了当地第一家电商企业，名为"威宁益民电子商务有限责任公司"，创立品牌"浓忆甜源"。

第二阶段，创业挑战：穷乡僻壤发展难，市场团队愈艰难。2015年，威宁县正处于极为落后的状态，地处真正的"穷乡僻壤"，因此，这里面临交通不便、技术欠缺、资金及人才等严重不足的发展困境。虽然经过多方衡量考虑，确定了做电商的方向，但李臣果的公司及团队仍然面临诸多现实难题。首先是运输方面的挑战。公司最初销售苹果、土豆等生鲜产品，这对于质量的保鲜有严格的要求。由于运输条件的限制，土豆在运往南方的过程中一升温就会发芽，发芽的土豆自然会引发顾客对产品的质疑，就会砸掉来之不易的优良口碑，让产品处于滞销状态。在运输产量和价格上，网店销售的零散小单并不能达到运输的基本数量要求，因而不能由统一的供应链进行运输。因此，所有商品的运输只能公司自费，这也导致李臣果公司的资金越来越紧张。

其次是人才与团队的挑战。对内来讲，由于创业初期缺乏经验，创业资金很快亏损殆尽，最初的合伙人团队也由于缺少资金和利润支持，逐渐分崩离析。而对外来讲，威宁处于大山深处，做电商的条件不及发达城市与地区，对于人才的吸引力也明显不足，几乎招揽不到有想法、有能力的青年。

最后是电商普及的挑战。2015年刚创业之时，电商尚未普及，甚至许多销售行业人士对此不甚了解，许多乡亲也并不相信可以通过此种渠道发家致富，他们对李臣果一开始提出的合作意向多次予以拒绝。针对这种情况，李臣果在向百姓宣传电商优势及特点、打消百姓顾虑的同时还要切实为乡亲们带来好处，如果亏损严重，连最基本的信任也会消失，更不用谈长久合作。

第三阶段，克服困难：高薪待遇引人才，八方支持鼓勇气。2016 年，当绝望的李臣果面对资金已然亏空殆尽的公司，他也未选择放弃。他开始一个人负责接单、打包、发货，从最基础的接单业务做起，积累东山再起的资本。也正是在这个时候，身边的亲戚朋友以投资的名义把自己的积蓄拿来支持他的产业，村里的乡亲们也明白他创业为大家的初心，开始主动将农产品送往他公司销售。这份无私的援助与交付的信任，给予了李臣果勇气与信念，支撑他走下去、闯下去。

2016 年到 2018 年，李臣果一方面采用"底薪＋股份＋提成"的模式，四处挖掘并引进人才，另一方面他还前后花费数十万元培养人才，一共资助了 3 名员工从淘宝大学毕业。逐渐地，他通过相对丰厚的报酬、相对丰富的培训与相对广阔的发展空间吸引了不少优秀的人才，重新组建了更加成熟的销售团队。后来，李臣果更是抓住主动发展的机遇，参与各种青年创业大赛，宣传品牌，提高市场影响力。

第四阶段，抓住机遇：创业政策予支持，巧借东风谋发展。在面临巨大的挑战，公司员工和李臣果都一筹莫展之时，国家政策无疑给予了他们最强大的支持，成为他们最强大的后盾。早在创业之初，威宁县政府的创业政策就给予了李臣果团队充分的支持，比如减免办公地点的房租和网费等，这在很大程度上缓解了资金紧张等问题，使他们顺利走上创业的道路。

另外，早在 1988 年，国务院就在毕节市批准建立了扶贫试验区，后续安排广州市对口帮扶毕节市。广州扶贫干部在为李臣果扩展销售渠道的同时开阔了李臣果的眼界。在广州扶贫工作组的帮助下，公司的销售渠道迅速拓宽，广告甚至登上了广州塔。公司规模也扩大了一倍，由原有的 10 多名成员扩展到二十几个成员；费用也节省了将近一半，由县政府出资统一为公司产品打造了特制包装，共同打造独属于威宁的"品牌魅力"。

第五阶段，历经转折：因势利导求转型，直播带货获好评。2020 年，直播行业迅速发展。李臣果在参加第六届青年创业大赛时，在培训和交流中，他了解到自媒体行业的兴起。于是，公司开始主动转型，通过自媒体的方式销售农产品，更是趁"县长直播"大热的趋势，邀请在威宁挂职的丁县长以及广州的大主播等来助力当地的直播带货。通过这种方式，公司的效益有明显好转，也使李臣果更加明确了公司的定位——利用短视频开展自媒体营销。

于是，他开始因势利导，让主要从事内容营销的媒体创作团队在抖音、今日头条等短视频平台推广公司的品牌，简单说就是"带货"。不过不同的是，他们在田间地头直播，吃穿用住都在山上和果园里，专门宣传公司的土豆、苹果等农特产品。

第六阶段，蒸蒸日上：电商联盟共发展，创业先锋创未来。一路走来，李臣果从未忘记自己的初心——带动村子富起来。起初，他作为创业的"过来人"，会主动分享一些经验做法，包括如何开发产品、如何营销等。后来，他顺势成立电商联盟，联盟成员经过协商确定了统一的经营标准，从而帮助成员企业节约运营成本。

采用集中统一进行仓库存储、打包、发货的方式，不仅能解决运输方面的难题，而且能进一步提升议价能力、增加与快递公司谈判的资本等。电商联盟成功组建之后，带动了本地 10 多家企业萌芽发展，更是吸引了当地县政府主动为威宁县挂牌打造创业孵化基地，李臣果也创办了可容纳 50 家公司的创业孵化园，一年后，他所带领创办的创业孵化园获评市级创业孵化基地、省级就业扶贫基地。

2020 年作为全面打赢脱贫攻坚战的收官之年，李臣果的团队借助国家消费扶贫的东风，获得了超过 1000 万元的年销售额。同时，作为迤那镇中海村村委会成员，李臣果和村支"两委"、村民们一起创建了迤那镇中海村众城合作社来发展种植产业，带动了近百户贫困户脱贫致富。

三　致富经验

案例主要以致富带头人李臣果的经历为主线描述了他的乡村致富过程，通过分析案例中李臣果的创业经历，我们可以总结出以下致富经验。

第一，进行充分市场调研，合理选择创业方向。李臣果创业之初没有人脉，没有资金，更没有成熟的人才团队，用他的话来说，就是"两手空空就开始创业"。但是他通过前期充分的市场调研，准确把握当时的市场环境，结合个人专业知识背景，做出创办电商企业从而将威宁特产销售出去的正确决策。

2019 年 10 月李臣果（左）和苏宁扶贫店店长马旭东（右）

因此，对于创业者，尤其是对于在经济较落后地区发展的创业者而言，在决策之前应充分调研本地市场的经济条件，理性分析自身具备的创业资源。创业决策不能墨守成规，应该切实可行，需要对企业的产品市场潜力、生命发展周期、资金运营计划、潜在风险预估、团队建设发展做出合理且充分的设想及预案。

第二，吸引人才、留住人才是乡村振兴的重点。致富者应引入和培育农业农村生产经营、专业技术、公共服务、乡村治理、农村科技等领域内的高素质人才，从而解决乡村产业发展过程中技术人才总量少、质量低、结构失衡等问题，让人才成为产业发展的急先锋、主力军与排头兵，发挥人才在产业发展中的致富引领带头作用。从李臣果创业致富的过程中可以看出，人才梯队、团队建设对创业与乡村致富来说非常重要，李臣果不仅先后引入了众多具有丰富电商经验和品牌策划经历的人才，还投入重金培养他们。正是由于专业人才的引进及培育，李臣果的团队快速发展，不断带领公司在电商行业和直播行业取得佳绩。乡村振兴道阻且长，需要像李臣果这样敢想敢做、坚持不懈、善用贤才的致富带头人。

第三，用"一县一品一产业"创新思维打造特色品牌。李臣果立足实际，因地制宜，销售以威宁苹果为核心的系列特色农产品，积极打造"浓忆甜源"劳务品牌形象，走出了一条市场化运作、规模化经营、一体化服务、有序化输出的劳务品牌新路子。因此，因地制宜，注重品牌和产业链的打造，"培训育品牌、品牌石市场、市场促就业"是推动乡村振兴的有力武器。

四　案例点评

李臣果的致富案例是产业振兴推动乡村振兴的典型例子。2023 年的"中央一号文件"明确提出，要推动乡村产业高质量发展。① 乡村产业发展作为全面推进乡村振兴的重要抓手，对稳住农业基本盘、加快建设农业强国、应对复杂多变的外部环境和实现乡村可持续发展目标具有重大意义。乡村振兴是包括产业振兴、人才振兴、文化振兴、生态振兴、组织振兴的全面振兴。产业既是发展的根基，也是巩固拓展脱贫攻坚成果、全面推进乡村振兴的主要途径和长久之策。只有做到产业振兴，才能全面巩固拓展脱贫攻坚成果，筑牢乡村全面振兴的物质基础，实现乡村高质量发展。

"公司＋支部领办合作社（农业产业基地）＋农户"模式推动了乡村致富。在这种模式下，老百姓通过土地和劳动力入股的方式加入合作社，把自家的土地流转给合作社，又在合作社的种植基地务工，一块土地挣两份钱。同时，建立合作社和公司助力实现了产品的规模化生产和集中式销售。

李臣果根据当地独特的自然地理条件，通过"公司＋支部领办合作社（农业产业基地）＋农户"的发展模式，以"打造本地优质农产品品牌，发展农业＋电商产业"为目标，创新农特产出山渠道。从李臣果的致富过程来看，李臣果打通农产品产业链主要实施了两个步骤。第一，统一规划种植。李臣果通过建立合作社，实现农产品的统一规划地块、统一计划播期、统一田间管理、统一收获。这确保了品质，延长了销售周期，降低了综合成本，提高了整体效益。第二，统一市场销售。在形成了一定种植规模后，就可以实现农产品的统一存储、打包、发货、销售，这大大降低了企业的运输成本和运营成本。此外，统一市场销售有助于形成相对稳定的供销关系。

农村发展根基在产业发展，核心是解决农民增收问题。发展壮大乡村产业，促进一二三产业融合发展，可以扩大农村劳动力就业、增加农民收入，把

---

① 《中共中央　国务院关于做好 2023 年全面推进乡村振兴重点工作的意见》，中国政府网，2023 年 2 月 28 日，https://www.gov.cn/gongbao/contert/2023/content_5743582.htm。

乡村生产有机融入现代产业体系，让广大农民深度融入现代产业链、价值链。实施乡村振兴战略，仍要坚持精准发力，从供求两端着眼，科学发展特色优势产业，打造"一县一品一产业"，用产业互联网助力县域经济升级，助力乡村振兴。

（撰写者：蓝若嵘　郝婉晴　罗志毅　庄婷　苏海萍）

黄　杰
以酸味兴农：黔西农科人才培育与实践

　　案例简介：黄杰（1974～），贵州省毕节市黔西县人，中专学历，汉族，贵州蓝太食品有限公司、贵州诚信科技有限公司、黔西村村有货电商运营服务有限公司执行董事。2017年返乡创业，利用无盐发酵技术研发酸菜。2018年3月创办贵州蓝太食品有限公司。他以"公司＋合作社＋农户"模式打造农特产品产业链，推出"唐姨妈"系列产品，建设示范基地100亩，打造生产线2条，带动15个合作社5000多户农户致富，实

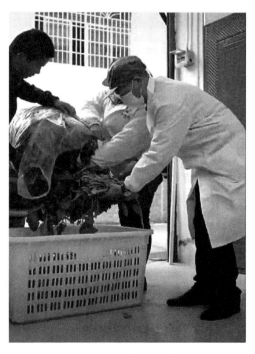

2020年11月黄杰收集产品原料（右一）

现了"以酸致富"到"以酸兴农"的转变。依托新型合作模式和利好公共政策，他坚守诚信底线，始终以农民为本，在田间地头、生产车间耕耘着梦想的种子，成功让家乡特色农产"出山"，并走进千家万户，带领村民致富，助力乡村振兴。

一　案例背景

《诗经·小雅·信南山》中有"中田有庐，疆埸有瓜。是剥是菹，献之皇祖"之描述，其大致意思是，大田中间有居住房屋，田埂边长着瓜果菜蔬。削皮切块腌制成咸菜，去奉献给伟大的先祖。酸菜这一美食历史悠久，自先秦时期便有记载，其制作初衷是延长蔬菜保存的期限。时至今日，酸菜已然成为贵州毕节人桌上一道必备的下饭菜，更成为黄杰心中抹不去的家乡味。在外打拼的黄杰每逢念起家乡，便想着吃上一口酸菜，但很难找到那记忆中的味道。加之，虽然无盐酸菜是贵州人民心中所爱，几乎家家户户都有酸菜坛子，但由于个体经营者制作技术有限、夏季酸菜品质较低、冬季市场热度不足等问题，大批量的无盐酸菜无法有效外售。正因如此，将毕节黔西酸菜传播出去的梦想种子播种在了黄杰心中。

国家政策的"活水"使得梦想的种子生根发芽。2015 年《中共中央　国务院关于打赢脱贫攻坚战的决定》对"十三五"脱贫攻坚工作做出全面部署，意味着中央将脱贫工作提高到一个前所未有的高度，脱贫攻坚战决胜阶段的冲锋号已经吹响。在这个关键时期，国家为在外的企业家和务工人员疏通了返乡创业的"绿色通道"，为回乡创业人员提供了全方位的服务，让他们"进得来""留得住""不想走"。黄杰的家乡——贵州毕节黔西，抓住了这个机会，不断增加与外界的交流。当地政府也鼓励返乡人员在本地发展实业并给予扶持。正是由于国家政策的倾斜，以及家乡政府的扶持等众多契机的相加，黄杰的创业之路走得更远也更加顺利。

2017 年，黄杰怀揣着将酸菜带给更多贵州离乡人的梦想返乡创业。他不仅将多年的积蓄投入其中，而且在查找资料、寻找厂房、购买生产设备的这一系列工作中，都亲力亲为、专心致志。在着手做好创办公司的一系列准备工作后，2018 年 3 月 28 日，贵州省毕节市黔西县贵州蓝太食品有限公司正式成立。为了将"唐姨妈"酸菜的名声打出去，黄杰还与电商平台合作，为带头致富插上了"隐形的翅膀"。电子商务作为新兴业态，以市场化的方式实现了社会资源最大范围和最大程度的整合优化，形成可持续性的"造血式"扶贫，为脱贫致富锦上添花。这一品牌打造方式，是顺应时代的正确选择。

二　致富过程

1974 年，黄杰出生在贵州毕节的一个小村庄。重重大山深处，能一直延伸到村口的交通道路只有村里人用脚踏出来的土路，出入很不方便，盐在当地也极为稀缺，大部分村民根本吃不起盐。各家各户为寻点"舌尖上的味道"，就会把自家种的青菜或油菜腌制成酸菜。腌制出的酸菜不含盐，但滋味清香，能让人食欲大增。当地俗语道："三天不吃酸，走路打蹿蹿"，对于黄杰来说，酸子配辣椒，他能吃好几碗饭，他的舌头也因此被打上了酸的烙印。

后来，黄杰中专毕业，走出贵州，独自打拼。他作为一名贵州毕节人，三天没吃酸，就会念起家乡的味道。2006 年他在深圳打工时，为了寻到毕节黔西的酸味，走遍大街小巷，好不容易找到了一家贵州菜馆，但黄杰一尝那酸菜就知道这不是家乡的酸菜。回到贵州，黄杰就一直思考如何把这酸菜带出去。有一天，他突然想到真空包装也许能把酸味很好保存下来，于是他立刻买了一个小型的真空机，自己制作了一点酸菜放进真空袋中。七八个月以后，他开袋试吃，发现和刚制作出来的味道一样好，将酸菜拿去检测，检测结果也全部达标。他当时就在想，按这种方式生产酸菜肯定能把酸菜带出去。可是，由于生产许可证办理的困难和创业资金的短缺，他的想法只能暂时被搁置。

十几年间，他投身 IT 行业，还开了家车行。2017 年，他回到了黔西，还是继续从事车行的工作。一天，在闲聊之时他的朋友提起有人把贵州当地的食品运送到香港售卖，利润颇丰，他便联想到他之前试验的真空包装酸菜也许真能闯出一条路。这时正值国家推动脱贫攻坚的关键时期，在国家政策的帮助下，毕节黔西村里的土路变成了平整的水泥路、沥青路，基础设施更加完善；村子和外界的联系更加频繁，地方政府也鼓励村民们在本地发展实业。有了国家的扶持，办证也容易多了，多年来的创业冲劲不断刺激着黄杰，他想让家乡味道一绝的酸菜走出去。创业需要资金，他便关闭了车行，将多年辛苦打拼的积蓄全部投入制作无盐酸菜，马不停蹄地寻找厂房、查找资料、预订生产设备，做好创办公司的各项准备工作。终于，在 2018 年 3 月，黄杰成立了贵州蓝太食品有限公司。但是，发展好一个企业并不是那么简单的，创业的道路上处处潜伏着危机、充满着坎坷。公司成立初期，为了稳定原料的供应，他去考察了很多生产原料的村子。有一次，他与某个村达成了合作协议，收回来的油菜品相极佳，但经过加工后，由这些原料腌制出的酸菜没有一点酸味，梳理加工环节没有发现任何问题。他们再次加工这些菜，依然不酸，所有被加工出来的"无味酸菜"只能被全部扔掉。虽然腌制出来的酸菜不酸，但黄杰不愿失信，在和当地农民约定的时间前去收购原料，自己承担了巨大的损失。为了从根源上解决问题，他带着专家一同前往村子考察，研究酸菜不酸的原因，考察后发现原来是因为这里土壤肥沃、水分充足，导致蔬菜吸水过多，在制作酸菜的时候这些水分稀释了酸味。在认真请教过专家后，他带着当地村民一同学习新的蔬菜种植方式，种出酸味适宜的酸菜原料。经过这番曲折历程，黄杰也与当地村民建立了信任关系，有了合作稳定的优质酸菜原料供应地。

在材料运输方面他又碰到了新的难题。酸菜以半成品的形式出售，这十分考验食品的储藏和保鲜技术。批量生产之初，由于技术不完善，部分酸菜在邮寄出去时就坏了，造成较大损失。经过黄杰一行人的不断试验，找到了较为合适的保存温度，现在酸菜运输已经能保持较低的损耗率。而酸菜能长时间地保存和运输，也为他和电商合作打下了基础，他成功与 40 多位电商携手将家乡酸菜外售到各地。现在，在拼多多、淘宝等大型电商平台上都能搜到"唐姨妈"酸菜。

解决了生产初期的问题后，黄杰带着无盐酸菜去各处参展。有些大爷、大妈们认为没有盐的酸菜不可能好吃，也不认识他们的酸菜品牌，他就为他们一一讲解。食客们对"唐姨妈"酸菜的喜爱与日俱增，甚至会专门打电话来找他购买。为了让更多人了解"唐姨妈"酸菜的来源和食用方法，2019 年 4 月 27 日，黄杰开设了"唐姨妈"酸菜微信公众号，定期发布无盐酸菜菜谱以便广大食客在家自行制作。2019 年 11 月 15 日，他参加了广州市第二工人文化宫承办的

"2019 年对口帮扶农特产品推介会"，"唐姨妈"酸菜首次亮相广州，开卖 10 分钟就被抢购一空，他终于将无盐酸菜的名号打了出去，努力得到了回馈。

但是，意外总是来得猝不及防。2020 年初，受新冠疫情影响，农民都种不了菜了，原料断供，酸菜停产，村里的路也被封住，酸菜运送不出去。公司将近 5 个月没有生产，没有营收，但黄杰一直想办法筹钱，不仅独自承担着公司每个月的房租水电费用，而且员工的工资照发不误，因为他知道这份工资是员工生计的来源。这样的情况持续到 2020 年 12 月，公司终于再次开始生产。当地酸菜原料不足，只能到别的地方去收，成本也因此升高，也因为公司停产太久，之前的许多努力都白费了。但在这一次经历中他也学习到了很多，也更坚定了扩大生产线的想法，目标是将"唐姨妈"这个品牌打造成贵州的第二个"老干妈"。

创业以来，他给工厂的总投资不下 300 万元，单是探索试验各类工艺所耗费的原料成本就已经超过了 50 万元。父母已逝，亲戚们也各有难处，不好找他们借钱。资金紧张的时候，黄杰就以个人名义从银行贷款，贷了近 100 万元。日复一日奔忙后，公司运转终于迈入正轨，能实现持续性的"自我造血"，到如今，公司每年的营收已经达到了两三百万元。

从 2018 年 3 月创办公司至 2022 年 1 月，在生产、加工、出售的各个环节，黄杰广泛招收本地村民，带动了当地 15 个合作社 5000 多户农户致富，帮助更多农户创收。此外，他也将生产线抽分到村一级、乡镇一级，做到产业下沉，帮助老百姓自力更生解决生活问题，他说："作为乡村致富的带头人，首先就要让老百姓挣到钱，让老百姓先致富，才会有个人的致富。"

三 致富经验

在黄杰的带头致富故事中，我们不难发现，他始终以农民为本，并积极落实到实际行动中。从他成功的创业经历当中，我们可以总结出以下几条致富经验。

第一，探索"公司 + 合作社 + 农户"的新型农业经营模式，打造农特产品全产业链。酸菜作为毕节当地的特色农产品，产量受限于时节，保鲜受限于技术，一直难以突破个体经营而实现规模化量产及销售。这种新的生产组织形式把酸菜加工公司、村合作社与种菜农户联结为一个利益共同体，由公司提供技术，并保底收购，统一包装，统一销售，村合作社是双方的履约媒介，种菜农户加入公司布设在村一级的生产线。该模式已带动当地 15 个合作社 5000 多户农户致富，让农户真正实现在家门口就业，推动乡村特色产业向标准化、规模化、全产业链的方向发展。

第二，依托利好公共政策，推广本土历史悠久特产。在过去，黄杰的家乡——贵州省毕节市黔西县，盐是稀缺物品。为了改善饭菜无味的问题，当地百姓发挥自身智慧，制作出了无盐酸菜。这也成为当地的特色调味品，美味又健康。现在，几乎当地的每户人家都会种植酸菜原料，并制成酸菜。2015 年以来，国家大力推动脱贫攻坚，毕节黔西名列其中。地方政府完善当地基础设施，黔西的道路状况得到改善，因而与外界交往逐渐频繁。黄杰最大限度地利用了本土资源，又紧跟政策潮流，在当地村民手中收集酸菜原料，打造"唐姨妈"酸菜品牌，将家乡味道一绝的无盐酸菜推向全国，既为村民找到了新的致富道路，又推广了乡土美味，激发了农村经济社会发展活力，带动了当地经济发展。

第三，充分展现诚实守信的珍贵品质，获得民众信任与支持。为解决原料供应问题，黄杰与一个村达成合作，定期收购该村种植的蔬菜，但刚开始收购就遇到了难题，到手的蔬菜在经过两次加工后仍没有酸味，而从别处收购的蔬菜加工后却是正常的。最终这几批不符合生产标准的酸菜只能全部被处理掉，造成极大的经济损失。即便如此，黄杰仍旧决定自己承担损失，按照约定收购这些蔬菜，守住先前对农户们的承诺，之后他也获得更多农户的支持和帮助。诚实守信是中华民族的传统美德之一，能够充分体现致富带头人的人格魅力，是其为人之道、立身处世之根本。同时，诚信既是一个企业长久经营的关键要素，也是企业最动人的宣传招牌。只有遵守承诺、说到做到的企业才能获得他人的信任，赢得人心。

四　案例点评

农民是乡村的主体，乡村是身处其中的农民之乡村。使乡村振兴有盼头、农民致富有奔头是我国亟须解决的问题。乡村振兴发展应为了农民、过程须依靠农民、目标是实现农民生活品质不断提升。然而，目前农村经济基础薄弱，农民整体素质欠缺，多数农民增收渠道不宽。对于这个颇具争议的问题，中共中央、国务院印发的《国家乡村振兴战略规划（2018－2022 年）》明确提出乡村振兴要坚持农民主体地位，切实发挥农民在乡村振兴中的主体作用，调动亿万农民的积极性、主动性、创造性，把维护农民群众根本利益、促进农民共同富裕作为出发点和落脚点，促进农民持续增收，不断提升农民的获得感、幸福感、安全感。

创业早期，黄杰发现当地年轻人基本外出谋生，村里的留守老人数量多，他们用自己家里几亩地种植农作物，收成后便去集市售卖自己种植的农作物来获得一点微薄的收入，但由于交通不便，经常要走较远的路才能到达集市，又加之老人年纪大身体吃不消，售卖农作物往往困难又吃力。为帮助这些农民，黄杰通过生产线撤分和原料收购解决了售卖渠道的问题，让这些农民能够用提供酸菜原料的方式增加收入，这既提高了农民整体的生活水平，也在一定程度上带动了当地的就业。

头雁领飞，天道酬勤。黄杰的成功致富不仅因为个人诚信、坚持等优秀品质，也因乘上了乡村振兴的东风。每个朴实本分的农民都有生活富裕的念想，也都有努力向上的积极性。土地是农民的根，也可以是创业者的活水之源。依托新型的合作模式，农民中有了"头雁"，就有了致富的带头人。黄杰在田间地头、生产车间耕耘着梦想的种子，成功让当地特色农产"出山"，走进千家万户，慰藉每个思酸游子的心灵。

（撰写者：莫金沙　谢紫茵　李钰　庄婷）

官维远

柚子成熟季：政企联合助力蜜柚出大山

案例简介：官维远（1995～），广东省梅州市人，本科学历，汉族，中共党员，梅州市漳北绿之农生态农业有限公司、深圳市绿农甄果生态农业有限公司等公司法定代表人。2019年本科毕业后，他正式回到漳北村投身蜜柚产业。他带领团队编写出符合当地种植要求的标准手册并进行推广，目前已经发布了5个标准。在他的带领下，大埔的蜜柚获得了两项国家级认证，成为国家地理标志产品，并于2021年3月正式获得中欧农产品地理标志互认产品的认证。创业的道路上布满荆棘，但他始终秉持脚踏实地的态度，不忘初心、牢记使命，带领团队不断克服困难，促进乡村振兴。

2022年12月官维远去看果园后爬到山顶

一　案例背景

　　脱贫攻坚之前，广东省梅州市大埔县西河镇漳北村的农民收入来源以种植农作物和外出务工为主，人均年可支配收入不到 1 万元。村民的收入主要靠种植柚子，基本上家家户户都在种植，规模大约在 500 亩，每年的产量约 500 万斤。但是，由于受到销售渠道、蜜柚质量、种植技术等因素的制约，蜜柚的整体营收一直不理想。农户个体化经营，使得大规模集中管理、统一购销成为难题。荒弃无人经营的农田，荒废的山岗，处处都在彰显小山村的贫穷、窘迫与落后。

　　2016 年，广东省市场监管局驻村工作队进驻漳北村，开展帮扶工作。从最开始的完善基础设施，例如危房改造、修建公路、整治环境，再到精准到户帮扶，如建档立卡、帮助就业等，这些帮扶措施使得漳北村在较短的时间内有了较大的改善。但是，仅仅靠外部的设施修筑是不足以使漳北村达到脱贫致富的效果的，只有有效地激发村庄内生活力、实现村民可持续增收才是村庄发展的长远大计。"家家户户种蜜柚，家家户户挣不了钱"，蜜柚产业扶贫成为驻村工作队的关键突破点。于是，他们着手规划，重点是鼓励返乡青年创业，整合发展蜜柚产业。

　　官维远，这位 1995 年出生的年轻人，是一名地地道道的漳北村人，他的父亲是村里第一批种植柚子的。每到柚子丰收的季节，父辈们总是睡不好，担心柚子卖不出去。小时候的经历使他对蜜柚很有感情，所以，每到柚子丰收的季节官维远都会回家帮助父辈销售柚子来减轻家里负担。在这个过程中，官维远也一直在想：如果哪一天，自己在有能力之后，能不能开辟一条固定的销售渠道来卖柚子呢，这样乡亲们就不会如此被动，还能把定价权掌握在自己手里。

　　2019 年 8 月，大学毕业后在深圳工作的官维远接到了广东省市场监管局驻村工作队队长的电话，队长在电话中提出想要打造农村产业的想法，同时很需要一名年轻人回来培养家乡产业。在听完队长的介绍之后，官维远觉得有政府引导、企业搭台，蜜柚发展有可能了，于是向队长明确表示他非常愿意也可以回到家乡做蜜柚产业。把家乡的蜜柚产业做大做好,是官维远内心的执念,它关系到大埔柚农、漳北村果农未来的生计。如果做不好,柚子树可能会被砍掉。就这样,2019 年 8 月 23 日,官维远正式回到家乡。

二 致富过程

2019 年 8 月,官维远以返乡创业青年的身份回到家乡。这次回乡,有了广东省市场监管局和碧桂园集团的支持,是非常难得的机会。官维远想真正把蜜柚产业做大,脚踏实地地做好,但是,在创业实践的过程当中他还是遇到了不少的困难。在官维远看来,最大的困难就是如何跟农户进行交流。在蜜柚产业做出成绩以前,农户是不会轻易听从安排的,只会觉得这个年轻人在胡说八道。所以一开始,官维远并没有高调地宣传蜜柚产业,而是实实在在、稳扎稳打地把产业一步一步先做起来。

首先是调研市场。官维远一直坚信,当真正能帮到别人的时候,再去跟别人谈,才会有说服力。如果先去跟别人谈,在没有订单的情况下,就会被别人认为是个骗子。农户最关心的问题有两个,一是收购价格,二是收购数量。和农户不同的是,官维远最关心的问题是柚子的品质。这几年柚子的市场行情并不好,果农每年投入的资金和时间都很多,可是在柚子丰收之后并没有获得多少利润,甚至呈现净利润一年比一年低的趋势。几年下来,果农就不太愿意去打理柚子园了,蜜柚产业也就慢慢荒废了。在果农看来,假如一棵树投入二十块钱,柚子能卖一块钱一斤,而投入十块钱,柚子也能卖九毛钱一斤,一样能够把柚子卖出去,所以就没有人再愿意多投钱进去了,也就没有人会想"我要种出好柚,希望我的好柚能去打开大埔蜜柚的市场"。

其次是寻求支持。调研好市场后,官维远和碧桂园集团、国强公益基金会旗下的社会企业英德市碧乡农业发展有限公司(以下简称"碧乡公司")开展了合作,具体做法如下。碧乡公司预付农资款给农户,也就是承包一年的农资钱,包括农药、化肥一系列的费用。农户不用掏钱,主要负责打理柚子树,按照标准化的方法去种植。然后,官维远保底去收购,哪怕柚子现在行情是五毛钱,如果保底标准是一块五,就按照一块五的标准收购,以此鼓励果农放心种柚、种好柚。

再次是制定标准。为提高蜜柚品质，官维远带领团队制订了一系列标准，具体方法是：在果农所积累的种植方法的基础上，进行改进编写，并对照国家现有的政策文件进行优化；之后，请广东省农业科学院的专家反复论证，编写出符合当地种植要求的标准手册并进行推广。官维远团队制定的标准，具体来讲，就是种植选址、育苗、栽培、施肥、打药和虫害预防的标准。例如在选址上，一是要考虑土壤，全是石头的土地不行；二是要考虑海拔，海拔不能太高，最高不能超过200米，太高就不适合种柚子；三是要考虑通水，没有水的话，连药都打不了；四是要考虑种植地形，不能在坡很陡的地方种植。确定选址后，要科学规划柚子树的分布行间距以及种植深度。接下来就是施肥、打农药的标准和注意事项。这些标准对柚子种植的全流程进行了规范，让柚子种植从前端开始实现规范化和标准化。

最后是做好培训。农户的知识水平和接受能力有限，对制定的标准不一定能够理解透彻，应该怎么办呢？官维远的团队聘请了行业专家来给农户做详细的讲解和示范，为广大农户提供专业的培训，对于不愿意参加培训的农户，官维远则是通过帮助他们卖柚子间接提高柚子种植的标准化与规范化程度。

经过了两年的发展，现在大埔的蜜柚不仅获得了两项国家级认证，而且成为国家地理标志产品和中欧农产品地理标志互认产品。地理标志产品是指一个地方独特自然环境产出的优质农产品，有足够的体量，就能申请知识产权保护。一个好的产品，如果没有去申请知识产权的保护，容易产生产权矛盾。而地理标志认定，就是对产品的认可。大埔蜜柚被认证为中欧农产品地理标志互认产品，是在2021年3月正式认证通过的。该项认证打通了出口渠道，不是单纯的只面向国内销售，而是逐渐走向世界。现在，官维远的公司仍在制订一系列蜜柚种植的标准，如梅州蜜柚栽培技术标准、恶劣天气蜜柚管理标准、剥皮蜜柚标准等，目前已经发布了5个标准。一个产业要想实现良好发展离不开一套合适的发展标准，行业准则相当于一本书，只要打开这本书，就可以按照书上的方式去种植管理。比如什么时候修枝、什么时候采果、如何进行种植柚子的土地选址、怎么去管理、怎么去施肥，把这些内容做成操作手册，做成固定的行业标准，接着辐射到周边地区甚至全国，才能实现产业的可持续发展。

三　致富经验

基于官维远打造特色蜜柚产业链、带领漳北村脱贫致富的案例，可以得到以下经验。

第一，积极推行"公司＋基地＋合作社＋农户"模式，实现蜜柚产业的全链条覆盖。作为其中一方，合作社在生产链条中起着重要作用，主要做法是邀请农户成为合作社社员和合作社的股东，这不仅有利于提高农户参与蜜柚产业发展的积极性与主动性，还有利于实现蜜柚产业种植规模化及标准化，提高蜜柚产量和质量；而公司，作为另一方，主要是在销售链和价值链处发挥作用。官维远公司紧密和碧桂园集团及碧乡公司保持联系，通过品牌化建设和市场化运营，整合碧桂园集团线上线下的资源，大力开拓销售渠道，充分进行调查研究，从产品开发、设计、转化、销售等环节对蜜柚产品进行全线生产与全方位监测，采取打造品牌体系、设计产品包装、讲好品牌故事等举措，将蜜柚的产业链各端积极整合，从而提升产品价值，走好特色品牌之路。"公司＋基地＋合作社＋农户"的模式不仅激发了果农的生产积极性，也打通了蜜柚的国内外销售渠道。

第二，寻找平台支撑，疏通社会帮扶路径。广东省市场监管局对漳北村做出了一系列帮扶举措，同时邀请了碧桂园集团一起来为漳北村的发展出谋划策。碧乡公司主要是对柚子产品做深加工，实现当地柚子的第一产业和第二产业深度融合。同时，碧桂园集团和省市场监管局助力建立起了广东省蜜柚种植标准化示范区，该示范区于 2020 年 3 月正式获批，代表着广东省蜜柚产业的种植标准，现在也落户到了官维远公司。从 2018 年至今，碧乡公司作为国强公益基金会旗下社会企业，聚焦农村，针对较落后地区农副产品推广及销售难的问题，依托碧桂园集团的平台资源，搭建销售平台，挑选培育优质农副产品，为社会提供质优、健康、安全的产品。广东省市场监管局和碧桂园集团的对口帮扶，为官维远提供了重要助力。

第三，提高农户素质，构建目标管理责任制。一方面，合作社制度促使农户成为正式的社员，提高了农户的组织化程度，实现了规范化管理。同时，专家还会给农户做培训，这有利于农户掌握科学合理的种植方法，实现蜜柚的统一化、标准化种植。另一方面，一个合理的目标有利于组织的良性运行和发展，高素质的人才队伍有利于组织的高质量建设，科学的管理目标有利于组织的高质量发展。

四　案例点评

乡村振兴战略的核心是产业振兴。实施乡村振兴的最终目标，是解决农村产业发展和农民就业问题。产业兴旺是乡村振兴的重要基础，是解决农村一切问题的前提。乡村产业根植于县域，以农业农村资源为依托，以农民为主体，以农村一二三产业融合发展为路径，地域特色鲜明、创新创业活跃、业态类型丰富、利益联结紧密，是提升农业、繁荣农村、富裕农民的产业。近年来，虽然我国农村创新创业环境不断改善，新产业新业态大量涌现，乡村产业发展取得了积极成效，但也存在产业门类不全、产业链条较短、要素活力不足和质量效益不高等问题，亟须加强引导和扶持。在如何推动乡村产业高质量发展的问题上，《中共中央　国务院关于做好 2023 年全面推进乡村振兴重点工作的意见》指出继续支持创建农业产业强镇、现代农业产业园、优势特色产业集群。支持国家农业产业融合发展示范园建设。深入推进农业现代化示范区建设。①

在官维远的案例中，他的三个措施值得我们借鉴与深思，第一，他做到了因地制宜，具体问题具体分析。官维远通过实地调研发现，大埔由于气温较高以及降水量充足，柚子成熟时间更早并且品质较好，在仔细分析了大埔的气候条件以及蜜柚市场之后，他正确地选择了发展漳北村本地特色的蜜柚产业，使漳北村的蜜柚获得国家地理标志产品和中欧农产品地理标志互认产品两项认证。第二，抓住政策机会，紧跟国家帮扶大势。官维远的家乡在大埔县漳北村，以前漳北村道路狭窄、村庄混乱，在得到广东省市场监管局的第一轮对口帮扶之后，路变宽了，村庄也变美了，在经过第二轮的产业帮扶之后，村庄更

---

① 《中共中央　国务院关于做好 2023 年全面推进乡村振兴重点工作的意见》，中国政府网，2023 年 2 月 28 日，https://www.gov.cn/gongbao/contert/2023/content_5743582.htm。

是实现了路通财通。第三，他的公司目前发布的 5 个关于蜜柚的标准辐射到周边的地区，有利于进一步形成特色产业集群，优势特色产业的规模性集群有利于提高农民的生产积极性，促进产业振兴，最终实现乡村振兴。

（撰写者：孙甲波　罗浩奇　谭世杰　庄婷　蔡冰芹）

郑吃合

扎根乡土情：政企助力乌金猪养殖发展

案例简介：郑吃合（1994～），四川省昭觉县人，高中学历，彝族，昭觉县郑家种养殖农民专业合作社负责人。17 岁外出打工后习得养猪技术，于 2017 年返乡创业。他抓住了脱贫攻坚的发展机遇，以当地特色乌金猪为战略产品，探索猪肉和相关产品的新生产道路，以内销与外销结合作为营销策略。当前，乌金猪养殖场已初具规模，年出栏量 1000 头，提供了 3 个长期性岗位和 15 个临时性务工岗位，帮助了约 100 户家庭实现稳定增收。虽然在创业过程中遇到各种各样的问题，但他始终迎难而上，凭借地利（自然）、天时（机遇）、人和（能动性）的优势条件，最终拥抱成功，在实现自身致富的同时，拉动了当地养猪产业的发展，带动了当地村民增加收入，成为三河村的致富带头人。

一 案例背景

农业农村农民问题是关系国计民生的根本性问题，能否实现农村脱贫与集体致富关系着人民的美好生活需求能否得到满足。近几年，全国各地乡村振兴工作如火如荼地开展。四川省三河村交通不便、通信条件落后、青年劳动力流失严重、创业人才缺乏专业指导等问题比较突出，制约了三河村发展。但在 2017 年，一位年轻人的返乡，给这个贫困山区带来了致富的希望。"世上本没有路"，先驱者的作用不言而喻。作为三河村的致富带头人，郑吃合也有着自己别样的创业经历。

在养殖场开辟之前，贫困、落后、封闭深深扎根于三河村，多数年轻人在离开家乡、外出打工后在外定居，极少人能够带着外界的学习经验以及专业技术回到三河村。17 岁那年，怀着让家里人吃饱饭、让父母不再奔波劳碌的愿望，郑吃合选择辍学，到外面的世界去谋生。在那个时代，离开学校在外漂泊，是大多数农村青年的无奈之举，这无疑让郑吃合吃了数不清的苦头。贫困的家庭背景、初中的文化水平与完全陌生的城市环境都给这个青年人带来了很大的考验和压力。郑吃合辗转于江西、广东等地，多次碰壁后，寻得一份简单却又具有挑战性的养猪工作。在外勤勤恳恳学习三年后，他选择回乡开辟养猪致富的道路。

二 致富过程

郑吃合对乌金猪养殖技术非常熟悉，并充满信心，在家人的支持下，他兴办的养殖场很快就有了起色，并得到了国家脱贫攻坚政策的支持。

第一，困难重重勇面对。郑吃合返乡之初，怀揣着满满的信心。他在外面学习到了先进的养殖技术，认为自己一定能够在家乡创办乌金猪产业。然而，当他寻找合伙人时，乡亲们给他浇了一盆冷水。三河村竟然没有一个村民愿意跟他合作。由于养殖场地有限，成本高，当地养猪历来都是每家每户只养一头或者几头猪，有些人家甚至连两三头都养不起，更别说上百头、上千头了。加上许多村民在大山里待了一辈子，不像郑吃合那样有走出去接触现代化养殖场的经历，因此，在三河村发展大型养殖场，在村民们听来就是天方夜谭。然而，郑吃合并不是一个容易被打倒的人。乡亲们的拒绝虽然让他苦恼，但也让他意识到，三河村这么多年来的乌金猪养殖业，其实一直存在各种各样的问题，具体表现在：一是养殖没有实现标准化，导致养殖成本高，品质没有保障；二是养殖没有形成规模化，散户养殖场地小，资金少，投入多，回报少；三是三河村是一个偏远的小山村，没有名气，也没有便捷的交通运输路线。如果在三河村能够实现乌金猪规模化、标准化饲养，建设方便快捷的运输路径，打造信誉良好的品牌形象，一个广阔的市场就必将到来。

要想成为第一个吃螃蟹、戴上 "开拓者" 桂冠的人，就必须勇于尝试、敢于挑战，也必须和孤独作斗争。这些年在外打工的经历磨砺了郑吃合的意志，也丰富了他的经验。哪怕没有人支持他，他也坚定地相信自己的选择是正确的，相信能够凭借自己的力量发展乌金猪产业，在养殖领域闯出一片天地。

在前期准备中，郑吃合请教了村里具有多年乌金猪养殖经验的老伯伯，在他们的帮助下，郑吃合实地考察了养殖场的环境。三河村村如其名，三河环绕，既有广阔的平地，也有空旷的山野，非常适合开大型养殖场。紧接着，郑吃合需要购进初代能繁母猪，建设自己的养殖场。此时，资金和场地便成了他最大的挑战。为了凑够买猪的钱，郑吃合想尽了办法：取出自己全部存款、向银行贷款、向亲戚朋友借钱。为了支持郑吃合和他的事业，郑吃合的家人把自己多年的积蓄拿出来帮助他买猪苗，还把家里承包的土地拿出来当作他最初的养殖场。经过一番波折，郑吃合终于向银行贷款成功，将自己与家人的所有积蓄拼凑到了一起，开起了养猪场。正是因为郑吃合的家人无条件地支持他，和他一起迎击创业路上的风风雨雨，郑吃合才能破解资金与场地的难关，从而开启养猪致富之路。

第二，反思复盘再出发。要实现养殖的规模化，郑吃合做的第一件事就是改良饲料。他把受损的玉米、土豆等废弃的农产品作为原料，这不仅使原料健康，而且巧妙地解决了废弃农产品的回收问题，既绿色又环保。一年后，郑吃合的乌金猪养殖场逐渐有了起色。经过一年时间的运营，他所赚到的第一桶金不仅还清了最初的贷款，还获得了不少收益，为此他进一步扩大了养殖场的规模。后来，受到全球猪肉价格变动的影响，国内猪肉的行情非常好，一斤猪肉就能卖到八十元到九十元。在那两年里，郑吃合的乌金猪养殖场收益达到了二三十万元。看到乌金猪养殖业如此蓬勃兴旺，原本摇头的乡亲们终于动摇了，认可了郑吃合当初的选择，纷纷前来向郑吃合请教养猪方法，表达了合作的意愿。郑吃合没有把过去的不快放在心上，他明白只有踏踏实实地干好自己的事，做出成绩被人看到，才能使人信服，才会赢得支持。郑吃合精心挑选了优质的小猪崽，挨家挨户地派发给乡亲们，和他们一起饲养。三河村的乡亲们拧紧一股绳，横下一条心，朝着同一个方向而奋斗，向着同一个梦想而努力，让三河村摘下贫困的帽子，让三河村和外面的现代化乡村一样富裕先进。一开始，郑吃合心里只想着一件事，那就是把猪养好。但随着养殖场的发展，他慢慢意识到，建设现代化养殖场还面临着集资、宣传、营销、树立品牌、适应市场需求等问题，而这些问题仅仅依靠自己的力量是不能解决的，因此，他找到了国家、企业相助。

第三，支持帮扶成效来。幸运的是，郑吃合返乡创业正逢国家脱贫攻坚的好时节。2018 年，国家脱贫攻坚的浪潮深入了三河村。2020 年，碧桂园集团乡村帮扶计划也来到了三河村，给乌金猪养殖场提供了许多的指导意见，让乌金猪的养殖更上一层楼。碧桂园在实地考察后，肯定了"郑氏乌金猪养殖专业合作社"的发展计划，为乌金猪养殖提供了 36 万元无息贷款扶持。除此之外，碧桂园集团还在村子里大规模开展养殖乌金猪的培训，培养村民的工作技能，建设规范化、市场化、规模化、品牌化的乌金猪养殖示范基地。此外，碧桂园集团还帮助乌金猪进行品牌命名和 VI 设计，利用碧桂园集团的"碧优选"App、"臻碧乡"微信公众号开拓网络销售渠道，解决了乌金猪养殖的核心销路问题。

未来，郑氏乌金猪养殖专业合作社将依托碧桂园集团全国分布的区位优势、多业态经营优势，以及乌金猪产品的独特性优势，推动各市场主体与贫困村建立长期稳定的产销关系，将需求转换为订单。在不久的将来还会继续扩大经营规模，建设现代化养殖场，还将带动村民共同生产经营，助推乌金猪养殖业成为昭觉县脱贫攻坚的主力产业。

三　致富经验

人们都说"站在风口的猪也能飞"，但没有轻而易举的成功，郑吃合的成功也是如此。地（自然）、天（机遇）、人（能动性）等条件是他成功的必备条件，也是许多返乡创业青年的宝贵经验。

首先，因地制宜，发挥优势。三河村虽然是大凉山腹地的深度贫困村，但是其地理优势明显，三河环绕，拥有广阔的平地和空旷的山野。作为当地的特色农畜，乌金猪具有良好的体质，能够适应当地的自然环境。对于返乡创业者而言，挖掘并利用本土的特色，是性价比最高的创业选择。

其次，创业虽困难，适逢好时节。在创业的开始，郑吃合会因为看不清楚未来而感到迷茫和手足无措，但他并未在原地徘徊，而是鼓起勇气，勇敢地迈出脚下这一小步，努力做好当前的事，这样才抓住了国家脱贫攻坚政策及碧桂园集团带来的机会，也才能在猪肉价格变化的时期站上时代的风口，成功抓住机遇。

最后，世上无难事，只怕有心人。高中未毕业的郑吃合离开家乡，在外打工学习到专业的养猪技术后返乡创业，并坚持不懈奋斗；选择发展家乡特色的乌金猪，在立足实际的同时与时俱进，改良传统饲料、延长猪肉产业链、采用内销与外销的营销策略、拓宽网络销售渠道。在创业致富的道路上，即使拥有优越的地理优势、获得多方的支持，也需要创业者自身拥有强大意志力。无论起点如何，思想应与时代同频，行动才能超越现实，我们才能拥抱成功。

四　案例点评

乡村振兴战略是我国的重要发展战略之一，农村创业青年是贯彻落实乡村振兴战略的生力军，是农村人才的重要组成力量，也是实现农村人才聚集的重要力量。但由于城乡发展不平衡，青年劳动力更加倾向于到城市寻找发展的机遇，农村的青年力量薄弱，农村推力和城市吸力造成了农村青年发展的结构性困境，大部分青年普遍缺位于乡村建设和振兴，农村的活力难以被完全激发。

随着近年来各种条件的变化，我国出现了"新青年"返乡创业的浪潮，越来越多的青年选择在村原地创业或返乡创业。遗憾的是，并非所有的返乡创业青年都能如愿。郑吃合在返乡后慢慢摸索养猪的创业道路，以行动完成集资、扩大宣传、寻找销路、树立品牌，形成满足市场需求的致富机制，实现养殖的规范化、市场化、规模化、品牌化、数字化，逐渐完成从晚辈后生、新农人、农业企业家、返乡代表到致富带头人的角色转变，发挥了青年的示范带头作用，为当地村民提供了就业机会，为乡村振兴贡献了力量。

返乡创业青年将自我前途与农村未来相连，积极参与乡村振兴事业，这在一定意义上是对前期缺位现象的补位。乡村振兴是一项长期的、复杂的工程，以机制建设调动农村创业青年的积极性以及使他们获得创业的成功，是亟须解决的现实问题，也考验着新农村经济社会的未来发展。让青年群体就位于乡村振兴事业，推动政府、企业和创业青年联动，才能吸引青年在农村创业并带头致富，让越来越多的返乡新农人站上乡村振兴的"C位"。

（撰写者：杨妹　孙钰瑶　赵欣旖　庄婷）

唐买社吊

指尖拾遗音：非遗文化产业助乡村振兴

案例简介： 唐买社吊（1977~），广东省连南瑶族自治县人，专科学历，瑶族，中共党员，广东省非物质文化遗产项目"瑶族长鼓制作技艺"代表性传承人。2006年，他从珠三角返乡创业，专门从事传统瑶族长鼓制作与销售，积极创新并推出专利产品——排瑶手鼓和一系列文创瑶族长鼓，推动形成种类齐全的瑶族长鼓产业。2016年，创办连南瑶族自治县名瑶工艺坊，为当地村民提供大量就业岗位，推动民族工艺产业成长，带动当地经济发展。肩负着传承瑶族传统文化的心愿，虽然创业征途历经风雨，但他不忘本心，坚持创新，不畏挑战，持续挖掘瑶族长鼓的发展潜力，以"非遗＋产业"赋予"非遗"新生活力，传播"瑶"远乡音，实现了"非遗"项目与乡村振兴的双赢。

2023 年唐买社吊在江华瑶族自治县爱情小镇拍摄个人照

一　案例背景

唐买社吊的创业地点是其家乡清远市连南瑶族自治县。连南位于广东省中北部，青山连绵，碧波荡漾，富含写意山水画卷的美学意蕴，是风景名胜、世外桃源。除此之外，连南还是全国唯一的排瑶聚居地，瑶族人没有创造出自己的文字，喜好以歌舞传情颂志，且十分注重对传统文化的保护与传承，故连南至今留存着独具特色的瑶族艺术和民俗文化活动，如蜚声中外的经典乐章《瑶族舞曲》、恢宏喜庆的耍歌堂、豪迈壮观的长鼓舞等，连南被誉为"民间艺术之乡"。

唐买社吊出生于 1977 年，他的家庭艺术氛围浓厚，其父亲唐买社公是当地有名的"歌王"、第一批国家级非物质文化遗产代表性项目"瑶族耍歌堂"代表性传承人，其他家人也大多从事文艺工作，唐买社吊自小耳濡目染，对瑶族传统文化具有浓厚兴趣。

唐买社公希望唐买社吊能和自己一样传承瑶族传统文化，尤其是把耍歌堂发扬光大，于是经常带他到耍歌堂表演现场观摩歌舞表演。但由于天赋等原因，唐买社吊对耍歌堂的兴趣越来越淡，反而更加喜爱作为伴奏和表演道具的瑶族长鼓。唐买社公了解到儿子的心意后鼓励他将兴趣发展为特长。后来，唐买社吊向国家级非物质文化遗产代表性项目"瑶族长鼓舞"代表性传承人——唐桥辛二公拜师学习制鼓，从而熟练地掌握瑶族长鼓制作工序，能独立制作出完整的瑶族长鼓。

不久后，唐买社吊前往广州美术学院接受了系统的国画训练，这为后来创新瑶族长鼓打下了良好的美术基础。毕业后，唐买社吊到发展迅速的珠三角从事传媒工作。经过几年的努力，唐买社吊的工作渐渐稳定下来，但他总觉得生活少了些滋味和余音，十分"不得劲儿"。奔波在繁华喧嚣的都市，他愈发怀念家乡那质朴的长鼓之音，内心隐隐约约产生了回乡协助父亲一起传承传统文化的念头。

2006 年，唐买社吊追随内心对家乡、瑶族长鼓的思念之情，返回连南。一开始他的创业想法还不是很强烈，比起风险较大的创业，他更希望能找份稳定的工作，一边工作一边照顾父亲。但返乡后几天的见闻使他坚定了传承传统文化的想法：连南许多重要的文化项目面临人才断层、资金缺乏，甚至濒临失传的困境。由于制作瑶族长鼓技术含量高、体力消耗大、回报周期长，很少有年轻人愿意沉下心学习制作，一些老手艺人也由于年龄大而不再从事制作工作。想到多姿多彩的瑶族传统文化有可能失传，唐买社吊心里很不是滋味，决心要传承瑶族传统文化，向更多人展示它的魅力，要为延续瑶族的文化血脉献出自己的力量。

二 致富过程

怀揣着传承瑶族传统文化的心愿，唐买社吊开启了以瑶族长鼓为核心产品的创业之路。这是他在对瑶族长鼓价值、自身优势和当时的市场状况进行严谨分析后做出的选择。从瑶族长鼓自身价值来看，瑶族长鼓具有十分重大的观赏价值、实用价值和文化价值。瑶族长鼓的外形优雅大方，十分美观。传统的瑶族长鼓一米多高，上下呈喇叭状，中部纤细，内部镂空，通体绘有自然鸟兽、日月山川等图饰，极具民族特色。瑶族长鼓还是瑶族歌舞表演的主要道具，实用性强。舞者在表演时，一手握鼓腰，一手击打鼓面，将其上下翻转，能够生动形象地表现瑶族祖先狩猎的矫健身姿。更重要的是，瑶族长鼓寄托了瑶族人民的虔诚信仰，是瑶族家庭的神圣宝物。从其自身的优势来看，唐买社吊曾系统学习制鼓技术，对制作过程中的各个环节比较熟悉，能胜任亲自制鼓或开展技术培训的工作。从瑶族长鼓的市场潜力来看，随着瑶族歌舞不断走向全国舞台，瑶族长鼓作为主要表演道具，未来的市场需求量必定有所增加。

创业初期，瑶族长鼓产业面对的主要难题是交通运输。为了节省店铺租金，唐买社吊将制鼓地点设在村里，因此需要下山收购原料。传统瑶族长鼓体积大、木材消耗多，为了供应生产，每天得采购二十多根原木。那时村里还没修公路，上下山都靠步行，来回一趟体力消耗很大。更糟糕的是，外面的商家嫌进山成本高，往往不进山收购，被辛苦制作出来的瑶族长鼓"藏在深山人不识"，难以外销，知名度难以被打响。

为了解决这个难题，唐买社吊将制鼓地点搬到县城，但瑶族长鼓的销售量仍没有得到明显提高。对此他冷静分析出四点原因：第一，传统瑶族长鼓工艺复杂，产量低，价格偏高；第二，传统瑶族长鼓的本地市场狭小，基本每户瑶族人家都有，不需要再购买新的鼓；第三，县城里售卖的传统瑶族长鼓大同小异，自己的瑶族长鼓缺乏辨识度和竞争力；第四，本地客源不稳定，缺少固定顾客。

眼看着投入了大量金钱和精力，产品销售却没有起色，唐买社吊心中一度打起退堂鼓。这时候，他的父亲叮嘱他，想把传统技艺做好，不仅需要足够的耐心和精力，还要与时俱进，生产出符合大众喜好的产品。

在父亲的启发下，唐买社吊对当时市场上流行的文化产品进行了深入且充分的调研。恰逢连南县城新建了两个景区，他常到景区里的商店参观，发现商店里售卖的旅游纪念品几乎全是批发来的小商品，并没有见到具有连南特色的产品。门口几个小商贩拿着的粗制滥造的木头鼓，也吸引不了客人。他接连去了几次，发现景区里没有商家卖瑶族长鼓纪念品。唐买社吊在吃惊的同时，也迅速确定了瑶族长鼓新的市场定位，那就是把瑶族长鼓做成受游客喜爱的、具有瑶族特色的旅游纪念品。

明晰了市场定位后，就需要实际生产产品。唐买社吊从客户的角度进行思考，认为作为旅游纪念品的瑶族长鼓既应该保留传统瑶族长鼓的特色，又要有所创新，最重要的是便于游客携带。接下来的几天内，唐买社吊不断思考传统瑶族长鼓的创新方案。某天临睡前，他灵感闪现，利用家中的 PVC 管，模拟传统瑶族长鼓的形状和图案，制作出一批小瑶族长鼓。虽然这批瑶族长鼓不太美观，但凭借独特的造型吸引了游客，大部分游客在了解瑶族长鼓的意义后都乐意购买。这令唐买社吊很受鼓舞，也更加坚定了他在传统瑶族长鼓制作工艺基础上创新制作新型小瑶族长鼓的决心。

在那之后，唐买社吊潜心制作小长鼓，并根据市场需求不断做出调整。比如为了提高档次，将原料换成传统长鼓用的胭脂木；为了提高效率，亲自设计出一套工具，并且购置机器，这些基本代替了 40% 的人工劳动。为了扩大产业规模、照顾家乡青年就业而开办瑶族长鼓制作技艺培训班，向学徒系统传授瑶族长鼓制艺，联合制鼓人才成立瑶族长鼓设计团队。通过几年的钻研，瑶族长鼓制作不仅大大提质增效，还丰富了产品种类，推出以专利产品——原创排瑶手鼓为主的一系列创新瑶族长鼓，获得良好的市场反响。

原创排瑶手鼓等产品的热销吸引到大家的注意力。2016 年，北京师范大学的师生团队对唐买社吊进行采访，在他们的宣传下，越来越多人认识了唐买社吊和他所制造的创新瑶族长鼓。同年 8 月，唐买社吊被邀请到北京参加"美丽中国·和谐家园——四川德阳三星堆民族文化创意设计展"，在展览上，唐买社吊带过去的原创排瑶手鼓成为焦点，获得了"最佳设计奖"，还得到国家民委领导的赞赏。得益于该场展览会，瑶族长鼓的知名度大大提升，许多艺术展览活动，如在深圳开幕的第十三届中国（深圳）国际文化产业博览交易会、2017 年中国（广东）民间工艺博览会暨第十届广东省民间工艺精品展等，都纷纷助力瑶族长鼓开展宣传。

唐买社吊感到国家和社会愈来愈重视优质传统文化的保护和宣传，判断出瑶族长鼓产业将迎来重大发展契机，于是在 2016 年申请注册连南瑶族自治县名瑶工艺坊，希望能进一步扩大瑶族长鼓产业规模。企业成立后，需要增购设备、招收工人、进行宣传等，面临资金不足的困境。迫于经济压力，唐买社吊多次参加当地政府举办的创业比赛，凭借优异的创业成绩和坚定的传承决心赢得比赛奖金和投资人的青睐，同时让更多人了解瑶族长鼓产业，体会瑶族传统文化的魅力。唐买社吊还带着瑶族长鼓产品积极参加文化交流活动或走进校园课堂，向大众讲述瑶族长鼓的文化内涵，分享自己的创业经历，进一步提升瑶族长鼓的知名度。除此之外，政府工作人员也为瑶族长鼓产业提供了很大支持，比如在道路上设置瑶族长鼓标志，申请政策补助等。一些自媒体经常通过拍视频、写文章等方式帮助宣传瑶族长鼓。

在多方支持和多年努力下，瑶族长鼓产业欣欣向荣，取得了令人瞩目的成绩。

从产业产量看，名瑶工艺坊自 2016 年成立至今已制作、销售 23 万多个瑶族长鼓、3 万多个排瑶手鼓、2 万多个瑶族花鼓，成为连南最重要的瑶族长鼓制造、宣传基地。

从经济效益看，名瑶工艺坊每年创造 20 万元左右的收益，增收稳定，保障了创业者的生活，增加了当地政府税收。

从吸纳就业看，瑶族长鼓生产线向乡亲免费教授制作技艺，培养 20 余名专业技术师，扩大非遗传承力量；向困难户、残疾户提供 20 多个稳定的工作岗位，解决连南部分人口的就业问题，人均日收入接近 100 元。

从文化宣传看，唐买社吊积极组织大型瑶族长鼓制作技术培训和非遗传承宣讲活动，为传承、创新瑶族长鼓做出重大贡献。

从身份转变看，2018 年、2020 年，唐买社吊先后被评为市级、省级非物质文化遗产项目"瑶族长鼓制作技艺"代表性传承人。新身份带来新机遇，新征程不畏新挑战，唐买社吊更加坚定地带领瑶族长鼓产业披荆斩棘、向前发展。

三　致富经验

"非遗"产业如何在共同致富道路上走得更远？从唐买社吊的瑶鼓产业发展经历中，可以得到以下三点启示。

第一，勇于创新，积极探索推行"非遗 + 产业"模式。这是依托"非遗"代表性项目或传统手工艺，开展"非遗"保护传承，带动当地人群就近就业的模式。唐买社吊是连南瑶族长鼓制作技艺传承人，他从珠三角辞职回乡，专注长鼓制作，在传统长鼓的基础上，他开发出新一代民间乐器排瑶手鼓，成为"广东省基层宣传文化能人"。在瑶鼓产业发展处于瓶颈期时，他践行旅游政策，以产业创新为支撑，挖掘出瑶鼓纪念品的发展潜力，将产品定位为创意旅游手信，成功实现产业转型升级。瑶鼓纪念品获得了热烈的市场反响，切实填补了连南旅游纪念品的市场空白，不仅创新了瑶族长鼓，还传播了"瑶"远乡音。"非遗"与产品相结合的模式，通过挖掘"非遗"的创意价值并将其转化为创意资本，不仅赋予了"非遗"新的活力，也拓展了"非遗"产业的发展空间。

第二，充分调动社会力量，打造"非遗"文化品牌。在瑶鼓产业资金不足、知名度低且市场小的情况下，唐买社吊多次主动参加创新创业竞赛、传统文化交流学习活动、产品展销会等，并和学校合作瑶鼓课程，将宾客"引进来"观赏，让产品"走出去"展示。在政府政策、社会力量以及工作团队的合力作用下，瑶鼓已成为连南旅游宣传的文化品牌。选择合适的传播媒介并结合高效的营销渠道进行产品推广，扩大了品牌影响力，提高了市场知名度。

第三，采取"工坊+企业+农户"模式，赋能就业增收。唐买社吊不仅创办了名瑶工艺坊，还成立了连南瑶族自治县古寨歌堂文化传媒有限公司、遥遥艺术馆。唐买社吊不仅保存了瑶歌瑶舞等文化，还向中小学生培训了小长鼓制作等技艺，全方位扩展了瑶族文化项目。在扩大产业规模的基础上，唐买社吊为当地乡亲提供了大量的就业岗位，增加了当地农户的收入以及地方政府的税收。以"非遗"工坊为牵引，带动当地人群就地就近就业，既推进村民增收致富，又促进"非遗"产业不断发展与壮大。作为近年来乡村振兴带头发展的新兴产业，"非遗"产业不仅以文化动力带动当地经济发展，还在经济市场中展现文化内涵，助力乡村振兴的同时在"非遗"文化的宣传上取得实效。

四　案例点评

全面推进乡村振兴是新时代中国建设农业强国的重要任务。2021 年，国家乡村振兴局指出："在非物质文化遗产助力精准脱贫工作基础上，继续推动非遗工坊（原非遗扶贫就业工坊）建设，加强非遗保护，促进就业增收，巩固脱贫成果，助力乡村振兴。"[①] 可见，实现巩固拓展脱贫攻坚成果同乡村振兴有效衔接，将非物质文化遗产保护工作与乡村振兴相结合，具有重大现实意义。在很长一段时间内，乡村"非遗"项目在城市化热潮的冲击下日渐式微，但随着新时代乡村振兴战略的推进，乡村"非遗"迎来新的发展契机，不少地区探索出"非遗+产业"的乡村振兴新道路，实现了优秀传统文化的传承与乡村致富的双赢。

唐买社吊的瑶鼓项目创新创业案例正是乡村"非遗"项目产业化发展的典型案例，能为其他地区推进"非遗"项目传承与经济发展提供宝贵参考。在早期创业中，他也遇到过市场薄弱和销售量低的困境，前期努力一度白费。但他在后期的摸索中以政府政策为依托，结合市场调研分析，挖掘出以瑶鼓纪念品为转型主体的"非遗+产业"模式，打造"非遗"著名文化品牌，大大

---

① 《文化和旅游部办公厅 人力资源社会保障部办公厅 国家乡村振兴局综合司关于持续推动非遗工坊建设助力乡村振兴的通知》，中国政府网，2021 年 12 月 16 日，https://www.gov.cn/zhengce/zhengceku/2021 - 12/16/content_5661193. htm。

提升了市场影响力，为"非遗"产业化以及乡村脱贫致富开辟了一条崭新的道路。

适合产业化的"非遗"项目，大部分是以传统技艺为核心的技艺类或民间美术类，并且在历史上已经和市场形成互为依存关系的项目。实现"非遗"产业化首先要转变思维模式，认识到"非遗"虽是传统文化遗产，但也应转型升级。在产业化的转变中，需要将过往"非遗"零散学习的民间技艺形式转变成按照市场规律运作的经济形式。在推广过程中，"非遗"需要搭建起市场化、产业化的生产体系，建立投入、产出、评估、监测的规范性、系统性产业管理模式与利润分配体系。

新时代的中国不断推动着乡村振兴战略落地生根，而这不仅需要全新事物的产生，也需要对优秀乡土文化的传承与创新，唯有牢记中国人的"根"文化，才能开拓全新的未来，以"非遗"项目产业推进乡村振兴势不可当。

（撰写者：郑敏　庄婷　伍雅颖）

陈昌鑫

高山凉蔬菜：小而美农业发展新型思路

案例简介： 陈昌鑫（1985～），汉族，贵州省毕节市大方县人，本科学历，2016年12月，他在家乡成立合作社，采取"合作社+基地+农户（含贫困户）"的模式进行统一种植，种植面积高达200多亩。2018年1月，他调入百纳乡政府工作，通过四种利益联结机制带动乡村产业致富。到2021年，累计吸纳60户贫困户186人参与合作社发展，总计帮助289户831人劳动就业。在乡村创业的过程中，他坚守初心，勇于克服困难，始终与人民群众紧紧依靠在一起，聚焦贫困地区农民的生活困境与发展需求，发挥"领头羊"的引领作用，为乡亲们提供就业岗位和发展路径，帮助乡亲们改善生活，和乡亲们共同致富。

一　案例背景

贵州山区交通不便，但土地资源丰富，陈昌鑫一直在寻找适合在贵州大山种植的作物。在经过一番寻找之后，陈昌鑫发现当归这种中药材不仅药用价值高、市场需求大，而且已经有投资商承诺收购当地种植的所有当归。于是，县里有一位乡亲就计划与投资商合作，引进外来投资商的当归种子，待当归丰收后卖给他们来赚钱，为此当地农户也都开始种植当归。然而，意外发生了，投资商带来的当归种子是假的，并且在卖完种子后就销声匿迹了，不仅导致当地农户亏损很大，而且给县里造成了非常大的负面影响。陈昌鑫把这一切看在眼里，急在心里。

当时政策提倡在职在编的干部带领当地的群众发展致富，于是在政策推动与个人帮助乡亲的愿望下，陈昌鑫毅然放弃了舒适的办公条件，选择创业发展。由于毕业于农学专业，再加上家里经营的是药材生意，他把创业的方向选定在了中药材领域——当归种植。为了种植出更高品质的当归，更快地发展当地的当归产业，他四次自驾去盛产当归的甘肃岷县采种调研。但是，陈昌鑫在进行深入的市场调研后发现，当归在本地的种植难度较高，并且贵州气候条件与当归生长周期会限制当归的产量和品质，且难以掌控销售市场。基于以上原因，陈昌鑫不得不放弃了中药材种植这条路，决定把创业方向调整到生产条件适宜贵州的包菜种植上来。2018 年 1 月，陈昌鑫从普底乡政府调入百纳乡政府工作。通过以下四种利益联结机制带动乡村产业致富：一是抱团发展，吸纳贫困户加入合作社共同发展，参与分红；二是整合土地资源，给予农户土地入股分红；三是提供就业，优先让贫困户劳动力入股，给予分红；四是提高时限效益，采取阶梯型交替种植法种植"高山冷凉蔬菜"，保持全年都有菜出土。到 2021 年，累计吸纳 60 户贫困户 186 人参与合作社发展，总计帮助 289 户 831 人劳动就业。

二　致富过程

陈昌鑫在 2016 年决定投身种植业，当时，他还只是一位在普底乡负责农业指导的专职干部，让他萌生创业念头的是当时发生在普底乡的"假当归"事件。

贵州山区受到自然环境的限制，没有足够的空间开展工业生产，因此，大多数贵州本地居民都会选择农业致富，其中一个乡亲就想与外来投资商合作种植中药材来赚钱。当时，引进的投资商为当地的农户提出种植当归的建议，并举办展览向大家展示长势良好的当归，声称这些品质优良的当归苗正是由他们所售卖的种子种出的，同时宣传当归的药用价值高，市场需求大，不愁销路。不仅如此，投资商还向村民们承诺，只要村民们用他们给的种子种出当归，所有的当归他们会全部收购。正是利用这种话术，投资商欺骗了淳朴的村民，向他们出售了很多种子，那段时间整个普底乡掀起了种植当归的风潮。

但是，等到作物快成熟时，村民们才发现这是投资商设的一个骗局，当归种子全是假的，卖完种子以后这些投资商就离开贵州了，种植的作物最后也无法被售出。这件事令陈昌鑫深受触动，他接触当归这种药材已经有十一年，对它有一定程度的了解，因此他认为，自己要把当归的生长习性搞懂搞清，带领乡亲们种植真当归改善生活。于是，他带着这种不服气的劲头和造福邻里乡亲们的憧憬，开始从各种专业书籍以及学习网站上获得当归种植的相关知识。

一段时间后，大方县出台了政策，鼓励干部们挂职创业带动致富，工资会照样发放，但是创业生产需要干部们自负盈亏。陈昌鑫由于"假当归"事件，又考虑到当归庞大的需求市场，选择领办创办了山地高效农业项目，投身中药材种植业。

为了发展当归产业，陈昌鑫四次自驾去甘肃岷县采种调研。岷县有我国最大的当归生产基地和成熟的产业链条，被誉为"当归城"。陈昌鑫走访了当地当归种植业的从业人员，向他们了解了入行之前需要做的准备工作，也认真观察了他们的种植方式与设备硬件，重点关注了销售市场的范围和销售渠道。岷县周边的村庄基本都从事当归种植业，为了进行更加深入的调研和跟当地的老百姓打好交道，他还在那边住了一段时间，实地走访了好几个村庄。陈昌鑫认为，只有和村民们多多交流，才能获得当归种植最真实的一手材料，清楚了解当归具体的发展前景、市场流向以及种植的技术流程。只有到当归生产的地方，到老百姓真正做出成果的地方，到能够得到种植经验的地方，才是最真实、最可靠的。

遗憾的是，陈昌鑫的调研虽然取得了一些成果，但当在贵州真正实践当归种植的时候，还是遭遇了巨大的困难与挫折。第一，由于当地气候的问题，普底乡的湿度和日照等条件都无法满足当归生长的需要。第二，当归的种植周期比较长，要两到三年才有成品，管护成本与种植成本较高。第三，当归可采收时的市场价格无法被精准预测。总体而言，在贵州发展当归种植业失败的概率很高，因此在现实的困境与深深的失望中，陈昌鑫放弃了种植中药材这条路。

在吸取了第一轮创业失败经验的基础上，陈昌鑫经过几轮慎重的筛选，结合贵州当地的气候条件和土壤状况，粗略估算了人工成本和市场需求，他最终选择包菜作为项目的新种植作物。贵州多高山，气候冷凉，种出来的蔬菜口感和耐热程度都比较好，关键是还能和平原地区的采收期产生时间差，在夏季平原地区蔬菜供不应求时正好可以弥补市场供应的不足。

　　陈昌鑫一开始也只是种了两百亩包菜试试水，没想到种植效果非常不错，超过了他的预期。虽然在这过程中他也遇到了许多困难，例如包菜的运输问题、保温问题、保存问题，但是通过不断的探索、改进，遇到的困难也迎刃而解。例如，陈昌鑫通过准确选址、优化路线等方式有效解决了包菜的运输问题；通过勤喷药、精照看等方式处理日常的虫灾问题。除此之外，在拓展销售渠道方面陈昌鑫下了很大的功夫，2020 年 5 月，陈昌鑫去了 13 个城市，自驾6000 多公里，走遍两广地区，到每一个大城市的批发市场谈业务。他向批发市场的客户们一条一条地阐述自身产业的发展优势，例如直接终端销售、出货价格低廉、蔬菜品质优良、包菜更耐热、蔬菜腐烂少等，最终打动了客户们，让贵州高山包菜成为客户们的优先选择，也正是因为他的用心和坚持，慢慢获得了规模可观的客户群体。

　　陈昌鑫不仅带动了贵州当地的高山包菜产业发展，而且帮助很多乡亲们提高了生活水平。在普底乡，农户的土地 80% 都是闲置的，年轻人大多在外求学或外出务工，沉重的农活留给了留守的老人和年幼的孩童，但他们也无法使土地发挥真正的生产价值。于是陈昌鑫与农户们进行真诚沟通，以及向居委会寻求帮助来处理土地流转的相关事宜。土地流转进入合作社以后，陈昌鑫聚集有体力参与劳动的留守人员从事劳动种植，此后，有的农户参照合作社的经验自己种植作物，收入也慢慢提高了。

　　陈昌鑫最大的致富秘诀还是带动群众。他说，比起让群众来务工，更重要的任务是让他们学习知识，并且在他们学习的过程中和他们建立亲近的关系，让他们相信我们，愿意跟着我们一起进步。每一种活儿要怎么干，怎么才能干好，我会仔细教给他们，同时会表扬他们，通过这种边做边学、互帮互助的方式来提高劳动效率和农业收益。

　　虽然在乡村创业的过程中面临很多困难，但陈昌鑫在不断的摸索和坚持中获得了巨大的精神财富。他最有成就感的，并不是赚了多少钱，而是看到他的推广卓有成效，让大家相信种植经济作物的可行性，这帮助乡亲们改变了以往的生活方式，给乡亲们打开了一个全新的致富窗口。

三　致富经验

陈昌鑫的致富并非运气使然，这在更大程度上是天道酬勤的结果。

首先，不忘初心，勇于克服困难。陈昌鑫的初心是带领普底乡的群众摆脱贫困，让更多人看见村民在脱贫攻坚与乡村振兴中的力量。陈昌鑫在乡村创业的过程中，始终不忘初心，向村民们传授知识，提供销路，与村民们建立亲近的关系，使村民们不断进步，不断提高他们的劳动效率，从而实现增收。虽然在这个过程中，他也经历了许多次失败，但这并没有让他产生自我怀疑、心态消沉的消极情绪，而是找出根本原因，积极、勇敢地去面对、解决问题，并根据实际情况调整目标，制订新的计划，不断进步，为村民们打开了一个全新的致富窗口。正如他所说，"选择了开始，就要勇敢面对所有"，只有在这一过程中不忘初心、勇敢克服困难，才能不断发现自己的不足，小步稳健地向目标前进。

其次，要因地制宜，学会变通。面对普底乡当地气候无法满足当归生长等问题，陈昌鑫果断地放弃了中药材种植这条路。依托普底乡山区的地理因素和冷凉的气候条件，陈昌鑫因地制宜发展"高山冷凉蔬菜"种植，采取阶梯型交替种植法种植高山冷凉蔬菜，提高时限效益，获得了更好的效果。发展特色产业是实现乡村振兴的一条重要途径，陈昌鑫基于一方水土，靠山吃山，"一把钥匙开一把锁"，发展"高山冷凉蔬菜"特色产业，有力地促进了村民增收和地方发展，推动了乡村振兴。

再次，学习专业知识，虚心请教交流。市场总在变化，但陈昌鑫有着能够顺应大局发展的自信。他对自己的评价是"农村的孩子"，也就是说他自己是生于农村、长于农村、学于农村的孩子。他不仅从小跟父亲学习种植知识，在种植方面有一定的经验，而且在升学以后选择了农学专业，在踏上职业之路以后，他的编制亦是在乡政府的农业服务中心。因此，他积累了扎实的专业知识。在发展过程中，他主动进行调研，与专家以及有种植经验的种植户们交流经验，向他们学习，并在实践中不断检验和创新，使专业知识不断得到丰富，做与农业相关的事情自然是得心应手。知识是战胜贫困的最好利器，乡村振兴需要把知识作为引擎，陈昌鑫正是运用专业知识托起了乡村振兴、启动了共同富裕的快车，让普底乡呈现了新面貌、进入了新阶段。

最后，从群众中来，到群众中去，发挥带头引领作用。陈昌鑫采取"合作社＋基地＋农户（含贫困户）"的模式，采用利益联结机制，聚焦贫困地区农民的生活困境与发展需求，群策群力解决乡村地区普遍存在的"无保障、难增收"问题，助力留守弱势群体巩固自身经济基础、寻找发展机会、提高发展意识，提升贫困地区老弱妇孺们的安全感、成就感和幸福感，让留守群体真正成为乡村振兴脱贫致富的主力军。陈昌鑫认为，"乡村致富带头人"代表着一种责任，他要做的，就是把别人可能犯的错误先犯一遍，摸索出经验，做出成果，做出示范效应，才能将脱贫经验有效传播出去，更好地带领群众致富，获得最终的成功。陈昌鑫发挥"领头羊"的引领作用，带领群众发展"高山冷凉蔬菜"特色乡村产业，为乡亲们提供就业岗位和发展路径，帮助乡亲们改善生活，和乡亲们共同富裕。

四　案例点评

在发展乡村经济这个问题上，我国一直受工业经济思维的影响，并据此规划了近几十年的乡村经济发展模式。按照工业经济思维，小农经济是中国实现农业现代化的最大障碍。把小规模的小农经济改造为大规模现代农业，在过去很长一个时期内都被认为是农业现代化发展的必然趋势。中国大量的丘陵山地的地理环境，从根本上决定了中国不能搞美国式的大规模农业，小规模的山地农业种植变得尤为重要。在陈昌鑫的案例中，我们能够鲜明地发现"小而美""小而优"农业发展新思维。在早期种植中，他也遇到过种植条件有限而无法种植高经济价值作物的困境，种植当归的想法遗憾收场。但他在后期的摸索中合理地利用了贵州山区的地理因素与气候条件，发展出独特的高山冷凉蔬菜种植基地。在小规模农业思想的指导下，贵州山区与平原地区相比的种植劣势转化为独特的种植优势。小产量与高质量的结合为贵州山区种植业发展与乡村脱贫致富开辟了一条崭新的道路。

（撰写者：姜函希　陈沛瑶　庄婷　李静怡）

邢少兵

玩具致富厂：智志双扶促就业模式探索

案例简介： 邢少兵（1983～），河北省邢台市新河县人，中专学历，汉族，中共党员，新河县萌星儿童玩具厂老板。2006 年中等专业学校毕业后，他回乡创业，2016 年与朋友合伙开办玩具厂，2017 年起独自接手并将其更名为"萌星"。2019 年以来，玩具厂在政府、企业的共同帮助下得以扩建发展，产品外销多个省份。在其创业过程中，他通过发展扶贫车间、外放手工加工活儿、与碧桂园公司一同组织技能比赛和培训等，带动周边村庄脱贫，帮助半劳动力、弱劳动力贫困户灵活就业。他坚定初心，寻求政府政策支持和爱心企业的资金帮扶，逐步克服自身在创业时所遇到的困难，形成多主体优势互补，有效发挥致富带动作用，最终帮助村民致富。

一 案例背景

邢少兵，中共党员，1983 年出生于河北省邢台市新河县寻寨镇邢秋口村。

2006 年，邢少兵在邢台市新河县职教中心学习农业，毕业后回到家乡邢秋口村开始创业。新河县地处华北平原腹地，地势低洼，土壤肥沃，雨热同季，是传统的农业县，2009 年被河北省政府确定为全省 86 个产粮大县之一。邢秋口村是传统的农业村，耕地较多，以种植小麦、玉米等传统农作物为主，在此情况下，邢少兵最开始从事的是果树种植。此后，依托家中长期养殖蛋鸡的经验，邢少兵在村中租了块地进行蛋鸡养殖和鸡蛋销售，兼营饲料买卖。

2015 年，全国脱贫攻坚战打响，新河县出台了一系列政策和措施鼓励乡村创业。2016 年初，在政策的鼓励下，邢少兵与好友一起创办了玩具厂，生

图1　2018年邢少兵在厂里办公

产泡泡棒类的玩具。邢秋口村地处石家庄、邢台、衡水、德州、济南等大中城市包围的区域，多条交通线纵横通过，有着地租便宜、劳动力价格低、交通发达、距离市场近等优势。2016年，国家出台"十三五"规划，要求加强环境保护，各地纷纷出台相应政策，2017年初，邢少兵的养鸡场因卫生不达标而被关闭，原玩具厂迁移到养鸡场，更名为"萌星"。

当地青年劳动力少且随季节流动性大，半劳动力、弱劳动力较多，无法满足玩具制造行业旺季的劳动力需求，这给邢少兵的玩具厂带来了诸多挑战，一度使玩具厂难以运营。2017年10月，党的十九大提出乡村振兴战略。在国家的号召下，新河县通过协调场地、帮助办理工商注册登记、落实补贴政策等，引导爱心企业和爱心人士办起居家加工的"扶贫小院""扶贫车间"。2018年5月，碧桂园集团与新河县签署了结对帮扶协议，成立扶贫工作队，在新河县开展脱贫攻坚工作。2019年初，在扶贫工作队的帮助下，邢少兵的玩具厂建起了"扶贫车间"，外放手工活儿，并开展技能比赛与培训，带动周边村庄脱贫，帮助半劳动力、弱劳动力贫困户灵活就业。

二　致富过程

"我觉得扶贫是一个智志双扶的过程，我不想让工人赋闲在家，我想让他们获得一份稳定的收入，让他们知道自己可以工作，而且能做得很好。"邢少兵说。

2006 年，23 岁的邢少兵从新河县职教中心毕业，回家帮忙饲养蛋鸡，顺便用闲置的土地种植果树。和其他敢想敢干的青年一样，他也有一个创业梦想。所以在务农的同时，他也试着自己卖饲料。但是几年下来他的创业一直不温不火。

2016 年初，两个朋友突然找到邢少兵，想拉上他一起办个玩具厂。朋友们都在县城里做物流生意，也有货车，邢少兵觉得这是个机遇，想着自己也有跑销售卖饲料的经验，就决定把在玩具厂的工作当副业，和他们一起投资三十多万元建了一个小厂房，开始办玩具厂。

办厂没到一年，邢少兵就遭遇了他创业过程中的第一道大坎。在经营的过程中，他们逐渐发现这一行业有一个特点——特别难获得利润。玩具厂只生产泡泡棒（一种能够吹出泡泡的玩具），并且泡泡棒本身的利润就不大，还有淡旺季之分，冬季天冷是旺季，夏季天热时则需要跟水枪一类的其他玩具展开激烈竞争……总而言之，赚不了多少钱。这样的状况无疑重重打击了创业三人组的信心，到了 2016 年底，两个朋友相继退出了玩具厂。

只身一人的邢少兵也不是没想过放弃，作为一个小企业家，利润微薄带来的周转困难全集中到了他一个人身上，玩具厂赚少赔多，他既要做好承担玩具厂亏损的准备，又要兼顾养鸡的家业。但是，他思来想去还是不忍心七八位工人因为厂房关闭而失业。最终他咬咬牙，一个人把玩具厂接了下来。

2017 年初，村里开始抓环境保护，邢少兵家里的养鸡场卫生没有达标，被关停了。独自一人撑起的玩具厂一下子从副业变成了仅存的主业，邢少兵开始全身心投入玩具厂。由于玩具厂的利润无法支付地租，他干脆把自家被关停的养鸡场拆了，变卖鸡场里的旧设备，把玩具厂搬了过来，并重新注册了营业执照，开始用自己的商标"童尚"，又精心地给玩具厂取了一个名字——"萌星"。邢少兵尝试把原来的小规模生意做大，为了找客户，他在 3 个多月里跑了全国很多个地方，到各省的批发市场谈生意，最终与湖南长沙的高桥大市场、河北石家庄的南三条市场、山西太原的文百城市场等签订了对口销售协议。凭借勤劳的双手和多年的打拼经验，邢少兵的"萌星"慢慢发展起来了。

随着玩具厂的发展，玩具厂的订单数量快速增加，但新的困难出现了。泡泡棒的制造本身就很需要工人，特别是到了生产旺季的时候，厂里现有的人手完全不够。2017 年底，面对即将到来的旺季，邢少兵和妻子通过外放手工活儿的方式将部分泡泡棒的制作工作外放给行动不便的村民们，让他们在家完成，以此减轻厂里的生产压力。同时邢少兵一家齐上阵，带着在村里村外四处奔走才勉强招募到的 70 多名工人加班赶工。在大家的齐心协力下，"萌星"最终勉强完成了订单量。然而，比起厂里招不到工人，更让邢少兵头疼的，是在招工的过程中发现村里的乡亲们不愿意工作，市场的旺季是村里的农闲，可部分乡亲或是因病，或是自认为没有能力，选择赋闲在家，不出来打工挣钱。

招工的事情很快迎来了转机。2018 年，驻村第一书记了解到有关情况后，在村里用大喇叭广播为邢少兵招募工人；村支书也帮忙找村里的无业者重点是贫困户做思想工作。经过村里扶贫干部的介绍，县供销合作社联合社和周边几个贫困村的驻村干部也陆续拜访贫困户。最后，在县及各村干部的牵头和沟通下，需要招工的老板们和想找工作的村民们建立了微信群，招工信息就在群里发布。信息网络由此建立了起来。有了群聊，邢少兵的"萌星"到了旺季招工人也没那么难了，招工数量逐渐能满足旺季的生产需求，厂里的效益也有所提升。邢少兵还建了一个储存泡泡棒的小仓库。

玩具厂赚钱，工人的收入也跟着增多了。虽然邢少兵招来的工人大多是来自附近村镇年长的半劳动力和弱劳动力，但是大家一个月都能赚两三千块钱，农闲来打工的人每个月也能有将近两千块钱的收入。就这样，厂里的几位贫困户慢慢地脱了贫，工人们的生活也都逐渐好了起来。邢少兵看到工人们都积极工作，都挣了钱脱了贫，心里很开心。平时他和工人们关系也很好，就像亲人一样，过年过节时还会一起吃饭，由于他在厂里年纪最小，大家都很亲切地称他为"小兵"。

2019 年初，碧桂园集团跟随扶贫干部到访"萌星"，在了解到邢少兵带头致富的情况后，出资为他建了一个扶贫车间。工人们的工作环境改善了，"萌星"也能容纳更多的工人工作了，邢少兵也能为更多半劳动力、弱劳动力村民提供脱贫致富的机会了。

借着玩具厂的发展势头，邢少兵更加积极地帮助乡亲脱贫。他看到隔壁村曾经举办技能比赛和手工活儿培训，觉得这是一个消除人们惰性、鼓励人们积极致富的好方法，就找到村干部和碧桂园集团的经理说明了自己的想法。经过与多方联系，在 2019 年 10 月 17 日——第六个国家扶贫日当天，新华社、碧桂园集团、县供销社和市农行驻村工作队在村里办了一场手工活儿培训兼技能比赛，得到了县里领导的重视和帮助。邢少兵负责出师傅和道具，碧桂园集团为参加活动的村民提供奖品。那场活动办得很成功，来参加的乡亲们先是接受厂里师傅的培训，了解做泡泡棒的工序，之后进行制作泡泡棒的技能比赛。相关操作的难度很低，十二三道工序，上手很快，很多人当场就学会了，也在比赛中取得了名次，拿到了奖品。人们在参加完这个活动之后，发现自己还有能力挣钱，也都更有热情去自己谋生了。就这样，乡亲们的士气被调动起来了，来厂里上班的工人也更多了，看着人们日渐积极主动地工作，邢少兵总会开心地感叹："有些人不是不想变好，只是缺别人推他一把，让他觉得自己能行。"

从养殖蛋鸡到开办玩具厂，邢少兵从农业领域转向手工业领域，看准玩具厂的发展特点与市场前景，答应朋友的邀约并选择坚持做下去；发挥村里便宜的地价优势，利用自身已有的土地资源，将原来的鸡场改建为厂房，解决了场地问题；借助原来蛋鸡销售的人脉和渠道，打开玩具厂的销售渠道；注意到当地农忙季与泡泡棒旺季的交错，通过雇用村民和外放手工活儿来增加泡泡棒的产量，解决了人手不够的问题。从最初的选择，再到场地、市场、人力等问题的解决，在个人的努力以及国家和碧桂园集团的帮助下，邢少兵成功扩大了"萌星"玩具厂的规模，将产品外销到省外，为村民提供了更多的劳动机会，为当地增加了收入，成为当地的乡村致富带头人。

图2　2022年3月12日邢少兵在新厂房里工作

三　致富经验

时至今日，"萌星"不仅是邢少兵个人成功创办的玩具厂，更是他带动附近村镇贫困户脱贫的致富点，邢少兵的生活变好了，附近村镇的村民们也跟着一起脱贫了。在玩具厂日益发展的同时，邢少兵不忘他的创业初心：既要给自己一份收入，也要让更多的人获得一份收入，让大家知道自己不仅可以工作，而且能做得很好，让乡亲们脱贫致富，不再因为"不能富""不愿富"而选择赋闲。邢少兵的成功看似是多种机缘巧合交织的结果，实际上是他个人努力和不断坚持的结果，其创业经历也蕴含许多宝贵的致富经验，值得借鉴和学习。

其一，积累创业经验，确定合适方向，匹配有效需求。邢少兵最开始从事的是果树种植，之后才进行蛋鸡养殖和饲料买卖。在实践过程中，他立足市场需求，考虑到玩具的制作技术简单且易上手，以及当地人的知识水平有限，选择与朋友合作创办玩具厂，挖掘了一条真正合适他本人和当地村民发展的创业之路。条条大路通罗马，创业的方向有很多，并不存在通用之法，即同一个成功致富经验并非适合所有人，在实际创业的过程当中一定要做到因地制宜，具体问题具体分析，正如邢少兵选择开办玩具厂并不是盲目、跟风的冲动，而是将自身的资源、当地的优势条件与市场实际需求相匹配。

其二，坚持创业初心，积极寻找解决方案。创业之路道阻且长，邢少兵的合作伙伴们也相继退出，但邢少兵仍然选择坚持创业初心，顶住压力，独自发展玩具厂，保住了工人的饭碗。玩具厂的地租不够，邢少兵就直接把养鸡场拆了，变卖旧设备来获取资金；泡泡棒利润微薄，他便跑遍了全国各省的批发市场签订对口销售协议。邢少兵拥有的坚定创业的步伐和迎难而上的顽强心态使他突破了一个又一个难关，帮助他在创业道路上越走越远，邢少兵实现了自己的梦想，也发挥了"致富带头人"的作用，守住了工人的希望，带动了家乡的发展。

其三，多主体齐发力，扶"智"也扶"志"。玩具厂属于劳动密集型产业，需要较多的工人。然而村里的人或是因病致贫没有出路，或是妄自菲薄而选择赋闲在家。对于如何打破两者的消极局面，邢少兵想到要"智志双扶"。他接受扶贫干部和当地村民的帮助，借助国家政策的支持与碧桂园集团的投资，联合多个主体共同发力，通过扶贫车间、技能比赛、外放手工活等多种举措，帮助村里人逐渐掌握一门技术，使之建立致富的信心，带动贫困户一起发展。

四　案例点评

扶贫先扶志，扶志就是扶思想、扶观念、扶信心，帮助贫困群众树立起摆脱困境的斗志和勇气；如果扶贫不扶志，扶贫的目的就难以达到，即使一度脱贫，一段时间后也很有可能会再度返贫。"十四五"规划强调，要进一步巩固拓展脱贫攻坚成果，实现脱贫攻坚成果同乡村振兴有效衔接，加快推进脱贫地区乡村产业、人才、文化、生态、组织等全面振兴，为全面建设社会主义现代化国家开好局、起好步奠定坚实基础。[①] 这不仅需要各级政府凝心聚力，投入

---

① 《中华人民共和国国民经济和社会发展第十四个五年规划和 2035 年远景目标纲要》，中国政府网，2023 年 9 月 7 日，http://www.gov.cn/xinwen/2021 - 03/13/content 5592681.htm。

大量的物资等为贫困群众"输血"，解决迫切的生产生活之需，增加获得感，而且要注重有针对性地扶志与扶智，激发贫困群众自我发展的内生动力，巩固好脱贫攻坚的成果。

在本案例中，我们可以看到政府联合企业为邢少兵修建扶贫车间，帮助他招工，让邢少兵有条件自发地帮助村民们脱贫、带头致富；面对青年劳动力缺少、本地劳动力致富意愿不强等问题，邢少兵与政府、企业联合发力，优势互补，从扶志入手，唤醒人们的劳动热情，通过修建扶贫车间、外放手工活儿、举办技能比赛等方式，解决了工厂招工难和工人技能薄弱的问题，也实现了半劳动力与弱劳动力的灵活就业，让贫困户重燃工作热情。

从邢少兵的带头致富故事中我们可以看到，政府、企业、返乡创业者等多主体形成了优势互补。面对劳动力不足的问题，政府将外部"输血"式扶贫与内部"造血"式脱贫相结合，智志双扶，做到了扬长避短、开源节流，既实现了劳动力的灵活就业，又解决了工厂的发展问题，形成了良性循环，激发了贫困群众自我发展的内生动力。这对乡村振兴中发挥多主体的带头作用、挖掘乡村群众的内生发展动力具有一定的借鉴意义。

（撰写者：林嘉豪　杨妹　朱烨　庄婷）

廖志其

破茧终成蝶：老村长助推农文旅大融合

案例简介：廖志其（1966～），广东省英德市人，小学学历，汉族，中共党员，鱼咀村理事会理事长，碧桂园公益岗位"老村长"。2017年底，他不顾家人反对，毅然放下已经经营19年的冬瓜生意，千里归乡，积极协助碧桂园集团帮扶工作队做好鱼咀民宿项目。这期间，他带头拆迁房屋，做好每一户村民的沟通工作，化解矛盾。短短两年时间，在他的引领下，鱼咀村发生了翻天覆地的变化，村集体收入达到50万元。2019年，鱼咀村被评为"广东十大美丽乡村"，碧乡鱼咀民宿项目也荣获"中国十大精品民宿""广东十大精品民宿"双项奖。虽然民宿建设过程中遇到很多艰难和阻力，但他仍然积极履行自己的职责，带领村民走好古城复兴之路，促进农文旅产业融合发展。

一 案例背景

位于广东省英德市浛洸镇的鱼咀村，是一个具有2000多年悠久历史的古村落。据记载，先有鱼咀后有浛洸，再有英德。过去，因为独特的地理位置和历史文化，鱼咀村成为一个重要的商贸中转站，商业十分繁华，吸引了五湖四海的商人来此经商并扎根安家，从而形成如今125户村民有38个姓氏的传统古村落。然而时过境迁，随着商业衰落，越来越多的村民离开了自己的家乡，前往外地挣钱养家，留下了一个日渐衰败、破旧的"空心村"，以及见证昔日辉煌的古城墙、古井、古树、古码头、古庙、古商铺等。

直到2017年，古村鱼咀村被选为定点帮扶村，碧桂园集团和广物控股集团有限公司共同修复鱼咀古城，打造农文旅融合的民宿项目，鱼咀村的发展迎来转机。

　　在外经营冬瓜生意，常年走南闯北，见多识广，素有"冬瓜大王"之称的鱼咀村人廖志其，每次回村看到破败不堪的家乡，都很有感触。在听说这一家乡改造的帮扶消息时，他立即意识到这是一个"天赐良机"。于是毅然放下自己的冬瓜生意，回村创业，后被推选为鱼咀村理事会理事长。自此，廖志其便走上了带领村民进行古城鱼咀农文旅融合发展的致富之路。

图1　2019年10月廖志其在合作社龙虾基地投虾苗

二　致富过程

　　第一，解决土地用途争议是关键。农文旅项目是改造鱼咀村的好契机，其首要问题是解决土地用途的争议。村民们的土地被征用，有些用于建造房子，有些用于绿化，有些用于修路。对此，有些村民认为土地的利用影响到自身的利益，对项目推进有意见。如果自家土地被用来建房子，村民自然高兴，愿意配合，因为10年以后房子的所有权归自己，但是如果自家土地被用来做绿化、修道路，村民就很不乐意，不愿意配合，在他们看来，把土地用于铺设道路，土地将不再属于他们。所以解决土地用途争议是项目成功推进的关键一步。刚开始，廖志其一户户上门慢慢聊，力求做通思想工作，实在行不通的，就以那些村民家中在珠三角务工的年轻人为突破口，约他们出来喝小酒，晓之以理，动之以情，畅谈鱼咀村的变化。除此之外，廖志其还以身作则，为了铺路率先拆了自家的 5 间房子，同时动员自己的大哥也参与到这项工作中来。慢慢地，年轻人的思想工作做通了，然后再由年轻人去做他们家长辈的思想工作，土地用途争议问题也就一一被化解了。

第二，做村民思想工作贯穿项目始终。鱼咀古城农文旅项目刚启动时村里很多老人并不赞成，他们对廖志其说："阿其，你看不出这是要把村子卖掉吗？"民宿项目刚开始推进的时候，有些村民不配合，经常阻碍施工。砍了竹子，村民就说要补多少钱。项目建成后，有钱赚了，虽然有"4321"的利益分配模式作指导，但具体分给哪些人村民还是起了争执，尤其是外出的村民和户口不在本村但曾经为村里做出贡献的村民应不应该参与分红。在项目建设运营的不同时期，村民的想法都不一样，需要让他们转变观念，更需要求同存异，做村民思想工作就成为一项常态化的事务。所幸，廖志其顶住了各方的压力，打消了村民的各种疑虑，协调好各种利益矛盾，最终让村民齐心协力围绕鱼咀古城农文旅项目的发展出谋划策。

第三，分红要协调各方利益。鱼咀村农文旅项目采用"4321"利润分配比例进行分红：40%分到村里，30%分给运营商，20%分给村委，10%分给镇政府。然而在鱼咀古城农文旅项目获得利润之后，村里的分红出现了问题。有些村民主张不分给外出的村民，因为他们的户口并不在鱼咀村。但是外出的人，他们出的力、出的钱比在村里的人更多。在廖志其看来，外出的人想要的并不是钱，更多是要一个名分，如果不分钱给他们，便是不认可他们是鱼咀村的人，他们怎么会接受呢。因此，廖志其并不同意不分红给外出的人。

鱼咀村 2009 年就开始办敬老活动，每年都会请老人吃饭，也会分派红包、礼物给老人。以前村里办这些公益活动，很多外出的村民都会捐款。现在村里的建设更需要团结所有的村民，无论是外出的还是本地的。在廖志其看来，以前村里有什么事情，外出的人马上回来捐钱。2013 年发大水，外出的人打电话来，第一句话就问村里需要什么，比如当时没饭吃，外出的村民马上就拿出

6吨大米来分，他们对鱼咀村确确实实有很深的感情，现在分钱不分给人家，这样是行不通的。所以如何分红、怎么说服本地村民给外出村民分红对于廖志其而言也是一个大问题。对此，廖志其会经常外出学习，看一下珠三角示范村是怎么分红的。目前，这个问题因为还没有讨论成功，所以分红还没有分到个人。

图2　2021年2月廖志其在合作社出售龙虾

三　致富经验

如何带领村民走向共同富裕？在廖志其看来，一个好的时机十分重要。作为一个村的致富带头人，做好村民的思想工作和动员村民参与乡村建设是一件难度很大，但又不可或缺的事情，只有大力动员当地农户参加乡村建设，才能实现农户创收和乡村致富的双赢。廖志其的致富经验总结下来主要有以下三点。

第一，打造"政府＋企业＋合作社＋农户"的产业发展模式。回溯鱼咀村的发展历程，政府、碧桂园集团以及广物控股集团等发挥了重要的帮扶作用。在碧桂园集团的推动下，鱼咀村建立起了农村合作社，通过合作社来有效动员村民参与乡村建设，发展当地的小龙虾养殖产业。村书记、村民纷纷入股合作社，村民参与利润分红，每位村民一年可以分到两百多元。"政府+企业+合作社+农户"的产业发展模式提高了村民参与乡村建设的积极性，释放了乡村振兴新动能。

第二，制定村规民约，推动乡村发展规范化。廖志其通过制定村规民约来规范房屋建设，尤其是涉及文化遗产和古村风貌的各类建筑，廖志其主张保留，对于不该被保留的破旧房屋，廖志其主张拆除。以前村民们乱建房屋，导致房子高矮不一，现在村民建房子必须要符合村规民约，要配合农文旅项目建筑的高度，不能建得太高。村规民约的设定使得鱼咀村的房屋高度整齐、排列有序，不仅使得整个村子面貌焕然一新，还提升了乡村社会的治理成效。

第三，平等交流，共同推进产业振兴。在建设乡村的过程中，乡村致富带头人要沟通有道，积极化解争议及矛盾。尽管许多村民都对征用土地存在争议，但廖志其一次又一次耐心地和村民解释、交流，努力达成用地共识。与乡亲们平等地面对面交流问题，让他们看到真心与真诚，让他们放心合作，是有效促进产业发展、推动乡村振兴的基石。

四　案例点评

2023年"中央一号文件"指出，要实施乡村休闲旅游精品工程，推动乡村民宿提质升级。农文旅产业融合是鱼咀村成功致富的关键密码。农文旅产业融合，就是以乡村发展、产业兴旺、生活富裕等为目标，政府采用市场经济手段，通过市场机制对构成乡村物理空间和乡村各种功能载体的产业资源（如农产品）、文化资源（如民俗文化）、旅游资源（如生态景观和特色建筑）等进行重组运营，以实现经济价值、文化价值和生态价值的最大化。[①] 本案例中，廖志其带领鱼咀村打造古贸易码头文化记忆小镇，展示"商贸码头+古商业街区+蚕文化+打铁文化"的多重文化景观，实现了农文旅产业的融合发展。

在推进农文旅产业融合发展的过程中，需要注意其适用条件。一方面，农村经济发展和经营方式受到地理位置、农业资源等因素的影响，在发展过程中

[①] 雷明、王钰晴：《交融与共生：乡村农文旅产业融合的运营机制与模式——基于三个典型村庄的田野调查》，《中国农业大学学报》（社会科学版）2022年第6期，第20～36页。

要因地制宜，即结合当地具体的自然环境和资源来制定相应的发展方案。另一方面，农文旅产业融合还需要得到政府及企业的大力支持。在产业融合过程中，政府出台支持农文旅产业发展的政策，企业则负责具体的项目建设、规划运营、技术支持。2018 年 3 月，浛洸镇政府、碧桂园集团、鱼咀村委会，正式启动鱼咀古城农文旅项目，并对鱼咀村的农文旅产业发展作出了科学规划。碧桂园旗下的广东博意建筑设计院有限公司作为鱼咀村的整体设计方，在住房布局和设施建设方面充分考虑了当地特色民俗，对原有建筑进行局部的改造提升，修旧如旧，以存其真。

除此之外，在推动农文旅产业融合的过程中要注重提升村民的参与感和幸福感，廖志其促进当地村民在村就业，使大多数村民有建设鱼咀村的参与感，还有获得物质收入的幸福感，真正使村民实现了稳定增收，并成功走出了一条农文旅结合的特色产业发展之路。鱼咀村是一个古村落，前身是商贸中转站，保留了许多古城墙、古码头、古商铺等古建筑，具有丰富的优秀传统文化资源与深厚的历史文化底蕴。如今，鱼咀村还建起了书吧、咖啡厅、民宿、养殖场、拓展基地、大型的篮球场等，游客除了能享受在村内菜园种菜摘菜的农活乐趣之外，还能欣赏花海梯田，感受鱼咀之美。鱼咀村通过打造集田园风光欣赏、文化休闲、精品民宿于一体的特色旅游项目，推动当地旅游业的发展，实现乡村致富。

中国式现代化是全体人民共同富裕的现代化。鱼咀村将休闲旅游产业与新型城镇建设有效结合，适应了现代农业发展趋势，村民也能实现"在家门口就业"，村民既有收入，又能照顾家庭。通过这个案例可以看到，只有不断推动乡村产业高质量发展，培育乡村新产业新业态，才能在共同富裕的道路上行稳致远。

（撰写者：罗浩奇　周丹纯　黄卓勇　庄婷　缪怡玲）

刘 超
莓莓致富茶：技术助力莓茶产业链构建

案例简介：刘超（1982~），湖南省永定区人，本科学历，土家族，中国农村青年致富带头人协会副会长，湖南乾坤生物科技有限公司董事长。大学毕业至今，他做过药店营业员，尝试过自己开药店，后在不断努力和摸索中成立了湖南乾坤生物科技有限公司。在产业发展过程中，他采用"公司＋合作社＋合作联社＋基地＋农户"的模式，帮助乡亲解决销售渠道问题。截至目前，帮扶过程共实施产业扶贫与科技兴农项目8个，涉及3个合作社8个村，1203个农户3385个人，其中建档立卡贫困户902户。通过产业带动，帮扶村已全部脱贫。此外，创业过程中为促进产业良性发展，从前端育种到后期产品研发，他不断进行产品升级，为推动绿色健康产业而不断努力。

刘超日常工作照

一　案例背景

刘超出生于湖南省张家界市永定区熊家逻村，张家界崇山峻岭，熊家逻村也重山环绕。刘超年幼时，家境贫苦，冬天只有妈妈做的一双布鞋，遇到下雨天，地上满是泥泞，因为担心把鞋弄湿，他只能把鞋脱了赤着脚上学。1998年，刘超作为山里为数不多的大学生走出了大山，来到了湖北荆门，小时候被镰刀割伤没钱就医的经历让他选择了学医。2002年大学毕业，刘超选择回到家乡，在药店做一名营业员，他深知年轻人要有自己的梦想，所以他开始一边工作，一边学习，观察其他的药店是如何经营的，慢慢地为自己创业做着准备工作。

刘超的创业历程可以分为两个阶段，第一个阶段是出乡，第二个阶段是返乡。大学刚毕业的刘超从药店营业员做起，在经过历练和学习后，在父母和乡亲们的支持下，2004年刘超如愿开了自己的第一家药房。经过不断发展，又陆续开了两家连锁药店，其药店的销售额始终高于行业的平均水平。刘超的生活条件不断得到改善，可当他回到家，看见家乡的贫困面貌，便想做些什么，带着乡亲们一起发家致富。由于刘超经常需要去湖北以及四川进购药材，他想到了在自己的家乡种植中药材。

刘超的返乡创业初期并不顺利。原因有两个，一是没有做到因地制宜，二是所种植的中药材市场价格回落。2005年刘超建成了中药材基地，可经过漫长的三年生长期后，全球金融危机使得刘超手足无措。2008年持续的通货膨胀导致银行贷款收紧，很多收购中药材的商人由于资金周转问题急着套现，他们降价抛货以加快现金周转，这导致短期市场供求发生变化，中药材价格下降，刘超也因此损失了近千万元。

失败后的刘超并没有放弃，他继续寻找能带领乡亲们致富的道路，在不断的钻研和中药专家的指导下，他决定种植莓茶。自2016年以来，刘超的公司在永定区委区政府"一县一特"的指引下，经过精细规划，采用"公司＋合作社＋合作联社＋基地＋农户"的模式，给村民带来了收益，促进了家乡的发展。

二　致富过程

刘超的第一次创业经历是自己开药店。由于创业启动资金不足，刘超只能回乡寻求帮助。刘超的老家在湖南省张家界市永定区熊家逻村，是一个比较贫穷的地方，刘超目前安稳的日子在他的父母看来很是满意，他家自然是不愿意刘超去冒险创业的。但在刘超的不断的坚持和劝说下，他父母的态度最终也由反对转变为支持，可即使家中所有的积蓄合在一起，对于开一家药店来说也只是杯水车薪，刘超不得不向乡亲们开口借钱。刘超便找 80 个乡亲凑了 40 万元，在 2004 年的时候刘超开了属于自己的第一家药店。对刘超而言，是乡亲们的支持帮助他迈出了创业的第一步，这也是他想带领乡亲们共同致富的原因之一。

开药店并不是一帆风顺的，在创业前期一天的销售额经常只有几百元，月底根本没有钱给员工发工资，刘超只能另想出路，每天把自己关在闷热的药房仓库做销售方案，在做了无数个方案之后最终决定采用"药店加门诊"的模式。模式确定后还需要进行市场宣传，为了尽可能地节约成本，刘超每天自己骑着摩托车在张家界的街头小巷给人派发传单、跑业务。在刘超的不懈坚持与不断努力下，药店终于有了起色。

药店经营稳定后，刘超需要经常前往湖北、四川进药材，看着自己的事业渐渐红火，但家乡贫困的景象并未改变，他又萌生了新的念头：在自己的家乡种植药材，带领家乡人民一起致富。

刘超的家乡山清水秀，自然条件极佳，种植在这片土地上的中药材长得很好，产业渐渐发展起来了。但刘超也发现很多中药材不适合在这里生长，比如白术前期的成活率很高，达到了 80%，后期却慢慢枯萎了。除此之外，由于中药材的成长期很长，市场波动很大，三年成长期满后，市场价格也回落了。2008 年，由于全球金融危机，中药材价格大幅下降，刘超亏损了近千万元，年末发工资时，刘超只能在红包里打上欠条，承诺第二年兑现。后来经农业局的一位领导推荐，刘超找到了种植中药材的专家，在和专家进行不断研讨后，他发现自己的中药材种植没有做到因地制宜。此后刘超一直寻找适合在自己家乡种植的中药材，希望以此来帮助自己的家乡摆脱贫困。通过不断的尝试与不懈的坚持，刘超最终找到了这把打开家乡贫困大锁的钥匙——莓茶。张家界富硒的土壤、高负氧离子含量的空气完全契合了莓茶生长的要求。莓茶是一种药食同源的藤本植物，不仅不含茶碱，而且拥有高含量的植物黄酮，对人体大有益处，基于种种因素，刘超最终选择发展莓茶产业。

一心记挂着乡亲们恩情的刘超，在莓茶发展过程中，一直尽最大可能让利于乡亲们，但实际上在前期刘超和他的莓茶产业并没有获利，有时企业反而处于亏损状态，刘超知道没有技术的支持，没有专业的管理，产业难以得到良性发展。于是，2016 年，刘超的公司在永定区委区政府"一县一特"的指引下，提出了"公司＋合作社＋合作联社＋基地＋农户"的模式，并通过产业帮扶、技术支持、互助扶贫三种方式带动乡亲们一起致富。

作为大山里的孩子，刘超知道农户最担心的是销路问题，通过产业帮扶，公司成立农民专业合作社和供销惠农合作社，为入社的农户提供种苗、肥料、农膜等农资来进行对口扶持，同时签订购销合同"农商互联"确保销路，这样农户们一来不用担心原料采买，二来不用担心东西卖不出去，在帮助乡亲们降低风险的同时有效提高了他们的生产积极性。同时，刘超通过技术扶持为农户提供技术培训，让他们学到专业的技术，使他们通过自己的努力换取收获。另外是互助扶贫，采用"股份制""托管制"等多种途径，由农户自己选择与合作社的合作方式，这几种制度的不同之处在于风险和收益的不同。比如股份制，选择这种制度的乡亲需要提供土地甚至资金，从某种意义上来说，他们承担的风险更大，但收益也更多。而托管制相对来说更受乡亲们欢迎，因为乡亲们基本上不需要承担任何风险，前期合作社进行土地流转，只需乡亲进行管理和护理，后期在采茶环节，采得多收入也就多。

刘超始终强调标准的重要性，并大力发展有机种子。2020 年 5 月 30 日，刘超借助"神州五号"把莓茶种子送上了太空，利用太空特殊的失重和强辐射环境培育新品种。为推动企业良性发展，刘超通过延长产业链的方式提高产品附加值，先后与湖南省中医药研究院、湖南省药物安全评价研究中心、广东省农业科学院等科研单位开展产学研技术合作，开发出药食两用的显齿蛇葡萄黄酮茶饮料、黄酮口服液、黄酮儿童营养面条、莓茶标准提取物 4 个产品，逐步发展成一二三产业融合发展的新局面。另外考虑到当下人们对于网购的热爱，刘超采取了线上、线下结合的方式进行销售，目前在天猫和京东两个网购平台上莓茶的销量位居行业第一。

关于后续的发展计划，刘超目前有三个方面的打算，一是打造一个样板莓茶主题公园，发展乡村旅游。二是对乡亲们进行土家族摆手舞、山歌方面的培训，更好弘扬土家族自己的文化。三是帮助乡亲们美化屋前屋后的环境，通过多种途径推动家乡的发展。在带头致富过程中，刘超先后帮扶了张家界桥头乡熊家逻村、桥头村、拖船峪村、马头溪村，帮扶过程共实施产业扶贫与科技兴农项目 8 个，涉及 3 个合作社 8 个村，1203 个农户 3385 个人，其中建档立卡贫困户 902 户，贫困人口 2575 人，占总人口的 73.4% 。通过产业带动，帮扶村已全部脱贫。

三　致富经验

刘超在经过无数次的市场调研、仔细的创业规划、洞察市场机遇之后，成功开辟了属于自己的创业致富道路，并将家乡的莓茶销往各地，从他用莓茶开辟共同致富道路的经历中我们可以得出三条创业经验。

一是紧跟国家政策，抓住时代机遇。第一次创业开药店因资金不够，刘超在乡亲们的帮助下，借了 40 万元，开了人生的第一家药店。在第二次创业过程中，刘超种植中药材失败，经过无数次的研讨后，最终找到了打开家乡贫困大锁的钥匙——莓茶。在发展莓茶产业的过程中，刘超更是紧紧抓住了每一个机遇。2016 年，在永定区委区政府"一县一特"指引下，刘超采用了"公司＋合作社＋合作联社＋基地＋农户"的模式，带领村民们一起致富。作为一名创业者，要紧跟国家发展的政策风向标，具有一定的政治敏锐性与觉悟性，一方面要紧跟政策，顺应时代发展潮流，根据政策所指引的方向适当调整产业发展方向；另一方面要充分利用国家政策，例如政策补贴、低息贷款等促进产业发展。

二是不断创新，通过技术牵引发展产业。为更好地推动产业的可持续发展，刘超始终坚持用有机模式种茶，用制药标准制茶。基于"安全从种子开始"的理念，2020 年 5 月，刘超的"太空育种"计划实施，利用太空特殊的失重条件和强辐射的培育环境诱变茶种，培育新品种。此外，刘超依托湖南农业大学、湖南中医药大学的技术支撑，为农户提供专业的技术培训以实现茶叶的标准化种植。作为创业者，一味模仿前人，往往会被时代所淘汰，勇于创新、不断突破才是创业成功的法宝。大众创业、万众创新的生动图景正在徐徐展开，创新创业的时代洪流正在汇聚升腾。

三是互助脱贫，开创管理新模式。刘超的合作社有"股份制"、"责任制"以及"托管制"等多种合作模式，农户可以自由选择与合作社的合作方式，而这些不同模式的区别主要在于风险和收益的不同。一个负责任、懂战略的管理者，一项适合企业发展、利于团队建设的管理制度才是创业成功的关键，但是我国农业农村发展领域目前还急缺管理型的人才。对于创业者，尤其是发展三产融合产业的创业者来说，找到一个适合自身产业发展的管理模式，吸纳更多管理领域的高素质人才，针对不同特质的人群设立相应管理制度，将对于产业的本土化、可持续发展有重要的作用。

四　案例点评

乡村振兴战略要求产业兴旺，农村产业结构的优化升级是实现乡村农业现代化的重要推动力。本案例中，刘超不仅大力发展第一产业，而且打通了第二、三产业的发展道路，采用"公司＋合作社＋合作联社＋基地＋农户"的发展模式，成立合作社从农民手中直接收取莓茶，并对其进行深加工，延长产业链，打造莓茶主题公园，推动各产业协调融合、密切关联，从而实现双赢。

农村三产融合既是全面推进乡村振兴的重要抓手之一，又是我国农业农村实现快速发展的重要战略措施。所谓三产融合，则是指第一产业与第二、三产业融合发展，以农业为基础，推动农业农村经济发展。在推进产业融合发展的过程中，要注重因地制宜地结合多种融合方式，选择适宜的产业融合模式。如第一、三产业融合，服务业向农业渗透，开发观光农业；第一、二产业融合，利用工业技术、装备、设施改造传统农业，提高生产效率；第二、三产业融合，通过创意、加工等手段，把文化资源转换为各种形式的产品；开发生态休闲、旅游观光、文化传承、教育体验等多种形式的三产融合。完善特色种植，大力发展产品精深加工，健全社会化服务体系，打造全产业链，为农户和农业经营主体提供生产、加工、销售等各环节的服务。立足特色产业，开发集农业生产、加工和配套服务于一体的多功能产业综合体，引导第一、二、三产业更好地融合发展。①

（撰写者：吕凌炜　庄婷　庄仲　刘伟昌）

---

① 杨高武、谌种华、李练军：《基于制度变迁理论的农村三产融合动力机制研究——以瑞昌山药产业为例》，《农业科技与信息》2023 年第 3 期，第 166～168、175 页。

蒙建祥

肉牛致富经：肉牛养殖种养结合新模式

案例简介：蒙建祥（1975～），广西壮族自治区大化瑶族自治县雅龙乡胜利村弄代屯人，瑶族，小学学历，现为胜利村肉牛养殖扶贫车间带头人。他早年在外打工的经历，使他积累了不少知识和技术。2005年，他决定返乡创业，助力建设家乡。2018年11月，在国家政策的扶持下，胜利村决定大力发展肉牛养殖产业。在驻村书记的鼓励下，他开始担任弄代屯养牛产业带头人。在他的带领下，越来越多的贫困村民参与到优质西门塔尔杂交牛、利木赞杂交牛的饲养中来，从而带动了大部分贫困户的就业，使他们逐步脱贫致富，过上美好的生活。在深圳宝安区及当地政府、碧桂园集团等多方力量的帮助下，他积极学习养牛知识和技术，不断带动更多村民加入养牛产业，使胜利村的肉牛养殖产业发展壮大。如今，胜利村的肉牛养殖规模已经从最初的80头扩大到200多头，养牛产业和牛场的兴旺发达，使他和胜利村村民们的生活发生了可喜的变化。

一　案例背景

蒙建祥所在的广西壮族自治区河池市大化瑶族自治县是"石山王国"，县内90%的面积是石山，10万瑶族群众住在大山里，人均所得田地面积小，人均拥有耕地面积少于1亩，有的甚至才拥有不到1亩地。大化瑶族自治县雅龙乡胜利村的村民大多将土地用于种植玉米，玉米秆收割后全部被焚烧处理。村民生产多为自给自足，存在规模小、收益低等问题。深圳宝安区自2016年9月携手大化瑶族自治县决战脱贫攻坚。在对口帮扶大化县的过程中，深圳宝安区构建多元社会帮扶体系，积极组织万科、碧桂园等企业结对帮扶胜利村，投入大量社会资金，重点聚焦"两不愁三保障"①及产业发展，从破解"增收难"、破除"等靠要"、斩断"穷根"等"三破"入手，逐屯逐户研判，攻破一个个坚固壁垒，彻底改变胜利村贫困落后面貌。

为配合帮扶协作工作，雅龙乡胜利村党支部在针对村里的种植条件，村民家庭情况、就业、居住等方面进行调查研究后，发现胜利村气候适宜养殖肉牛，牛不易生病。于是雅龙乡胜利村党支部积极响应深圳宝安区的帮扶协作政策，决定在胜利村弄代屯开设一个养牛场，发展胜利村的养牛产业。村"两委"运用深圳宝安区的帮扶资源与资金，给弄代屯的养牛产业提供硬件保障，因地制宜引进适合在石山中生长的草苗，为弄代屯的养牛产业发展奠定基础。但村民们长期处于自给自足的状态中，观念意识陈旧，文化水平较低，缺乏养殖技术知识，初期并不相信肉牛养殖产业能在胜利村被发展起来。

弄代屯村民蒙建祥曾经带领村民们一起修路、建房，村党支部看中了蒙建祥的组织能力和在弄代屯的声望，委派他为胜利村弄代屯养牛产业带头人。此前，广西都安县的肉牛养殖产业已经有了不错的发展，蒙建祥闻讯前往都安县学习养牛经验，对肉牛养殖的饲料调配和疾病治疗的经验进行了系统学习。回到弄代屯后，在帮扶干部及各级部门的资金、政策支持下，蒙建祥带头建设、发展胜利村弄代屯肉牛养殖扶贫车间。万科集团、碧桂园集团履行社会责任，积极支持该肉牛养殖扶贫车间的配套设施建设。

二 致富过程

蒙建祥只有小学学历，他早年就离开家乡外出打工，做过砍木、砍甘蔗等工作。1996 年，蒙建祥带领村里的四五十人到南宁做建路、建桥工人，这期间学习了修路、建房的技术。魂牵梦萦是故乡，看到胜利村的道路仍没有通往外界，胜利村甚至没有一栋水泥房，蒙建祥想着把在外面学到的技术带回家

---

① "两不愁三保障"是指中国在 2021 年 2 月 25 日脱贫攻坚战中取得全面胜利后，完成了消除绝对贫困的艰巨任务。"两不愁"，即稳定实现农村贫困人口不愁吃、不愁穿；"三保障"，即保障农村贫困人口义务教育、基本医疗和住房安全，是农村贫困人口脱贫的基本要求和核心指标。

乡，促进家乡发展，便于 2005 年回到胜利村。

蒙建祥回到村里后，担任工头带领村民们一起修路修桥。胜利村位于大石山区，地况复杂，修路不易，需要向乡政府申请炸药。修路修桥期间炸药不足，修路工程停了一年多，蒙建祥恰巧认识一位修路公司的老板，经过交流协商，蒙建祥为村里带来了修路的机器。在"路路通"政策开始实施的时候，村里的公路已经修了四五公里。

交通便利后，胜利村开始修建水泥房。蒙建祥把在外打工学习到的建房技术落实到家乡建设中，第一栋房子是帮助村里老人建的，肩扛水泥，手举木梁，他用扎实的技术获得村民们的称赞，在为乡村产业发展打下硬件基础的同时让村民们对他的能力逐渐充满信心。

2015 年，胜利村被定为极度贫困村，弄代屯有 27 户共 148 人，贫困发生率高达 93.4%。胜利村位于典型的喀斯特地貌石山区，土地稀少、水资源稀缺，以玉米为主要种植作物，村民们收入不高。因为脱贫攻坚任务太重，胜利村还是国务院挂牌督战村之一。

结合适宜养牛的自然条件，2018 年下半年，大化瑶族自治县发展"联建联养"肉牛养殖产业，统一建设养殖场，统一养殖，其中一个养殖场建在弄代屯。

2018 年，胜利村驻村书记王晖找到蒙建祥，想要他担任胜利村养牛产业的带头人。以前没做过养牛产业的蒙建祥面对责任重大的肉牛养殖产业一头雾水，也担心无法承担其中的风险。

牛从哪儿来，牛怎么养，能赚多少钱，为了消除蒙建祥心中的种种疑问，王晖带着蒙建祥到有经验的村子学习，也帮助他找到资金来源。此时碧桂园集团作为社会帮扶力量参与进来，帮牛场建立大水柜，满足肉牛场的用水需求；同时，帮助找到专业牛犊公司，请该公司保障村里牛犊来源、提供技术指导以及回收成品牛。政府帮助村民解决场地、技术以及销售等方面的问题。从物质到精神上，各方力量给足蒙建祥经营牛场的信心。之后，蒙建祥担负起弄代屯养牛产业带头人的责任，开始带领贫困户一起饲养优质的西门塔尔杂交牛、利木赞杂交牛。

肉牛养殖几个月后，牛群的生长情况日益向好，越来越多的村民开始对这个产业有了信心。于是蒙建祥与合作者挨家挨户地带动村民加入肉牛养殖的队伍。在胜利村，外出打工的村民较少，村民家中又有小孩，多数人只留在当地种玉米艰难地养家糊口。蒙建祥了解了这一现状，向村民们提供养殖肉牛这一增收途径，为了更好地做好带头人，蒙建祥听说都安县的养牛产业发展得好，便到那里学习养牛技术。他把自己学到的养殖方法传授给村民们，逐渐让村民们的技术和知识跟上了产业发展。

胜利村牛场带动了147户贫困户就业，蒙建祥负责的牛场给弄代屯提供了16个工作岗位，来牛场工作的贫困户一个月有1800到2000元的收入。曾经只能用来烧火的玉米秆，现在可以全部被加工成饲料。玉米秆和牧草按斤付款，村民也可以赚钱。肉牛养殖产业效益分配按户分红，每户的纯收入大约为8000元。

截至2019年底，养殖场共引进肉牛120头，发动村民种植牧草100亩。12月，弄代屯养成了120头左右的第一批牛，每头牛能赚1000元到3000元。参与养殖的贫困户增加到99户，第一批出栏44头肉牛，扣除成本和下一步发展资金，每户首次获得分红1000元。

但是，当蒙建祥打算扩大产业规模的时候，项目资金出现短缺。县里的金融专员得知情况后，来到胜利村调查，向村民们介绍了扶贫贷款的优惠政策及办理流程。不到两天时间，蒙建祥就领着同屯符合贷款条件的乡亲们到信用社办理了6笔共计30万元的养牛扶贫贷款，克服了资金困难，产业扩建得以顺利进行。如今蒙建祥的二期项目建设已经完成了，产业规模扩大之后，养殖场可养殖220头肉牛，带动220户贫困户脱贫，产值可以翻一番。

"以前我们用火来烧饭，现在都是用电、煤气来烧；以前每个月吃不上两三顿肉，更没有大米吃，只能吃玉米，现在村民可以买得起大米，餐餐都有肉。"蒙建祥在各种场合都非常骄傲地对别人说出了心里话。肉牛养殖产业进到大石山区，蒙建祥和村民的生活困难解决了。"家人和朋友都很支持我搞这个产业，有的朋友跟我说，在大石山区里搞这个产业是非常好的，山区里没有几个人能做得到。"蒙建祥用自己的坚毅和实干，赢得了群众的认可和称赞。一代有一代的变化，从交通堵塞到房屋四起，从生活贫困到产业兴旺，蒙建祥这个致富带头人，带领胜利村走出贫困并使胜利村在乡村振兴的道路上坚定前进。

三　致富经验

从蒙建祥带领胜利村发展肉牛养殖产业脱贫致富的经历中，我们可以总结出以下经验。

一是因地制宜，确定产业发展路径。在产业发展路径确立初期，胜利村敏锐地洞察到当地气候条件不但能够降低牛的生病率，有利于降低牛的治病成本，而且非常适合作为牛饲料的甜象草生长，有利于解决牛饲料问题。因此，胜利村瞄准时机，因地制宜，确定了肉牛养殖发展路径，充分动员村民参与其中，改变以往人多地少、缺乏产业的局面，大家齐心协力做大肉牛养殖产业，攻坚克难，从而实现了村民共同富裕。

二是统一养殖管理，提升养殖规模。胜利村建立农民专业合作社，统一管理肉牛养殖扶贫车间的运行。每户拿出 1 亩地统一种植牧草，聘请 1 人作为固定管理员，再由每家农户每天派出 1 人轮流值日协助喂养，效益分配按户分红。通过以上措施，胜利村在从初始运行费用到牧草的种植、肉牛喂养等养殖管理链条上实现了高度统一，不仅节约了养殖管理成本，而且提高了养殖管理效率，吸引了更多贫困户加入养殖，逐步扩大养殖规模和提高产业收益。

三是形成多元帮扶体系，提供资金保障。其一，深圳宝安区作为对口帮扶区，构建多元社会帮扶体系，积极组织万科、碧桂园等企业结对帮扶胜利村，投入大量社会资金，重点聚焦"两不愁三保障"及产业发展。其二，县政府为胜利村村民提供扶贫贷款优惠政策，鼓励与帮助符合条件的贫困户到信用社办理扶贫贷款，从而为村民参与肉牛养殖提供了资金。其三，供销商与村民签订"先养后付"协议，先领牛犊饲养，保价回收之后再进行成本核算。正是在多元帮扶体系下，胜利村肉牛养殖扶贫车间购买牛犊的成本压力大大减小。

四是带头人自主学习能力强，活学活用。致富带头人蒙建祥自发学习养殖经验。通过到都安县学习肉牛养殖经验，蒙建祥掌握了肉牛养殖的方法，他将村里盛产经处理后的玉米秆作为肉牛饲料。他还借鉴其他村的经验，将嫩草晒干，留作冬天的饲料，解决了新鲜玉米秆和嫩草易受季节影响的问题。蒙建祥将学来的养殖经验与村民进行分享，活学活用，指导群众与合作社沟通解决资金问题，鼓励群众加入牧草、玉米秆等饲料与肉牛的销售环节，从而使村民灵活参与产业并增加收入。

四　案例点评

乡村创业的成功仰赖于多要素之间的紧密配合。近年来，随着乡村振兴战略的持续推进，各种国家扶贫资源、社会帮扶力量不断流向乡村，这为众多乡村创业者不断探索新的创业致富模式提供了机遇。

正是在这样的背景下，蒙建祥抓住机遇，带头建设、发展胜利村弄代屯肉牛养殖扶贫车间，开辟了一条新的肉牛养殖致富道路。一方面，胜利村肉牛养殖业的成功离不开"政府＋企业＋合作社＋农户"这一基本模式。通过与政府、村集体、企业、农户合作，蒙建祥用实际操作和实际成果证明了肉牛养殖扶贫车间的可行性，带动村民走产业化道路。农户以入股分红、领养肉牛、种植牧草等方式，参与肉牛标准化养殖，不仅实现了个体脱贫致富的目标，而且助力了胜利村产业发展兴旺。另一方面，胜利村弄代屯肉牛养殖扶贫车间发展现代农业运用"种植业＋肉牛养殖业"的模式，形成了一条"种养结合"的产业链，不仅使肉牛饲料有了保障，激活了肉牛养殖产业的可持续性，而且扩大了产业规模，实现了不同产业之间的联动发展，从而增强了产业活力，提高了产业经济效益。

展望未来，胜利村肉牛养殖产业的发展具有强大的活力。2021年，农业农村部印发的《推进肉牛肉羊生产发展五年行动方案》肯定了肉牛肉羊生产对于巩固脱贫攻坚成果、全面推进乡村振兴、促进经济社会稳定发展具有重要的意义，同时提出要发展适度规模养殖，加大政策支持，强化科技支撑，不断提升肉牛肉羊综合生产能力、供应保障能力和市场竞争力。这为胜利村肉牛养殖扶贫车间的发展注入了新的动力，也为众多走养殖创业道路的乡村创业者把住了产业规模化的航向。在未来的养殖产业发展中，要进一步扩大规模，坚持多方共同协作，形成更加完整的产业体系与多产业联动发展的局面，助力乡村振兴。

（撰写者：何舜朗　张逸媛　廖勉钰　林庆凯）

黄月情

以粽子为媒：传统草编手艺创业新探索

案例简介：黄月情（1966~），广西壮族自治区百色市人，小学学历，壮族，田东县祥周镇模范村妇联执行委员会委员兼文艺队队长。2017年，田东县县委派她去广西大学学习种植养殖技术和电商销售，她把所学知识运用到草编粽子的销售中来。2020年，她作为广西壮族自治区代表参加"2020感动深圳——深圳经济特区建立40周年关爱盛典"，与中央广播电视总台主持人白岩松一同宣传推介田东芒果和草编粽子。她依靠草编粽子这门手艺，带动了村里12户低保户、贫困户走上了脱贫的道路。她充分利用红土山沟的资源优势，将自己擅长的传统手艺与新的销售方法相结合，走出了一条具有内生性、焕发生机的传统食品手工制作致富路，为推动农村脱贫致富开辟了一条崭新的道路。

一 案例背景

1966年，黄月情出生在广西百色市田东县的一个小村庄。在实行工分制的年代，农民的工作时间是生产收获的依据，家庭的衣食住行和教育都依靠工分的积累。黄月情家里一共有7口人，挤在一个破旧的小瓦房里，一到下雨天，雨水就哗哗流进房子里。爷爷奶奶的年纪大了，只能在家做一些轻活儿，母亲身体抱恙在家休息，一家人生活的重担都落在了父亲的肩上。迫于家庭的压力，哥哥早早辍学到外打工以减轻父亲的压力。黄月情也想为家庭出一份力，也辍学出来工作赚钱，并把妹妹供到初中毕业。

虽然家里没有条件让她接受系统的教育，但是爷爷总会教给她很多为人处世的道理以及谋生的手段。食不果腹也是常有的事情，当别人家在吃米饭时，黄月情家只有玉米粥。只有在过节的时候，他们才能吃上一顿爷爷奶奶包的粽子。爷爷会在包粽子的时候给她讲故事，教她传统文化和生活常识。草编粽子对她而言，不仅是儿时珍贵的味道，更是成长点滴。因此，在原材料自给自足以及对草编粽子热爱的情况下，黄月情用草编粽子谋生，由于销路较窄，她从事了许多其他工作，但内心没有放弃过对草编粽子的热爱。

图1 黄月情参加"2020感动深圳——深圳经济特区建立40周年关爱盛典"

2017年，党的十九大报告提出了乡村振兴战略，国家扶贫工作的大力开展给她提供了机会。村里的扶贫干部因地制宜，力求推动当地经济的发展，改善村民的生活。同年，龙潭灵湖景区建成并快速发展，其自然、绿色和健康等"返璞归真"的生活理念吸引了大量的访客。村干部抓住此契机，为村民们提供了许多学习的机会。黄月情在扶贫干部的帮助下到碧桂园脱贫攻坚基地工作，学习种植草木等方面的知识，前往广西大学学习电商销售的技巧等，在镇里举办的商旅文化节和芒果节上推广草编粽子及其文化，参加"2020感动深圳——深圳经济特区建立40周年关爱盛典"并宣传产品等，知识的不断积累，让她对草编粽子从原材料生产到销售的每一个环节都有了更加深刻的理解，为她草编粽子产业的成功奠定了坚实的基础。

二　致富过程

在 2017 年之前，黄月情在水坝上面卖粽子，由于山葵叶在模范村随处可见，许多村民都会利用它们做各种特色食品，卖草编粽子的自然也不只是她一户。当时村里的路还没有修好，田间的小路非常难走，一到下雨天，更是让人苦恼，把编好的粽子运到水坝上卖是一件非常吃力的事情。而且水坝上没有电，也没有阴凉的地方，不仅要一直忍受暴晒，而且要担心粽子变质，条件非常艰苦。无论条件多么艰苦，她一直保证粽子的质量，所以大家都喜欢吃她编的粽子。渐渐地，卖草编粽子的人就剩下她了。生意好时，被运上水坝的粽子多达 300 个，这给她带来了不错的收入。

可惜这种情况只维持了一段时间。2017 年，龙潭灵湖景区建成，大家都不来水坝上游玩了，粽子的销量就下降了。于是，黄月情考虑在景区里面摆摊，一方面，她认为景区在水电等方面能为粽子的保鲜提供支撑，另一方面，她想顺便卖一些饮料以增加收入。但是，与她预想相反的是，在景区里卖粽子，销量不增反减。思前想后，她找到了原因——游客们觉得景区里的商品不仅贵，而且不一定好吃。最终，她决定放弃在景区内的摊位，回到自己的家门口摆摊。当有游客经过时，他们就能看见粽子的制作过程，既可消除食品安全方面的顾虑，又可激发他们学习编织粽子的兴趣，黄月情还可以兼顾家里的事务。但毕竟路过家门口的游客不多，她的销售渠道也比较单一，虽然偶尔依靠朋友圈和抖音等社交平台进行销售，但是生意也没有太大的起色。为了增加收入，她去过景区的火龙果和香蕉种植基地干活，每天有 200～300 元的收入。但这些都是体力活，她的身体吃不消，而且她内心非常不想放弃草编粽子这门手艺。恰逢碧桂园脱贫攻坚基地招募工人，每天有 100～130 元的收入，只需要修剪枝条等，非常轻松。于是，她便去了碧桂园脱贫攻坚基地工作。她跟工友们关系非常好，经常交流经验，学到了许多种植技术。当时县里也给予了她们许多学习机会，每一次黄月情都积极参与，认真积累经验。晚上下班后，她开始编粽子，让丈夫拿出去卖。渐渐地，草编粽子的订单越来越多。考虑到兼顾两份工作令黄月情一来身体吃不消，二来两边的工作都做得不够好，因此她从碧桂园脱贫攻坚基地辞职了，专心做草编粽子，并把之前参加各种活动积累的电商销售技巧、顾客心理等知识应用到野生草编粽子的销售中。

再后来，县里为村民提供了小额贷款，鼓励创业。一开始她借了5万元，在百色市租了一个摊位卖野生草编粽子和烧烤。她的儿子在百色市的夜市做烧烤，她在家里做粽子，做好了就寄过去让儿子卖。一开始销量也很高，但后面就变得不太稳定了。为了继续创业致富，她又贷了5万元，想成立小作坊对野生草编粽子进行批量生产。但是因为她的小作坊硬件设施未达到申领食品行业卫生许可证的硬性要求，她的小作坊只能暂缓投入使用。贷款的钱也花光了，她只能继续在家做零零散散的订单，偶尔跟随村干部一起参加相关的学习活动。

2021年8月，县里的干部知道黄月情有编粽子的手艺，也想帮助她打开知名度，就带她去深圳参加"2020感动深圳——深圳经济特区建立40周年关爱盛典"。她和田东县常委孟强作为田东县代表，与著名主持人白岩松一同在盛典现场的舞台上为田东芒果和草编粽子的销售助力。在后台接受记者的采访时，很多人对她的草编粽子非常感兴趣，她便不厌其烦地为人们一一介绍草编粽子的材料、编法、故事等。借助媒体的力量宣传，草编粽子开始小有名气，销量开始有所上升。随着越来越多的人通过微信与黄月情联系订购草编粽子，她便有了更广泛的客源，她的草编粽子越来越多售往深圳、南宁、北京、上海等城市，销量越来越大。

销量的增加也给黄月情带来了烦恼，因为之前小作坊没有被审批通过，加上资金困扰，无法进行批量生产。她一个人的力量始终有限，草编粽子经常出现供不应求的状况。碧桂园集团、国强公益基金会了解到她因为订单增多需要扩建小作坊却缺一大笔建设费用的情况，向她捐赠水泥、砖等实用物料，帮助她建造小作坊，助力乡村产业发展，巩固脱贫成果。

近年来，随着互联网的普及，越来越多人喜欢原生态的旅游以及当地的特色食品。因此，田东县政府抓住契机，每年都会举办商旅文化节以及田东县芒果节，为农产品的销售助力。在节日里，县里给黄月情安排了一个摊位，也派了村干部来帮她向游客介绍草编粽子，并讲述其背后的故事。每次黄月情都会穿着自己的民族服装，向大家展示如何用一张张山葵叶编织粽子。在每年的商旅文化节活动中，黄月情的草编粽子作为一种当地的文化特色产品，都会跟田东县其他的特色食品如芒果、圣女果等一起被放在展示的桌子上让游客们品尝。同时，镇里每次都会向她订购大量的粽子作为特色纪念品随机发放给游客。

经过一系列的推广，越来越多的游客会特意找到她的摊位，询问很多的问题，像"编出来的粽子的味道是怎样的""包粽子和编粽子不同在哪里"等。通过现场试吃等方式，不少游客认可了她的草编粽子，甚至让她教授编织方法。在这些活动上，客人们加了她的微信，向她订购更多的粽子用来送同事、朋友还有亲戚。渐渐地，黄月情就有了稳定的客源，生意渐渐地开始做大做强。

图 2　黄月情展示草编粽子

三　致富经验

黄月情的成功是国家政策、时代契机、自身努力和扶贫干部支持的共同结果。她用自身的经历告诉我们：即使生长在这红土山沟里，只要有一双勤快的双手，一片片"野生草"也可以变成意想不到的财富，一定要努力拼搏，多苦多累都不能放弃。总的来看，黄月情的成功离不开以下几点。

一是不忘初心，迎难而上。黄月情在创业过程中遇到困难时，始终坚持初心，不畏艰辛，攻坚克难。在草编粽子销量的瓶颈期，很多同行都选择放弃草编粽子的工作，但黄月情并没有放弃，而是始终不忘创业的初心，依然每天从事草编粽子工作，用心做好每一个粽子，主动寻求村委的帮助，在技术人员的指导下让一片片山葵叶焕发生机。为了解决销售难题，她一方面前往不同的地方学习生产制作的技术与销售的方法，不断改进草编粽子技术，另一方面不畏艰辛，坚持晚上下班回家编粽子，白天由丈夫带粽子出去销售。依靠自己的勤恳与一点一滴的坚持，黄月情慢慢拓展了草编粽子的销售市场，度过了创业的瓶颈期。坚守传承草编粽子手艺的初心，迎难而上，做事认真，吃苦耐劳，并不断地学习和积累经验，是黄月情传承和发扬草编粽子事业、成功创业致富的关键。

二是吐故纳新，独具匠心。为了自家的草编粽子更具有竞争力，黄月情坚持用品质取胜：一方面，她坚持挑选最好的原料和最合时节的材料做馅，以保证粽子的口感，自己在家研究新品种，给顾客提供多种选择；另一方面，通过前往不同的地方学习生产制作技术与销售方法，她不断积累经验，并将之用于自己的草编粽子中，在传承的基础上不断改进草编粽子技术，研究新的编法。对传统进行创造性转化和创新性发展，既体现出创业者的匠心，也展现了传统的发展前景。

三是饮水思源，感恩怀德。黄月情在国家的乡村振兴战略以及扶贫干部的帮助下脱贫致富之后，她依靠草编粽子这门手艺，带动了村里 12 户低保户、贫困户走上了脱贫的道路。"他们现在已经有了安定的家，不像以前那样靠着捡破烂来维持自己的生活。虽然不算特别富裕，但是只要肯努力，生活就会越来越好。"黄月情表示这是她最大的成就。在疫情期间，她主动参与村里的防疫工作，带头与村里的妇女一起做了 55980 只助农爱心粽子助力抗疫。饮水思源，在致富后怀有感恩之心，报答援助和支持过自己的人，同时为了让更多的人能走上脱贫致富的道路而贡献更多的力量，这正是致富衍生的意义和成效，也是黄月情在草编粽子致富路上越走越远的关键。

四　案例点评

长期以来，受我国城乡二元结构影响，乡村创业者一直面临融资困难、技术短缺、创业项目可选择性小以及销售面狭窄等难题。自党的十九大开始施行乡村振兴战略以来，为了鼓励农民创业，国家出台了各种优惠政策。2023 年"中央一号文件"指出，"落实好减税降费政策，鼓励地方设立乡村就业创业引导基金，加快解决建设用地、信贷等困难"，[①] 为许多乡村创业者提供了良好的乡村创业环境。

在国家创业政策鼓励与帮扶的背景下，黄月情作为一个土生土长的乡村创业者，充分利用红土山沟的资源优势，将自己擅长的传统手艺与新的销售方法相结合，解决了融资困难、技术短缺、产业项目可选择性小和销售面狭窄等乡村创业难题，走出了一条具有内生性、焕发生机的传统食品手工制作致富路。首先，黄月情不忘初心，抓住机遇，前瞻性地看到草编粽子作为一种传统食品，具有受欢迎、发展前景良好等优势，从而选择了一条自己擅长的草编粽子创业路。其次，在草编粽子的创业路上，她在坚持草编粽子手工制作和保持粽子真材实料的基础上，追求粽子口感、外观、销售路径等方面的创新，将传承精神与创新理念相融合，坚持市场导向、以质取胜的创业理念，为传统食品产业的发展注入了新活力，将传统食品手艺融入乡村产业现代化发展，从而实现乡村产业的创新发展。最后，在工作之余，黄月情作为田东县祥周镇模范村妇联执行委员会委员和文艺队队长，为大家传递着温暖。

黄月情是众多乡村致富带头人中的一员，作为农村实用人才的典型代表，他们植根于农村，对家乡和传统手艺有着深厚的感情，是乡邻的榜样，对农村发展起着促进作用，也为推动农村脱贫致富开辟了一条崭新的道路。

（撰写者：黄美仪　林庆凯　孔诗淇）

---

① 《中共中央　国务院关于做好 2023 年全面推进乡村振兴重点工作的意见》，中国政府网，2023 年 2 月 28 日，http://www.gov.cn/gongbao/content/2023/content_5743582.htm。

黄俊添
一树振兴果：益肾子品牌建设发展创新

案例简介：黄俊添（1988~），广东省清远市佛冈县人，本科学历，汉族，中共党员，佛冈喜莱益肾子种植专业合作社创始人，观山村党支部书记兼村主任。他怀着浓厚的创业情怀，在广州物流事业蒸蒸日上的背景下选择响应国家号召返乡创业，成为专业的果农。他通过制定品质标准、注册商标、申请专利等一系列方式成功塑造了益肾子品牌，同时依靠媒体工具，拓展公私双域流量，打响自身知名度，促进当地益肾子产业繁荣发展，更是通过"返乡人才＋合作社＋农户＋项目"的商业模式，让村民享受产业红利，带动周边近 700 户农户参与益肾子产业，帮助 50 户贫困户脱贫致富。他的致富过程让我们看到了品牌价值和商业模式的力量，同时展现了一条多产业联动发展的新型乡村致富道路。

2021 年 8 月黄俊添在苗棚中照看益肾子果苗

一　案例背景

黄俊添，广东佛冈县石角镇观山村人，佛冈喜莱益肾子种植专业合作社创始人，现任观山村党支部书记兼村主任。他于 1988 年出生，2010 年大学毕业后进入物流行业工作。当时的物流行业门槛不高，在广州发展机会是很多的，黄俊添为继续深耕该领域，历经了三天的失眠夜后终于决定要自己开公司闯出一番天地，于是 2012 年和朋友一起在广州创立了自己的物流公司，主要是做面向欧美、东南亚、非洲的国际物流。物流行业红利丰厚，公司逐渐发展壮大，由最开始的一两名员工，发展到后面的十几名员工，最高的时候一年能赚几十万元，最少时也有十几万元，且公司从未出现过亏损，黄俊添也赚到了人生的第一桶金。

但任何产业都存在发展瓶颈期，黄俊添在其物流事业鼎盛时期敏锐察觉到发展瓶颈，当时党和政府正在大力实施乡村振兴战略，人才返乡会得到相关政策支持，一想到要振兴家乡，黄俊添心中便燃起一团热烈的返乡创业之火。2015 年黄俊添在全广东做了一个市场调查，发现益肾子目前在广东并没有进行规模化种植，仅是零星式分布，益肾子产业化程度也不高，家乡原本的经济作物柑橘几年前全面患上黄龙病，减产严重，发展前景黯淡，迫切需要更好的产业进行替代。黄俊添的家族种植益肾子已有 30 多年历史，父亲在村里种植益肾子也有 20 多年的经验，掌握了培育嫁接等相关果树培育技术。同时，黄俊添之于益肾子，则是情怀满满，当年其父亲依靠种植、售卖益肾子养活了整个家庭，小时候黄俊添的衣食住行学等的开销都是依靠种植、售卖益肾子。天时、地利、人和三者皆已具备，怀揣着满腔情怀，黄俊添于 2016 年正式开始布局和投资益肾子产业，2018 年他将广州的物流公司托付给妻子，正式返乡成为一名益肾子果农。

二　致富过程

2018 年，黄俊添将自己一手创办且处于发展鼎盛期的物流公司托付给妻子，义无反顾地拿着在物流领域积累的大部分资金返回广东佛冈老家，投资益肾子种植产业，希望打造自己的"益肾子帝国"。然而，黄俊添的益肾子种植创业路并非一帆风顺，在创业过程中，他遇到了诸多难题。

黄俊添返乡创业的第一个难题便是父母的不理解与不支持。一个在一线大城市事业顺利、收入丰厚的成功人士放弃优渥的城市工作和生活，回到穷乡僻壤弃商从农，这只会成为村里父老乡亲饭后取乐的谈资，会让大家认为他是因为在外面做生意失败了才跑回老家。村里人的嘲笑与不理解，对自己来说倒是可以接受，但父母年事已高，这种嘲笑属实令他们难以承受。黄俊添父母始终觉得自己的儿子是家族第一个大学生，在广州已经创业成功，每年有几十万元的收入，对儿子要返乡创业，并且还是从事他们尽了努力都无法逃离的农业是无法理解的。父母始终觉得儿子应该留在珠三角，每次儿子回家他们都会询问广州公司的情况，儿子回家第二天便催促儿子返回广州，致使黄俊添当时一个月回不了几次家，回家也基本不超过三天。黄俊添花了很长时间向父母表明自己的家乡情怀，非常希望让家乡发展起来，把乡村经济带动起来；也阐明了自己的创业情怀，喜欢不断尝试新的行业。最终父母才妥协，答应他返乡搞益肾子产业，也答应提供技术经验的支持，但不允许他扩大种植的规模。但种植业讲求规模效应，黄俊添扩大种植规模后，父母开始与他闹别扭和罢工，要黄俊添回位于广州的公司，放弃返乡创业的念头，他们害怕当市场行情不好时规模太大会令儿子血本无归。但黄俊添相信自己的市场判断，只能拿出成果来说服父母。

发展益肾子产业面临的第二个也是最棘手的难题，就是品牌的塑造问题。打造一个优质的品牌，一方面要自身产品质量过硬。通过多年的接触，黄俊添发现之前的果农种植方式、管理方式、采摘工艺、加工方法等都不尽相同，导致收购上来的果实质量悬殊，甚至有的达不到销售的标准，标准的缺失大大影响了黄俊添产业链条的发展。于是，黄俊添给益肾子制定了一个品控标准，统一管理方式，统一规范发货包装和销售价格，并且注册了商标。2018年黄俊添开始申请专利，一共申请了6项专利，目前已经批下来3项，这样就保证了从果农那里收购上来的或者自行种植的益肾子果实达到统一的高质量标准，也为品牌塑造奠定了坚实的物质基础。另一方面，要提升自身知名度。当时微信公众号十分流行，黄俊添通过微信公众号让更多人认识他的益肾子。黄俊添的公众号文章能有七万多的阅读量，读者阅读后可以添加他的微信，亲自到种植基地考察，这是线上的操作方式。线下方式也另辟蹊径，一是，黄俊添专门开了一个种植益肾子的讲座，邀请龙门县和博罗县的村民参加讲座，向他们传授益肾子的高产种植技巧，给他们讲益肾子的功效、益肾子产业的发展前景，把益肾子主推到龙门和博罗两个县，特别是龙门县。现在龙门县每个镇里都有由黄俊添指导的种植户，博罗县的益肾子种植则覆盖四五个镇。为什么要这么做呢？商业最重要的就是信息，黄俊添觉得外地市场会更大，所以就要引导外地人拓展市场。二是，黄俊添常开展果农种植座谈会，邀请众多果农相聚一堂，分享交流心得。譬如益肾子会开两次花，六七月开的花是假花，八月之后开的第二次花才是真花，然后它就休眠，到了第二年的六月才会长出果子，到了十月左右果子才会开始长肉，十二月进行采收，所以益肾子从开花到收获需要六个季度，十八个月，但大部分村民都没有具体研究这些东西，黄俊添家族已经清楚了益肾子的特性，在座谈会中就把这些果树特性，以及施肥、修剪、品控的经验，都教给村民，活动后黄俊添还每人赠送一棵果苗，村民们通过这一活动记住了黄俊添，也帮助创造了很大的销售量，市场也拓展了不少。三是，获得媒体报道是提高知名度的关键途径。2018 年黄俊添开展了一个益肾子二十周年庆典活动，想让更多的人知道益肾子这个产业。当时有 600 多人参加这个周年庆典活动，还有很多慕名前来的人，很多电视台都来采访，包括 CCTV 栏目组，还在抖音、微信公众号等平台同步推广，所以现在黄俊添的益肾子产业在两广地区的影响力是比较大的，两广的客户都知道他在益肾子这个行业是比较专业，比较有话语权的。

　　如何发挥产业的致富带动作用，成为黄俊添需要解决的第三个难题。实现乡村振兴的最终目标是实现共同富裕，"共同"二字成为重点，益肾子产业有着巨大的发展潜力，也能够带来足额的财富，但仅仅实现自己的财富自由是不够的，一部分人、一小撮人的富裕并不能被称作共同富裕，通过产业振兴带动村庄整体的富裕，让全体村民都能公平享受到益肾子产业带来的红利是黄俊添返乡创业的初衷。而提高产业带动力离不开一套合理的商业模式。黄俊添采取"返乡人才＋合作社＋农户＋项目"的发展模式来提升益肾子产业的带动力，他自己拥有先进的发展理念、经营方法、营销方式以及丰富的人脉资源，可以帮助益肾子产业重构发展框架，建立稳定的经营模态。建立合作社有利于让益肾子产业规模化、集约化经营。村民通过资金、土地或技术入股加入合作社，有利于让发展前期的资金顺利筹集、土地顺利流转并且聚拢种植技艺，合作社也让经营更加规范化、合法化。农户的加入，保证了充足的劳动力资源，合作社可以招聘本村或附近村庄的剩余劳动力，为他们提供就业岗位，解决农村就业机会不足问题，也让农户参与到整个产业链条中来，使他们获得一定的收入。项目制让黄俊添的益肾子产业前进一大步，他将自己的益肾子产业基地转化为"项目制"，申请广东"一镇一业"项目，并成功入选广东省首批"一村一品、一镇一业"项目，获得政府 100 万元的扶持资金，并且获得"黄埔杯"第六届"创青春"广东青年创新创业大赛暨第二届粤港澳大湾区创新创业大赛优胜奖。

三　致富经验

始于初心，成于坚守，优于创新。从黄俊添的益肾子种植创业致富历程中，我们可以总结出以下经验。

第一，坚定创业情怀，直面创业风险。黄俊添在致富过程中面对的第一个难题是父母的不解。面对这一难题，他并没有放弃，而是始终坚定自身的创业情怀，不遗余力地坚持前期筹划，用实际成果向父母证明他的选择。除了父母的不解，益肾子种植还面临市场规模小、资金不足、技术缺乏等风险。面对这些风险，黄俊添没有退缩，而是通过提前调研益肾子市场需求状况、其他果农种植状况，尽可能降低了风险。创业艰辛，黄俊添精准瞄准市场发展方向，把握机会，钻研技术，勇于拨开迷雾，于创业艰途上直面风险。

第二，塑造优质品牌，提升品牌知名度。黄俊添在致富过程中面对的第二个难题是塑造优质品牌与提升知名度。他在收购过程中发现益肾子果实的质量参差不齐，果农缺乏统一的销售标准，影响益肾子产业链条的完整性。为了统一益肾子的销售标准，他塑造了益肾子品牌，整体提升益肾子产品的知名度。为了进一步宣传益肾子品牌，他紧跟时代潮流，不仅利用微信公众号引流，还开展培训讲座教授种植技术，通过线上、线下相结合的方式提升益肾子的知名度和影响力。可见，一个优质品牌既可以帮助消费者更快速、更准确地了解产品的特点和优势，又可以增进消费者对于产品的信任，提高产品的竞争力。

第三，创新商业模式，实现利益共享。黄俊添致富过程中面对的第三个难题是选择采用何种产业模式。为了挖掘益肾子产业的无穷潜力，黄俊添无私赠送益肾子果苗，免费培训种植技术，真正做到"先富带后富"，村民们都乐意跟随他一起种植益肾子来摆脱贫困、发家致富。他大胆创新，运用"返乡人才＋合作社＋农户＋项目"商业发展模式，合理利用现有的人力、物力和财力资源，扎实稳妥地推进益肾子产业在家乡生根发芽，并通过带动当地产业发展，解决了当地的就业问题，实现了与村民们的利益共享。可见，任何产业要想在未来复杂的竞争环境中脱颖而出，就必须创新商业模式来构建产业的核心竞争力，吸引更多资源投入和促使更多人才就业，使人民共享发展成果。

四　案例点评

习近平总书记在 2022 年中央农村工作会议上强调："产业振兴是乡村振兴的重中之重。"① 这是我国实施乡村振兴战略后进入实现第二步战略目标的关键时期所作出的重大判断，是"三农"工作重心历史性转向全面推进乡村振兴的重要部署。构建现代乡村产业体系，打造农业全产业链，既是加快农业农村现代化建设的重大任务，又是全面推进乡村振兴的坚实基础。因而，对于乡村创业者而言，发掘不同产业之间的内在联动性，发展多产业联动的完整产业体系是创业成功的关键因素。

作为一名新时代的乡村创业者，黄俊添审时度势，在国家乡村振兴大背景下，顺应人才返乡创业潮流，毅然决然地回到家乡开启了益肾子种植的创业之路，并走出了一条具有当地特色的产业发展模式。第一，凭借敏锐的洞察力，他立足家乡本土的特色，坚持以市场为导向，依托互联网，不仅将益肾子打造为当地的特色龙头产业，还注重产权保护，为益肾子品牌申请农业专利，保护益肾子产业在技术培育中的创新成果，鼓励益肾子产业科技的发展，充分挖掘

---

① 新华社：《习近平出席中央农村工作会议并发表重要讲话》，中华人民共和国中央人民政府官网，2021年 8 月 25 日，https://www.gov.cn/xinwen/2022 - 12/24/content_5733398.htm。

不同产业之间联动发展的潜力，从而形成"返乡人才＋合作社＋农户＋项目"的商业发展模式，实现不同产业之间的密切联动发展，形成一条完整的产业发展链。第二，针对之前的益肾子产业生产链存在的种植数量少、质量低、无秩序的问题，黄俊添果断地瞄准产业的薄弱环节，提出在收购领域统一销售标准，加快补齐短板，打通堵点卡点，保持产业链供应链稳定，为益肾子产业注入可持续发展的动力；建立"合作社"也是黄俊添案例中的一大亮点，他动员村民以资金、土地或技术入股合作社成为股东，不仅解决了合作社前期的资金筹集、土地流转和技术缺乏的问题，而且助推了益肾子产业经营向集约化、规模化、标准化发展，大大提高了村民种植的积极性，让村民们共享益肾子产业的发展成果，也由此吸纳了更多的人才进入益肾子产业。第三，"项目制"更是为黄俊添的益肾子产业锦上添花，他将益肾子产业基地转化为"项目制"之后，不仅获得了政府的扶持资金，还进一步提升了产业的知名度，大大提高了益肾子产业的核心竞争力。

黄俊添的益肾子种植创业走出了一条多产业联动发展的乡村创业道路，让我们认识到一二三产业融合发展的优势。农村产业发展可以以农业为主，但只有农业还远远达不到振兴整个村庄的要求，还必须运用经营第二产业、第三产业的思维，譬如注重品牌的塑造、借助媒体进行宣传推广、创新商业模式等辅助农业发展，才能让以农业为主的发展链条更加牢固，让产业振兴真正落到实处。

（撰写者：黎明霖　罗浩奇　梁嘉俊　林庆凯　纪菁恬）

张晓燕

鸭蛋产业经：子承父业的致富精神传承

案例简介：张晓燕（1986～），广东省茂名市人，专科学历，汉族，广东传承食品有限公司总经理。2006 年她离乡"北漂"，挖掘第一桶金失败后毅然回乡寻找创业机会，除协助父亲打理"红心鸭蛋"生意外，2014 年还创立广东传承食品有限公司，公司旗下注册有"丰鲜农家"和"汇鲜天下"商标品牌。2017 年起主攻"荔枝"品牌，通过线上线下多渠道销售，带动当地农户实现增收，为当地留守妇女、辍学青年提供固定就业岗位 250 余个。传承父亲张钱"不畏艰难、屡败屡战、反哺家乡"的创业精神，她抓住政策机遇，采用"线上开网店＋线下开批发店"的创新农产品销售方式，带动当地农民实现"口袋致富"和"脑袋致富"。

2021 年 6 月 16 日张晓燕（中）在荔枝冷库进行拼多多线上直播卖货

一　案例背景

张晓燕生于广东省茂名市电白县（现为电白区）一个农村家庭，父亲张钱历经波折于 1999 年在广东省茂名市电白县（区）旦场镇创立了广东正红鸭蛋开发有限公司。父亲传奇的创业经历对她影响颇深，让她也走上了一条"往外勇闯荡，回乡把业创"的道路。2006 年张晓燕到北京闯荡，随后回到家乡帮助父亲打理鸭蛋产业并开启自己的创业历程。张晓燕的父亲经历了从成功到失败再到成功的创业过程，这种坚持不懈创立鸭蛋品牌的"鸭蛋精神"深深感染着她，她希望把这种"鸭蛋精神"传承下来，并作为企业文化发扬光大。因此，张晓燕在 2014 年成立了广东传承食品有限公司，在电商崛起和政策优惠的大机遇下通过"线上＋线下"并行的产销一体化发展模式带动村民致富。

二　致富过程

（一）"两代"逐北，南哺乡巢趁东风

张晓燕的父亲张钱在 18 岁时继承了家族世代相传的"传家宝"——一个能养出天然红心鸭蛋的祖传秘方，之后踏上了北上旅途，整整 18 年，直到 1999 年怀揣着 30 万元回到家乡。她父亲返乡之后利用祖传下来的"传家宝"和离乡 18 年挣得的 30 万元在家乡旦场镇①养起了鸭子，成立了广东正红鸭蛋开发有限公司，做起了鸭蛋生意。通过这一秘方获得的红心鸭蛋与普通鸭蛋有很大区别：其蛋体肥硕、蛋黄殷红、蛋心圆滑、质地黏韧、流油、起沙，且富有弹性，吃之香酥可口。红心鸭蛋受到众多收购商的青睐，订单络绎不绝。靠着这个秘方，父亲的鸭蛋厂越做越大，销售范围也越来越广。

但令她父亲没有想到的是，一场灭顶之灾悄无声息地到来。2006 年，受

---

① 以前电白县（区）旦场乃一无名小镇，后因蛋而得名。有群众在沿海滩涂放养蛋鸭，这些鸭以海中的鱼、虾、蚝、沙虫、螃蟹、海草、菌藻等为食，其所产的鸭蛋与普通鸭蛋相比更加可口。此事传开后，这些可口的鸭蛋吸引了各地商贾涌入购买，久之，称此地为蛋场镇，后来为了书写方便改为旦场镇。

"苏丹红鸭蛋"事件的影响，北京、广州、河北等地相继停售红心鸭蛋。在这种情况下，她父亲的红心鸭蛋无人问津，哪怕后来找到专门的卫生健康监督部门到鸭场进行全面抽检，证明这些鸭蛋不含任何苏丹红等有害成分，人们依旧谈"红心"色变，无人相信，更没有人敢买她父亲鸭蛋厂生产的鸭蛋。鸭蛋厂就这样在一片惨淡声中落下帷幕，蛋厂十几万只鸭子不断下蛋，鸭蛋堆积如山却根本卖不出去。因为鸭蛋是有保质期的，不能被长时间存放，无奈之下，张晓燕父亲只好将几十吨红心鸭蛋全部掩埋在滩涂之下。

　　辛苦经营，一朝成空。张晓燕父亲依靠鸭蛋厂赚的钱全部打了水漂，赔得干干净净，她父亲的梦想在短时间内化为泡影。2007年9月，"苏丹红鸭蛋"事件逐渐平息，父亲说服两位朋友合作投资重新办鸭场，耐不住父亲的真诚，他们最终答应了。父亲与其朋友一起在大洲岛重新养起了十几万只鸭子，但人算不如天算，2007年底的那场数十年一遇的大寒潮使所有的鸭子全都被冻死了。张晓燕父亲仍然没有放弃，他从水东湾的大洲岛回到旦场镇，向银行贷款，又一次建立了养殖基地。2008年，张晓燕父亲在茂名市电白县（区）等地开设了三家专卖店，并向购买者郑重承诺：如果一个（鸭）蛋不合格，愿意赔十个；保证如果检验出不合格的产品，将以五万元作为监督的贡献奖。因为这样的承诺，经销商和消费者对她父亲的"正红"牌红心鸭蛋的信任逐渐恢复，以前备受争议的红心鸭蛋又成为"抢手货"。

　　张晓燕父亲的鸭蛋厂越做越大，于是张晓燕北漂回来帮助父亲处理公司的相关业务。后来，她父亲为了拓展消费者群体，建立了鸭蛋加工厂，扩大产业规模并形成生产链。同时，为了回馈家乡，还将自己一直以来守口如瓶的"祖传秘方"公之于众，希望能够让更多的人受益，从而带动全体村民致富。之后，旦场镇也成为农业部"全国一村一品示范村镇"①，其出产的鸭蛋也成为特色产品。她父亲公开秘方的举动让张晓燕备受震撼，也让她重新思考自身的价值。她清楚地知道自己不管是"北漂"还是"南归"，都藏着一个小小的愿望：传承家乡产业，带动村民致富。

---

①　农业部"全国一村一品示范村镇"是根据农业部《关于推进一村一品强村富民工程的意见》和农业部办公厅《关于开展一村一品专业示范村镇认定工作的通知》的规定，在各省、自治区、直辖市及计划单列市推荐的基础上，经审核被认定的全国一村一品示范村镇。

（二）底色换新颜，双"袋"富起来

2008年，张晓燕回到家乡帮助父亲打理鸭蛋产业。她在帮助父亲经营鸭蛋产业的这几年中，注意到茂名电白虽然有不少村级股份经济合作社，但实际上还有很多种植"散户"的农副产品销售无门。农户自己将农副产品拉到街区叫卖，不仅费时费力，价格也不怎么高。于是她萌生了帮助父老乡亲做好产销对接服务的想法，希望能够为乡村经济的发展贡献自己的一份力量。因此，张晓燕就开始了自主创业的历程，2014年她成立了广东传承食品有限公司，"传承"二字，除了意味着继续发扬她父亲敢于担当、服务家乡的"鸭蛋精神"以外，更是希望能够传承家乡的人文气息，帮助当地众多具有地方特色的产品走出茂名，走出广东，甚至走向世界。所以张晓燕成立的公司主要是售卖当地一些富有特色的农副产品，致力于让更多人了解茂名特色。同时她一直努力融资，把整个茂名的产品结合在一起，这样就能对茂名形成一种产业的"聚集效应"。一开始的具体做法如下：先收购当地渔民晒好的鱼干、虾干等海产品和农户种植的龙眼、菠萝、荔枝等水果，然后与导游或旅行社合作，当游客来旅游之时就趁势将它们售卖出去。这样不仅能够宣传家乡的特产和文化，而且家乡特产的销售"商路"慢慢地被开辟出来了。但是随着茂名的同行日益增多，竞争压力日渐加大。在人才资源方面并不占优势的情况下，张晓燕努力扩大经营面向，通过产业转型改变颓势，希望能够形成相对完整的产业链条，逐渐涉及种植与饲养、收购与加工、冷藏与销售等经营活动。

从2016年开始，张晓燕把不少精力放在种植业和养殖业上，这两个产业是农业的基础，乡村大多数人也是以此谋生。但是不管种植还是养殖，如果想要远销他乡、在市场上站稳脚跟，农产品的品种、品质和品牌就是关键。实际上，优良的品种并不难找，但是要获得大家的信任真的是一个难题。如果种植新品种失败，在家乡就不会得到大家的信任。为了把新品种推广下去，张晓燕也费足了力气。2017年，张晓燕为农户们免费提供新品种并帮助他们嫁接，他们不相信张晓燕提供的品种能像她所说的那样可以增加产量、提升品质。后来张晓燕自己琢磨出一套方法，针对引进、试种到最后的采收等一系列环节，她组织了多场观摩会让农户亲自过来参观，并让他们把采收的产品带回去试吃，毕竟听到不如切实尝到那般更具有说服力。等一部分人相信了再把这个新的品种推广到市场上，让更多的农户接受这个新的事物。另外，张晓燕也动员村主任和德高望重的长辈帮忙劝说，并且告诉大家无论结果如何，种植出来的产品都将以不低于市场的价格全部被收购。慢慢地开始有人信任她，并且获得了丰收。口耳相传，渐渐地不少农户也愿意种植新品种。此外，她也帮助农户掌握种植管理技术，了解市场需求与动向，协助农户在家乡建立相对稳定的客户群。这样，在大家的共同努力下，产品的品种和品质有了保障，很多农户也都实现了增收。

经过这几年的摸索和定位，张晓燕经营的公司现在做得比较好的单品是荔枝，因为她家里也种过荔枝，对荔枝有一些了解，而且当地财政在荔枝产品上的广告投入与日俱增。随着茂名荔枝声名远扬，电商不断崛起，张晓燕在家乡也趁势开启了"线上＋线下"相结合的模式，线上通过拼多多、抖音、天猫等进行销售，线下通过批发、礼盒零售等方式进行销售。这样可以扩大产品的销路，实现跨区域、跨省市推广，进而提升品牌的影响力，现在茂名生产的荔枝已经被批发销往浙江、山东等地。

张晓燕认为，在家乡致富的过程中，自己和当地的农户是相互成就的，村民不富裕，她也富裕不起来，更不可能获得成功。而在公司朝着好的方向发展的同时，她不忘负起社会责任，为当地村民提供就业岗位，为农户拓展销路。例如，在自己的企业获得发展的同时，她为本地的留守妇女和无业青年提供200多个为期两个月的短期岗位，长期聘用员工也有30~50人。在那些留守妇女当中，有些人家庭比较困难，她们都愿意努力工作，努力改善家庭生活条件。农村地区辍学率比较高，学历普遍低，无业青年也都颇有"野"性、比较调皮。他们自身技术缺乏、文化低、适应能力弱，很难养活自己。通过为他们提供岗位，这些人的精神面貌有了很大的改变，对工作充满了干劲。为了给公司注入新鲜血液，张晓燕在2020年重组了团队，重组的团队里有16个年轻人，其中客服有6人，客服平均年龄在30岁左右。为了激励他们，她对公司进行改革，实行入股制。通过入股的形式，员工自己成为股东，以此调动他们的积极性，同时作为一种对表现突出员工的奖励，进一步发挥示范引领作用。

此外，张晓燕也会经常组织公司员工开展团体建设活动。她会提前和员工沟通，了解他们的喜好等，根据大部分人的兴趣来安排合适的活动，努力为大家创造交流的机会。例如，许多妇女喜好做手工，她就组织妇女手工大赛，公司员工投票评选出最佳手工作品和优秀手工作品并给予一定的奖励；每逢端午节就会组织员工们一起包粽子等。这样不仅能够加强员工之间的沟通，增进彼此之间的感情，同时能够使他们的自我价值得到实现。在融入集体的过程中，许多留守妇女变得开朗起来了，对于生活也有了更大的热情，也更有动力去为新生活而奋斗。在集体荣誉感下她们更能够理解所做事情的意义，团建让她们有更大的动力去完成工作。总而言之，乡村致富不仅仅是物质致富，还有精神致富，只有物质和精神这两个"袋子"都鼓了，人们才是真正富了。

三　致富经验

通过乡村致富带头人张晓燕的致富经历，我们可以从致富条件、致富机制、致富手段等维度总结出三条致富经验。

第一，培育"地脉—情脉"传承精神，提高企业文化温度。父亲在风雨兼程的创业路上还不忘带动全村农民致富的精神影响了她，使她产生了发展家乡产业、带动村民致富的愿望。不管是红心鸭蛋还是荔枝，张晓燕之所以取得成功，都离不开从父辈传承下来的宝贵创业精神与经验。传承中的根基和底蕴是时间的沉淀，亦是发展创造新产品的依据。张晓燕在了解到家乡特有的乡土人文风情后，发扬父亲敢于担当、服务家乡的"鸭蛋精神"，借势传承家乡产业，顺应潮流开发出新时代产品。与此同时，张晓燕也注重培育员工的传承精神，鼓励员工通过礼物传达自己的感情，让礼物成为一种亲情的实体，使家庭不再空巢、村庄不再空心、精神不再空虚，从而提高企业文化温度，让可用人才体会到公司对员工的关心，提高员工的凝聚力，使产业具有长久致富的活力。

第二，发展农村电商新业态，拓宽产品销售渠道。随着"互联网＋"平台技术的兴起，农村电商新业态成为一种有效拓宽产品销售渠道、提升产品销量的商业模式。在本案例中，张晓燕抓住政策机遇，通过政府投入的大量相关广告和政府举办的招商会，搭上互联网快车，探索出"线上开网店＋线下开批发店"的创新致富机制。通过电商的线上优势铺开销售面，构建电商平台运营机制，结合创新的荔枝品种，增加自己的销量，实现跨区跨省推广，进而提升品牌的影响力和竞争力。

第三，延伸产业链条，构建特色产业体系。无产业不脱贫，因地制宜发展区域特色产业不失为一条可行之路。然而，要实现产业的可持续发展，需要结合产品的市场需求，实现一二三产业的深度融合，形成多产业联动发展的特色产业体系。张晓燕真正实现产业致富依靠的是打造可持续的特色产业发展模式。她在摸索过程中将公司推向产销一体化发展，通过产业转型形成质量优、效率高、用时短的相对完整的产业链条，提高了产业附加值，从而形成产销结合的特色产业联动发展体系，不仅提高了产业规模，而且提供了更多就业机会，促进了企业以及整个乡村的可持续发展。

四　案例点评

当前，我国正处于巩固脱贫攻坚成果与乡村振兴战略有效衔接的重要历史时期。在这一过渡时期，从脱贫攻坚时期成长起来的乡村创业致富带头人是农业农村现代化发展中的中坚力量，发挥着尤为重要的衔接作用，其衔接作用源于他们扎根乡土的品性和勇于开拓创新的特质，蕴含巨大的发展潜力，可以与乡村振兴目标有效对接。[①]"乡村要振兴，关键在人才"，在全面推进乡村振兴的过程中，新农人是乡村振兴战略成功实施的重要主体和关键力量，而乡村致富带头人作为新农人的重要主体，凭借"知农业、爱农村、爱农民"的特点，以及敢于打破传统的勇气、善于带动一方的能力，为农村产业发展创造出无限的生机和活力，为新时代建设农业强国添砖加瓦。

乡村致富带头人张晓燕传承父亲的"鸭蛋精神"，依托该地区气候、农副产品种植历史等丰厚资源，大力建设特色荔枝品牌；运用"线上开网店＋线下开批发店"的创新农产品销售方式，拓宽产业辐射范围；通过劳务、股份等方式联结当地村民，完善紧密型利益联结机制，培育"频交流、富精神、爱集

---

① 李耀锋、高红旗：《从脱贫攻坚走向乡村振兴：扎根乡土产业致富带头人的衔接作用与培育路径》，《中国农业大学学报》（社会科学版）2022 年第 6 期，第 37～54 页。

体、创价值"的企业文化，促进村民合作，提升当地村民的组织化程度，在乡村生活中融入"勤劳致富、自信自立自强、奋发向上"的价值理念，改善乡村精神风貌，实现村民们的"口袋致富"和"脑袋致富"。

农业农村部发布的《"十四五"农业农村人才队伍建设发展规划》指出"全面实施乡村振兴战略的深度、广度、难度都不亚于脱贫攻坚，对人才的支撑保障作用提出新的更高要求"。站在全面实施乡村振兴战略的新要求起点，乡村人才队伍的培养道阻且长。致富带头人需要不断提高自我素质，学习现代农业和管理知识，注重知识与技能的更新，在自我提升的同时发挥示范作用，带动村民自觉学习符合现代社会发展的价值理念，为乡村振兴提供第一资源。乡村致富带头人就像是一束星火，在茫茫黑暗中带领村民开创光明的前景。

（撰写者：廖令剑　刘璇　林庆凯　林颖欣　吕锦欣）

黄购奇

酱干新炼成：全链条产业振兴模式探索

案例简介： 黄购奇（1969~），湖南省岳阳市平江县人，初中学历，湖南省平江县旗仁食品有限责任公司执行董事，平江县泊头生态农旅发展有限公司监事，"够奇卤味坊"酱干品牌创始人。他14岁随祖父学习用秘方卤制"平江酱干"，返乡独立创业后，在财政部、碧桂园集团和村内干部群众的共同支持和帮助下，他牵头带动村里扶贫产业振兴，推动形成乡村旅游、养殖、种植和加工四措并举的全产业链发展局面。始于初心，发于时机，成于坚守。在"打基础—加速度—高质量"的独立创业路上，他始终怀着"为家乡做点事"的初心，以产业增收带动家乡群众就业，星星点点的努力，终以燎原之势延伸至漫山遍野。

一　案例背景

作为湖南省岳阳市平江县致富带头人之一，黄购奇带头进行酱干卤制、豪猪养殖、小香薯种植、果树种植、产品加工等。酱干是其产业的特色产品，最早起源于清朝咸丰年间，是平江县的地理标志产品。黄购奇经祖父传授习得酱干传统制作技术，其酱干采用传统手艺进行生产，具有独特竞争力，且生产取材于当地优质原料，产品质量好。

2011年前，黄购奇主要生产酱干，因资金等问题酱干生产规模较小，产品以散装现卖为主，且仅在平江县销售。2011年，他决定去惠州、广州等地从事建材装饰工作，酱干生产因此停滞。2014年有了一定阅历和资本后，他萌生了返乡重新建厂生产酱干和发展农庄的念头，希望能在家乡发展产业并带

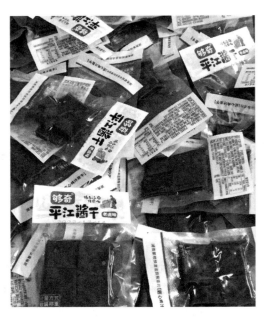

"平江酱干"实物

动当地群众就业，从而实现家乡振兴。于是，他返乡并着手进行创业准备。2015年3月，他主导的汨花湾乡镇旅游项目启动，并被纳入平江县乡村旅游扶贫项目。

2016年，"中央一号文件"提出要大力发展休闲农业和乡村旅游业。黄购奇深受启发，结合家乡自然资源丰富、交通条件便利的优势，2017年开始发展种植业和养殖业，并将两者结合起来发展农家乐；酱干加工后产生的豆渣被用来养鱼、牛、羊、猪，实现产业互补和资源的有效、充分利用，降低生产成本。

起初受资金影响，生产酱干的工厂规模小，销售范围也局限在平江本地。2019年迎来了转机，在政府的生产扶持和碧桂园集团的借贷扶持下，黄购奇决定将原来的酱干厂进行扩建以提升生产规模。2020年，扩建之后的酱干厂正式投入生产并很快实现了经济增收，给村里人带来更多的分红。

黄购奇的创业之路并不平坦，曾面临部分百姓不理解、不支持，发展见效慢，技术欠缺，销售路径开拓不足等诸多问题，但最主要的还是资金问题。在政府和企业的扶持以及自身的坚持下，黄购奇攻坚克难，不仅慢慢解决了资金难题，而且将产业越做越大，使其呈现良好态势。

二　致富过程

（一）心灵契机与回归家乡

酱干最早起源于清朝咸丰年间，是平江县的地理标志产品。平江酱干创始人何维丰老人的第三代弟子把技术和秘方传给了黄购奇的祖父。在黄购奇14岁的时候，祖父便将制作酱干的技术和秘方传授于他。

受家庭经济状况影响，早年黄购奇与三个老乡在广州、惠州一带做建材装饰工作。这期间，每次回家看到村里都是些留守老人与小孩，青壮年大多外出务工的情形，他便想着在家乡发展一些产业，吸引青壮年回到家乡，让村里的家庭老有所顾、少有所托。黄购奇意识到，只有把农村发展好了，能够为大家提供更多就业机会，才能把外出打工的人吸引回来。于是，他与同乡几人决定一同返乡，积极投身家乡建设。

（二）时代造势，扬帆启程

在黄购奇返乡发展之际，恰逢国家号召大力发展乡村旅游业。泊头村的自然资源比较丰富，交通条件也相当好，于是当地村委决定发展乡村旅游。他们认为只要有人愿意过来，无形中就会给村民们增加很多收入。黄购奇和家乡好友成立合作社，开发了100多亩的水果种植基地和一个养殖基地，以此作为乡村旅游业的互补项目。除此之外，他们还建造了一个加工厂，从而形成了泊头村乡村旅游、养殖、种植和加工四措并举的全产业链发展局面。果园种植和养殖等一些旅游衍生项目提供了大量就业岗位，带动了全村约60%贫困户加入这些产业和项目。

自2014年返乡后，黄购奇逐渐恢复酱干生产，刚开始只是经营一家100多平方米的酱干小作坊，因资金短缺一直没办法进行产业升级。2019年，在相关方面的扶持下，黄购奇将小作坊按照生产标准扩建成占地面积680平方米的厂房。酱干厂升级改造完成之后，于2020年1月投入生产。相比之前的小作坊，升级之后的酱干厂不仅使生产规模大幅提升，而且使酱干品质有所改善，酱干产品的市场反响越来越好，产业利润有所提升。

（三）荆棘风雨，乘风破浪

产业在发展初期遇到的最大困难就是资金不足。前期基本都在投入，资金可能会一下子陷入紧张状态。大部分返乡独立创业者本身的资金储备不足，刚起步时没收益，也没有什么资源能够用来抵押贷款，加上农村创业周期长，没办法快速回本，只能从长计议，很多产业因此夭折。

但是已经迈出了第一步，黄购奇并不甘心就此退缩。所以他决定坚持下去，遇到问题就想尽办法解决。于是，他开始向亲戚朋友借钱。除此之外，国家的助农政策也为他的产业发展提供了很大帮助，包括农机补贴、粮食补贴等，还有政府的一些政策支持，如低利息的借贷等。到后来地方政府进驻扶持生产，碧桂园集团也提供借贷扶持，黄购奇就把之前的小厂拆掉重新建了一个大厂，2020年1月投入生产，到现在投资的资金已有100多万元。村集体经济也入股了黄购奇的酱干厂。酱干厂招聘工人优先考虑本地村民，村里共有17户贫困户在酱干厂工作。此外，黄购奇还发动周边村的一些农民种植黄豆，以每斤高于市场五毛钱的保底价收购农民的黄豆。这也是一种带动地方经济发展的渠道。目前来看，酱干的利润还是相对较高的，"够奇酱干"在市场上反响相当好，得到了消费者认可，因此他打算进一步升级改造厂房，以扩大生产规模。

在农村搞产业发展也会面临其他问题。第一，得不到老百姓的理解和支持。大部分老百姓认为发展产业是个人的事情，不会齐心协力投入生产。第二，农村发展产业见效慢，前期投入比较多，周期较长，所以要有一定的毅力和耐力才能坚持下来。很多人在农村发展产业前两三年看不到回报，就心灰意冷放弃了。第三，技术欠缺。农村地区文化教育水平相对落后，因而比较缺乏产业技术人才，生产技术较为落后。为了提高生产技术水平，黄购奇自己购买相关书籍不断学习，同时经常拜访一些有技术的老师傅。除此之外，政府会对想要创业发展的群体进行指导，碧桂园集团也会提供一些培训。国家每年都会按批次面向一些农村科技骨干开展培训。第四，销售路径拓展不足。此前"够奇酱干"的销售局限于平江县，若要把酱干带进新市场，那就要考虑口味更新等问题。黄购奇根据各个地方人群的口味进行酱干调制，还针对不同的顾客群体进行产品定位，摸清后才进一步扩大生产。在销售渠道方面，黄购奇的酱干主要通过县里的总代理商批发出去，走的是大流通程序。但大超市、专卖店和比较大的电商平台设置了一定的门槛，需要 SC 证才能进入，这也使得酱干的发展遭遇了瓶颈。泊头市市长及市场监督管理局局长了解情况后，对黄购奇给予了极大支持，帮助他筹备申请 SC 证。黄购奇稳扎稳打，一步一步拓展销售渠道。

现在，泊头村的十里画廊重新建起来了，夜校也办得有声有色，农民进夜校学习种植养殖技术，提高了知识水平和思想水平。黄购奇坚信，产业的发展会让泊头村的百姓们富起来，也会带动更多游子归乡，助力乡村振兴。

三　致富经验

三十多年来，黄购奇传承"平江酱干"卤制手艺，苦心经营"酱"心品牌，如今"平江酱干"已香飘四海。从黄购奇"酱干"创业致富经历中，我们可以总结出以下经验。

第一，坚守创业初心，勇于探索创新。始于初心，发于时机，成于坚守。三十多年来黄购奇始终坚守一个酱干人的初心，每天都在琢磨怎么做好豆腐，卤好酱干，传承好这门百年手艺。但是产业发展，不仅要扎根于乡土、坚守传承，也要"跳出本地看本地"，守正创新，谋求差异化发展。为了扩大传统酱干的市场，黄购奇根据不同人群的喜好，对酱干的口味、生产工艺等不断钻研与创新，既留住了传统酱干原本的味道，又打造出为广大消费者所认可且能形成竞争优势的特色。在创业过程中，创业者要始终葆有善于变革、敢于创新的锐气，"闯"的精神，"创"的劲头，"干"的作风，才能赋予传统手艺新的活力，从而保证企业发展与市场现实状况接轨，提升企业的竞争优势，拓宽销售市场。

第二，发展特色产业链，构建多产业联动发展体系。黄购奇返乡创业，在泥土里扎下根基，从无到有、从有到优发展产业，蹚出一条新路来。他拾起家里的传统工艺生产酱干，从加工产业做起。同时，为了挖掘乡村本地的特色资源、打造乡村旅游全产业链，他发展水果种植与牲畜养殖，形成产业互补，推动产业健康发展，培育出具有当地特色的产业集群。由此，黄购奇的产业便由单一加工产业发展为乡村旅游、养殖、种植和加工四措并举的产业链，从而形成多产业联动发展体系，提供了更多的劳动机会，解决了村贫困户就业问题，带动集体共同富裕。

第三，抓住时代机遇，整合多方资源。黄购奇几人返乡创业初期，牢牢把握住国家助农政策和乡村发展战略，利用泊头村本地的资源禀赋，借助财政部进驻的资金扶持、碧桂园集团提供的借贷支持与技术支持，在政府、社会多方资源的扶持下，产业很快起步。产业发展起来以后，村集体入股了黄购奇的酱干生产，村里人齐心协力共同打造产业，不仅提高了经济效益，而且解决了村贫困户就业问题，激活了乡村"造血功能"，带动集体共同致富。如今，泊头村已站在乡村振兴的最佳风口，风会翻过一座座山，吹出乡村振兴的无限可能。

四　案例点评

产业兴，则百业兴。产业升级和振兴是乡村振兴的持久动力。2021 年，《农业农村部关于拓展农业多种功能 促进乡村产业高质量发展的指导意见》（以下简称《意见》）指出，产业振兴是乡村振兴的重中之重，要充分发掘农业多种功能，加快形成以农产品加工业为"干"贯通产加销、以乡村休闲旅游业为"径"融合农文旅、以新农村电商为"网"对接科工贸的现代乡村产业体系，在政策层面高位推动乡村创业者探索多产业联动发展体系。

在黄购奇的创业案例中，他采用了"平台＋村集体＋农户"的多产业融合国内单循环产业振兴模式[①]，这正是对现代乡村产业体系构建的一种探索。黄购奇在原有酱干成品生产的基础上，发展酱干加工业，不断拓长产业链，通过产业链条延伸、技术引进或创新等方式提高农产品附加值，借助电子商务、农商产业联盟等打造产加销一体的全产业链，拓宽农户收入渠道。此外，他还

---

① 朱煜明、刘才宏、穆炳旭：《经济可持续发展视角下政策导向型乡村产业振兴模式与保障体系研究》，《农村经济》2022 年第 9 期，第 33～41 页。

综合乡村实际情况，挖掘乡村在文化旅游等方面的功能和价值，促进要素交互与有效配置，促进乡村消费环境、消费结构的优化与乡村消费层次的提升。黄购奇以资源为依托，以政策技术为保障，在酱干生产的基础上，以市场需求为导向，在打造全产业链上持续发力，把产品转化为产业，构建酱干生产业、酱干加工业、乡村旅游业和种植养殖业多产业联动发展的产业体系。《意见》指出我国乡村产业仍存在产业链条短、融合层次低和技术水平不高等问题，黄购奇的致富经验在延伸产业链、促进产业高度融合方面具有借鉴意义，但该模式在运行初期会面临技术欠缺、销售路径拓展不足等问题。展望未来，乡村创业者应利用好当地资源，因地制宜，发展特色产业，同时建立全产业链，促进一二三产业融合发展，更多更好地惠及农村农民。农村一二三产业融合发展是加快乡村产业振兴、推进农业农村现代化、建设农业强国的重要举措。让"一产"优起来，多在生产绿色优质产品上做文章；让"二产"强起来，推动科技创新，引进深加工项目，延伸产业链；让"三产"旺起来，加快传统农业与乡村旅游等深度融合。

产业振兴，一头连着农民的好就业、高收入，一头连着农村的生机和活力。我们要围绕培育特色产业集群持续发力，让增收致富导向更加鲜明、利益联结更加紧密、创新创业更加活跃，乡村振兴一定会迎来发展新局面。

（撰写者：田美琪　曹钰宇　林庆凯　陈楠）

王建新

扬莓再启航：新型农林创业模式再探索

　　案例简介：王建新（1974～），广东省河源市东源县人，初中学历，汉族，河源市润龙农业发展有限公司负责人。2012年，他投身乡村养殖行业，多次尝试养殖生态甲鱼、黑山羊、土猪、罗氏沼虾、白鳝和刺鳅鱼。公司于2020年注册，主要经营生态甲鱼、土猪、板栗、蓝莓等产品。后来王建新承接了"一村一品"蓝莓基地建设项目，种植600多亩蓝莓，吸纳村里50多名妇女等就业，开启种植新征程。秉着"先富带动后富"的精神，他积极帮扶村留守妇女和贫困户，推动当地乡村建设。尽管过

2022年王建新在栗子园打栗子工作照

程多有曲折，但是他迎难而上，持之以恒，并从中获得了许多宝贵经验教训。他发挥带头人的引领作用，顺应政策潮流，明确产业目标，拓宽产业领域，推动一二三产业深度融合发展。

一　案例背景

为更好地解决"三农"问题，响应实现农村农业现代化的基本政策，我国大力发展农村整体经济，农村地区因地制宜发展畜牧养殖业，国家鼓励广大村民积极投入畜牧养殖队伍。经过多年的努力和奋斗，我国农村地区畜牧养殖业得到快速发展。本案例乡村致富带头人回乡投身养殖行业既是响应当时的时代号召，亦由那时的个人处境所决定。

王建新初中毕业便从河源去东莞虎门打工。22 岁时开了一家塑胶厂，经营到 2007 年，由于亚洲金融危机的影响，他将工厂生意转交给朋友管理，回到家乡租了几百亩山地种桉树。种完桉树后，他又回到东莞，重新跟人合伙开了一个塑胶模具厂。一间小小的工厂，起初有四五台机器，十多个人，24 小时无间断生产。这期间王建新也不知道熬了多少个通宵，努力经营后，经过多年的发展工厂规模达到两三百人。

直到 2012 年，工厂生意不景气，王建新的母亲病情加重，急需有人在家中照顾。于是他回到家乡，跨行到农业。那时候的他需要照顾母亲，每周从船塘镇陪母亲坐车去河源市做透析，来回十公里，每次透析需要四个小时；同时跟别人租了一些田和鱼塘养殖生态甲鱼，把之前开厂赚的 80 万元投入租地与基础建设。这样的状态持续了六年，其中有三年时间他母亲眼睛失明，生活上极其依赖他。工作方面，又跨行到农业养殖，由于养殖管理与工厂管理是不交叉的，养殖更需要他亲力亲为。

投身乡村养殖行业后，他多次尝试在黑山羊、土猪、罗氏沼虾、白鳝和刺鳅鱼等领域创业，将近十年，这期间虽有些许收入，但大多受市场、环境等因素影响而失败，总亏损额达到上百万元。2020 年，他与人合伙注册河源市润龙农业发展有限公司。为了积极响应"灭桉行动"，在原有的桉树林改造上申请到了"一村一品"蓝莓基地建设项目，用由桉树林改造的山地种植蓝莓，致力于打造当地乡村特色名片，吸纳村里50多名留守妇女等就业，开启蓝莓种植新征程。

二 致富过程

创业不易，好事多磨。这句话最能概括本案例创业致富带头人王建新的创业历程。2012年，他投资的工厂生意不景气，加之母亲的病情加重急需被照顾，于是王建新回到家乡从塑胶业跨行到农业。生态甲鱼是他与堂哥王新强合资养殖的，养殖甲鱼的宗旨是"无抗养殖"，不投喂任何抗生素，几乎都用东莞虎门的冰鲜海鱼饲喂，一年下来花销20多万元。甲鱼是冬眠动物，一年投喂四五个月，养殖五年才能上市卖出。这五年养殖期间，王建新投放3万个甲鱼种，甲鱼的食物包括饲料、鲜鱼等，调节鱼塘水质的药物成本及食物成本支出都很大，所以第一个五年甲鱼上市时并没有获利。

第一个五年养殖甲鱼期间，王建新没有什么收入，还要支付母亲每个月上万元的透析费用，其好朋友郭永安看到这种情况，也考虑到他自己父母年纪也大了，便将他爸妈在镇上养的100多头羊牵到王建新那里让他养。2014年，王建新开始养殖黑山羊。由于缺乏经验，王建新通过手机搜集一些养殖资料，慢慢融入养殖山羊行业圈子，并通过群聊等方式请教养殖专业人士，购买养殖产品等。尽管他悉心照料，两个月后羊还是没了一大半。

2015年，在他的悉心照料下，羊生了小羊羔，几十头母羊同期怀孕，虽然中间有羊被狗咬的损耗，但那年也卖出100多头，是以零售为主，赚来的钱大多花在了黑山羊的销售和推广上。2016年与2015年差不多，山羊一年产出100多头，成羊的量比2015年稍多，收入也差不多。推广取得了效果，附近需要购羊的都会找他，那两年每年会有十多万元收入，因此他与好友郭永安再次投资50万元养殖黑山羊，全程由他经营管理。同年，王建新与王新强再次合作投资30万元养殖土猪。

2018年一整年农场发展得都比较平稳顺利。土猪和黑山羊在他的精心管理下，损耗率较低，甲鱼也陆续上市卖出，并得到不错的市场反响。但2018

年令他非常伤心的一件事是其母亲病逝。那年 9 月，他在工作中不小心伤了右脚住院，在医院做完手术还没来得及出院，母亲就病逝了，他只能坐着轮椅出院料理母亲后事。"树欲静而风不止，子欲养而亲不待"，这令王建新非常难过。

即使在自身处境不明朗的时候，他仍心存"扶人一把"的善念。他回乡以来，一直在村里做心理辅导和协调家庭矛盾的工作，这主要是因为他在东莞时便经常跟朋友一起做心理辅导工作。因此，这个习惯也一直保留到现在。2018 年底，王建新与好友谢初成投资 6 万元帮一名"问题青年"养殖山猪。王建新帮助"小青年"，是希望做出一个案例示范，然后带动那些赚到钱的乡贤去帮扶一些贫困户或者有志在农村发展的村民。他也和乡里说，如果想创业可以在他原有的基础上去做，只要能够帮忙，他都会帮，比如提供猪苗、饲料，分享养殖经验等。

2019 年 4 月，为了不使鱼塘闲置，王建新和朋友投资 20 万元养殖白鳝和刺鳅鱼，由于这些鱼走水厉害，下雨后或鱼塘水溢出时鱼容易跳起游走，也因他生病住院，鱼塘没有人管理，那些鱼苗就跑光了，三四个月亏损 20 多万元，养鱼业以失败告终。

2019 年 7 月 1 日，王建新感染布鲁氏菌，出现头痛、高烧等症状。2 日，他前往中山大学孙逸仙纪念医院住院。6 日下午三点时他感到呼吸困难，抢救时他还意识清醒地拉着医生说道"救我救我"，随后失去知觉。6 日昏迷，直到 17 日晚上才醒，共昏迷 11 天，在 ICU 住了 17 天。住院后，每天都需要注射抗生素，住院每天花费两三万元，总共花了六七十万元。让他特别感动的是，亲戚、朋友和乡亲们知道他住院后，在三天内捐款 40 多万元，乡里都知道他为家乡做了很多事。

8 月 12 日出院后他才发现，这些年他苦心经营的事业在生病住院时"一夜回到解放前"。总价值 50 万元的黑山羊，因为无人管理，羊群交叉感染布鲁氏菌，狗也咬死了很多羊，所剩无几，养殖黑山羊以失败告终。祸不单行，7 月，他所在的船塘镇 80% 以上的猪场感染非洲猪瘟，他在 2016 年投资 30 万元的山猪养殖事业，也在这次猪瘟中以失败告终。养殖业不易，2021 年 5 月，由于同村的猪场隔得很近，附近猪场的老板贪图便宜从外面抓回一些病猪，整个村里的猪都感染猪瘟，四五家大型猪场和一些散养户养殖的总共 1000 多头猪全部死掉，而他的损失最为惨烈，直接亏损 100 多万元，总计 400 多头猪。

与此同时，桉树林改造和"一村一品"蓝莓基地项目也在进行。2020 年 9 月，王建新和堂哥王新强合资注册润龙农业发展有限公司。公司现主要经营生态甲鱼、土猪、板栗、蓝莓等产品。公司占地面积 2500 亩，其中鱼塘 200 亩，土猪场 200 亩山地，板栗园 100 亩，已改种蓝莓 500 亩，还有 1500 亩山地由于资金短缺暂未耕种。公司现有员工 60 多人，其中十多人为贫困户，其余员工为流石、李田两村留守妇女，她们的年龄均超过 55 岁。2020 年 10 月，河源市开始倡导"灭桉行动"，当时他们的桉树林总共 2000 多亩。船塘镇的镇委书记张书记找到他们，号召他们积极响应改造桉树林的号召，同时开展"一村一品"蓝莓基地项目，把这片桉树林改造成蓝莓基地，继续扩大蓝莓基地到 600 多亩。

在申请到"一村一品"蓝莓基地项目后，他满怀期待地对这片热爱的土地开始改造。除了蓝莓种苗由政府提供外，一切工作由他们负责。2020 年底开荒，请挖掘机开山、装浇灌水管等，将种桉树赚的 400 万元全都投资到蓝莓基地中。请挖掘机开山，最高峰的时候一下子请了 9 台挖掘机，员工是附近几个村的村民，多的时候一天七八十个五六十岁的留守妇女和贫困户来种树、放肥料等。在蓝莓基地开荒和种植的时候，一天有 100 多个人同时工作，种植后的照料工作由来自十多个村镇的七八十个留守妇女和贫困户负责，他们会得到一天 150 元的工资。2021 年，清明前种下了第一批蓝莓种苗，到 5 月，完成了 600 亩的蓝莓种植。他的理想也很远大，计划带着一帮人做好示范，种下去，管理好，卖出去，赚到钱，维持下去。规划上有预留场地，未来可以修建一些停车场等基础设施，尝试建设一个百果园，里面种植一些热带的水果以及其他适合种植的水果。2021 年 7 月，一位中山大学的教授来到了王建新的家乡，王建新带着这位朋友参观了他的蓝莓基地，通过这次交流，王建新想到可以在基地上建立一个学生实创研究基地，提供资源给教授与学生做研究，他认为这无论是对学校还是对企业来说，都是一个很好的学习过程。对于未来的规划，他希望能够努力打造一个特色蓝莓小镇或者蓝莓村，打造乡村文旅特色产业，发展一些休闲的农业项目。打造蓝莓小镇或者蓝莓村可以带动民宿和观光业的发展，农业要与旅游业相结合才能实现更好的发展；如果有知名企业参与到产业发展中来，提供一些福利，会更好地促进农村发展。

在王建新等人的影响带动下，很多员工都提早工作，八点上班七点就过来了，或者从下午两点多自愿上到六点，她们大多表示做多做少无所谓，主要是希望能做好这个"一村一品"蓝莓基地建设项目。每个人都希望将这个产业做起来，打造船塘镇名片，群策群力，都希望为这个项目出点力，把产业做起来带动家乡发展。众人拾柴火焰高，在王建新的带领下，大伙热火朝天地进行着"一村一品"蓝莓基地项目建设，开荒、种植、浇水、施肥等，未来也会规划好各部分用地，争取创建出当地品牌，从而带动村经济发展。

三　致富经验

王建新的创业历程几经波折，心酸与打击充斥其中，如产业无人管理而草草收场，高投入低收益，资金链断裂等。但是这些也都成了他后续扬"莓"致富再启航的宝贵经验教训，我们从他创业致富的过往中总结了以下几点经验教训。

一是顺应政策潮流，明确产业目标。农村产业的发展需要有政策的扶持和清晰的发展目标，才能在激烈的市场竞争中有发展的空间。王建新在最初的创业历程中并没有找到一个合适的产业方向，一类产品亏本又另投其他的产品，缺乏清晰目标，单打独斗，靠着自己的人力资金艰难地走下来，最终屡创屡败。后来顺应政策发展潮流，依靠"一村一品"的政策指引，结合政府给予的一系列扶持项目，才明确了蓝莓基地建设的目标，带动农户就业，形成大规模生产，走出了当初"雨露均沾"却难有起色的创业困境。

二是扩大生产规模，形成规模牵引路径。生产规模的扩大能够有效降低单位种植成本，能够充分利用劳动力而提高管理的效率。同时生产规模扩大是延伸流通链、销售链与价值链的起点。王建新养殖的黑山羊只有100多头，并且他的销售渠道较为单一，仅仅通过零售与朋友圈的方式进行销售，这样小的养殖规模在庞大的市场中缺乏竞争力，禁不起市场与环境的考验，在销售链、流通链上无法与其他产业达成合作，从而缺乏上升的空间。蓝莓产业由开始的

600亩到后面预计生产1000亩，在形成了规模较大的产业后便开启特色乡村文旅等的发展。以大规模吸引大资源，牵引多元产业共同发展，才是产业发展的长久之路。

三是拓宽产业领域，推动一二三产业深度融合发展。农业作为第一产业，农产品价格通常较低，要获得更大的收益就需要创新发展路径，用有限的产品创造更高价值的商品，延长价值链。王建新所在的地区主张建设蓝莓加工基地，而他的项目也在发展特色蓝莓小镇与特色乡村文旅产业，形成"农业＋旅游业"相结合的多产业联动发展模式。"一村一品"中的"品"不再是简单的产品，而是更注重品质提高、品牌打造和产业链衍生，是资源变产品、产品变商品、商品变名品的过程。

四 案例点评

2008年，"中央一号文件"提出支持发展"一村一品"。"一村一品"通过以村为基础，充分发挥本地优势，使一个村或几个村，拥有一个市场潜力大、区域特色明显、附加值高的主导产品或产业，进而提升村的经济实力。王建新的蓝莓基地项目，正是依托"一村一品"形成特色主导产业，采用"政府＋基地＋农户＋高校"发展模式，走出了一条产业覆盖范围扩大、三产深度融合发展、特色产品品牌不断提升、特色主导产业日益突出、新型主体有力带动的产业发展道路。

王建新的蓝莓基地充分发挥"政府＋基地＋农户＋高校"的发展模式优势，形成政府帮扶、基地运营、农户生产的模式。该模式由政府提供资金帮扶、基础设施建设等项目扶持，由蓝莓基地进行项目的具体组织运营，在形成一定的种植规模后推动第三产业如乡村特色旅游业、休闲农业发展。带动连片地区贫困户就业，帮扶贫困户通过牲畜养殖带动创业，助力小项目发展，在号召农户工作的时候用心管理，带动了农户的生产积极性，齐心推动"一村一品"蓝莓项目发展。同时还可以联动高校，形成高校与产业双赢局面，为高校教授与学生提供研究资源，吸引更多的高校人才，结合高校研究成果不断完善产业，同时总结经验为后来进行乡村创业的人提供丰富的材料，助力国家乡村振兴事业的发展。

习近平总书记指出："产业振兴是乡村振兴的重中之重，要坚持精准发力，立足特色资源，关注市场需求，发展优势产业，促进一二三产业融合发展，更多更好惠及农村农民。"① 致富带头人要关注好产业发展的大方向，发挥带头人的引领作用，同时要多元主体共同发展，发挥新型经营主体功能，提高"一村一品、一镇一业"发展组织化程度，完善新型经营主体与农户的利益联结机制，加速实现 2021 年农业农村部提出的"形成以农产品加工业为'干'贯通产加销、以乡村休闲旅游业为'径'融合农文旅、以新农村电商为'网'对接科工贸的现代乡村产业体系"② 目标，助力我国乡村产业实现高质量发展。

（撰写者：李淑玲　綦奕璇　易振非　林庆凯　陈子琪）

---

① 《习近平在河北承德考察时强调：贯彻新发展理念弘扬塞罕坝精神　努力完成全年经济社会发展主要目标任务》，中华人民共和国中央人民政府官网，2023 年 8 月 31 日，http://www.gov.cn/xinwen/2021 - 08/25/content_5633322. htm。

② 《农业农村部关于拓展农业多种功能　促进乡村产业高质量发展的指导意见》，中国政府网，2021 年 11 月 19 日，https://www.gov.cn/zhengce/zhengceku/2021 - 11/19/content_5651881. htm。

图书在版编目（CIP）数据

从"田间"到"课堂"：基于乡村致富带头人创业
实践的教学案例 / 谢治菊，林曼曼编著. -- 北京：社
会科学文献出版社，2023.12
ISBN 978 - 7 - 5228 - 3054 - 4

Ⅰ. ①从⋯　Ⅱ. ①谢⋯ ②林⋯　Ⅲ. ①乡村教育 - 教
案（教育） - 中国　Ⅳ. ①G725

中国国家版本馆 CIP 数据核字（2023）第 249878 号

从"田间"到"课堂"：基于乡村致富带头人创业实践的教学案例

编　　著 / 谢治菊　林曼曼

出 版 人 / 冀祥德
组稿编辑 / 张建中
责任编辑 / 朱　月
责任印制 / 王京美

出　　版 / 社会科学文献出版社 · 政法传媒分社（010）59367126
　　　　　地址：北京市北三环中路甲 29 号院华龙大厦　邮编：100029
　　　　　网址：www. ssap. com. cn
发　　行 / 社会科学文献出版社（010）59367028
印　　装 / 三河市东方印刷有限公司

规　　格 / 开　本：787mm × 1092mm　1/16
　　　　　印　张：15.25　字　数：248 千字
版　　次 / 2023 年 12 月第 1 版　2023 年 12 月第 1 次印刷
书　　号 / ISBN 978 - 7 - 5228 - 3054 - 4
定　　价 / 98.00 元

读者服务电话：4008918866